Fälle zum reformierten Schuldrecht

Von

Dr. jur. Thomas Korenke

Professor für Bürgerliches Recht,
Arbeits- und Sozialrecht

R. Oldenbourg Verlag München Wien

Bibliografische Information Der Deutschen Bibliothek

Die Deutsche Bibliothek verzeichnet diese Publikation in der Deutschen Nationalbibliografie; detaillierte bibliografische Daten sind im Internet über <http://dnb.ddb.de> abrufbar.

Rosenheimer Straße 145, D-81671 München
Telefon: (089) 45051-0
www.oldenbourg-verlag.de

Gedruckt auf säure- und chlorfreiem Papier
Gesamtherstellung: Druckhaus „Thomas Müntzer“ GmbH, Bad Langensalza

ISBN 3-486-27450-3

Vorwort

Die vorliegende Fallsammlung soll die Anwendung des Schuldrechts, das seit dem 01.01.2002 mit vollkommen neuen Grundstrukturen ausgestattet ist, anhand von zehn Sachverhalten vermitteln. Diese sind der von mir gehaltenen Vorlesung sowie der begleitenden Übung zum reformierten Schuldrecht entnommen.

Das Arbeiten mit der Fallsammlung dient der Vertiefung des Vorlesungswissens und deckt die wichtigsten Fragen des neuen Schuldrechts ab. Vor allem soll das Ineinandergreifen des neuen allgemeinen Leistungsstörungsrechts mit dem jetzt eng daran angebundenen Gewährleistungsrecht des Kauf- und Werkvertrags veranschaulicht werden. Wichtige Neuerungen, wie etwa die Regelungen zur Garantie (§ 443) und zum Verbrauchsgüterkauf (§§ 474-479) werden besonders eingehend erörtert. Schrifttum und erste Rechtsprechung sind bis März 2003 berücksichtigt.

Vor der Lektüre der Lösungsvorschläge sollte unbedingt ein eigener Lösungsversuch unternommen werden. Dies ist zwar mühsam, verspricht aber dauerhaft gewonnenes Wissen. Die bewußt detailreichen Sachverhalte eignen sich in besonderer Weise für die Diskussion in der studentischen Arbeitsgemeinschaft. Zur nachhaltigen Abrundung des Wissens sind den Fällen jeweils Fragen und Antworten angefügt.

Auf die Darstellung der Rechtslage vor dem Inkrafttreten des „modernisierten" Schuldrechts wurde weitgehend verzichtet. Zumindest dem Studierenden würde anderenfalls der Zugang zu den neuen Regelungen eher erschwert. Der Wert des „alten" Schuldrechts, als erste Orientierung zu dienen, darf nicht überschätzt werden. Eine exakte und unvoreingenommene Arbeit mit dem neuen Gesetzeswortlaut ist einer Herangehensweise vorzuziehen, die noch allzu sehr den überkommenen Begrifflichkeiten verhaftet zu sein scheint. Demgemäß finden sich nur hie und da Verweise, um grundlegende (examensverdächtige) Unterschiede gegenüber dem Bisherigen aufzuzeigen. Solche Hinweise sind vor allem in den Fußnoten untergebracht.

Den Fußnoten sollte der Leser besondere Aufmerksamkeit entgegenbringen. Denn dort findet er mit Bedacht ausgewählte Zusatzinformationen zum reformierten Schuldrecht, die zwar nicht unmittelbar in die jeweilige Lösung hineingehören, aber für den Einblick in die Dogmatik der neuen Strukturen wichtig sind. Darüber hinaus geben die Fußnoten wertvolle Auskünfte zu Fragen des Gutachtenaufbaus und der Falllösungstechnik, zu Fragen also, die Studierende auch in höheren Semestern und sogar im Examen immer wieder vor unerwartete Schwierigkeiten stellen. Im Grundsatz gilt freilich: Der richtige Aufbau spricht für sich. Deshalb wurde von Vorüberlegungen zu den Lösungen grundsätzlich abgesehen. So finden sich wichtige Vorüberlegungen bzw. Aufbauhinweise lediglich zu den Fällen 4 und 6.

Abschließend sei dem Leser die Maxime der Verständlichkeit jeder Darstellung besonders ans Herz gelegt. Klare Sprache und übersichtliche Gliederung bürgen meist für eine geordnete Gedankenführung.

Frau Richterin Anja Becker bin ich für zahlreiche Streitgespräche, die manche der Lösungen vorangebracht haben, zu besonderem Dank verpflichtet. Ferner danke ich Frau Assessorin Martina Rudolph sowie den Studierenden Marko Schucht und Ronald Schulz für ihre Unterstützung.

Dieses Buch widme ich meinem lieben Sohn Thomas-Zipei.

Thomas Korenke

Inhaltsverzeichnis

Literaturverzeichnis

Literatur mit Schwerpunkt im allgemeinen Leistungsstörungsrecht

A

Altmeppen, Holger: Untaugliche Regeln zum Vertrauensschaden und Erfüllungsinteresse im Schuldrechtsmodernisierungsentwurf, DB 2001, 1399-1405

Armbrüster, Christian/Leske, Sascha: Hinweise zur Bearbeitung vertragsrechtlicher Klausurfälle, JA 2002, 290-292

B

Bertermann, Jens: Klausuraufbauschemen Schuldrecht 2002, Marburg 2002 (zit.: Bertermann, Klausuraufbauschemen)

C

Canaris, Claus-Wilhelm: Schadensersatz wegen Pflichtverletzung, anfängliche Unmöglichkeit und Aufwendungsersatz im Entwurf des Schuldrechtsmodernisierungsgesetzes, DB 2001, 1815-1824

Ders.: Die Reform des Rechts der Leistungsstörungen, JZ 2001, 499-528

D

Dauner-Lieb, Barbara/Dötsch, Wolfgang: Schuldrechtsreform: Haftungsgefahren für Zwischenhändler nach neuem Recht? DB 2001, 2535- 2540

Däubler, Wolfgang: Die Reform des Schadensersatzrechts, JuS 2002, 625 - 631

E

Ernst, Wolfgang/Gsell, Beate: Kritisches zum Stand der Schuldrechtsmodernisierung, ZIP 2001, 1389-1403

G

Grunewald, Barbara: Vorschläge für eine Neuregelung der anfänglichen Unmöglichkeit und des anfänglichen Unvermögens, JZ 2001, 433- 436

H

Hadding, Walther: Der praktische Fall – Bürgerliches Recht: Das abhanden gekommene Sparbuch, JuS 2003, 154-157

Hau, Wolfgang: Schuldrechtsmodernisierung 2001/2002 – Reformiertes Mietrecht und modernisiertes Schuldrecht, JuS 2002, 130-137

Homann, Stefan: Typische Probleme des Schadensersatzrechts und ihre systematische Einordnung, JuS 2002, 554-557

K

Knütel, Rolf: Zur Schuldrechtsreform, NJW 2001, 2519-2523

Krause, Rüdiger: Die Leistungsverzögerung im neuen Schuldrecht (Teil II), Jura 2002, 299-305

L

Leenen, Detlef: Die Neuregelung der Verjährung, JZ 2001, 552-560

Leske, Sascha: Klausur Zivilrecht „Kanzleisystem", JA 2003, 24-36

Lorenz, Stephan: Rücktritt, Minderung und Schadensersatz wegen Sachmängeln im neuen Kaufrecht: Was hat der Verkäufer zu vertreten? NJW 2002, 2497-2505

Löhnig, Martin: Schuldrechtsreform - Update 1, Die Systematik des neuen Pflichtverletzungsrechts, JA 2002, 31-31

Ders.: Schuldrechtsreform - Update 2, Unmöglichkeit, JA 2002, 126-129

Ders.: Schuldrechtsreform - Update 3, Verzögerung der Leistung, JA 2002, 205-208

Ders.: Schuldrechtsreform - Update 4, Allgemeiner Pflichtverletzungstatbestand (pFV, cic), JA 2002, 291-292

M

Mansel, Heinz-Peter: Neuregelung des Verjährungsrechts, NJW 2002, 89-99

Mattheus, Daniela: Schuldrechtsmodernisierung 2001/2002 – Die Neuordnung des Allgemeinen Leistungsstörungsrechts, JuS 2002, 209-219

Meier, Sonja: Neues Leistungsstörungsrecht: Anfängliche Leistungshindernisse, Gattungsschuld und Nichtleistung trotz Möglichkeit, Jura 2002, 187-196

Dies.: Neues Leistungsstörungsrecht: Nachträgliche Unmöglichkeit und nachträgliches Unvermögen in der Fallbearbeitung, Jura 2002, 118-130

Münch, Joachim: Die „nicht wie geschuldet" erbrachte Leistung und sonstige Pflichtverletzungen, Jura 2002, 361-374

O

Otto, Hansjörg: Die Grundstrukturen des neuen Leistungsstörungsrechts, Jura 2002, 1-11

R

Recker, Wilfried: Schadensersatz statt der Leistung – oder: Mangelschaden und Mangelfolgeschaden, NJW 2002, 1247-1248

Reese, Nicole: Konkurrenz zwischen mietrechtlichen und allgemeinen Vorschriften bei anfänglicher auf einem Sachmangel beruhender Unmöglichkeit, JA 2003, 162-168

S

Schapp, Jan: Einführung in das Bürgerliche Recht: Das System des Bürgerlichen Rechts, JA 2003,125-131

Ders.: Empfiehlt sich die „Pflichtverletzung" als Generaltatbestand des Leistungsstörungsrechts? JZ 2001, 583-589

Schwab, Martin: Grundfälle zu culpa in contrahendo, Sachwalterhaftung und Vertrag mit Schutzwirkungen für Dritte nach neuem Schuldrecht, JuS 2002, 872-878

Ders.: Schuldrechtsmodernisierung 2001/2002- Die Rückabwicklung von Verträgen nach §§ 346 ff. BGB n. F., JuS 2002, 630-637

Ders.: Das neue Schuldrecht im Überblick, JuS 2002, 1-8

Schwarze, Roland: Unmöglichkeit, Unvermögen und ähnliche Leistungshindernisse im neuen Leistungsstörungsrecht, Jura 2002, 73-83

Senne, Petra: Das Recht der Leistungsstörungen nach dem Schuldrechtsmodernisierungsgesetz, JA 2002, 424-433

Stoll, Hans: Notizen zur Neuordnung des Rechts der Leistungsstörungen, JZ 2001, 589-597

W

Waas, Bernd: Der Entschädigungsanspruch des Vermieters bei verspäteter Rückgabe der Mietsache durch den Mieter, ZMR 2000, 69-72

Westphalen Graf v., F.: AGB-Recht ins BGB – Eine erste Bestandsaufnahme, NJW 2002, 12-25

Wirth, Gernot: Zur Übung – Bürgerliches Recht: Annahmeverzug bricht Schuldnerverzug, JuS 2002, 764-767

Witt, Carl-Heinz: Schuldrechtsmodernisierung 2001/2002 – Das neue Verjährungsrecht, JuS 2002, 105-113

Z

Zimmer, Daniel: Das neue Recht der Leistungsstörungen, NJW 2002, 1-12

Literatur zum Kaufrecht

Brors, Christiane: Der praktische Fall – Bürgerliches Recht: Schöner Wohnen, JuS 2002, 355-358

Coester-Waltjen, Dagmar: Der Kaufvertrag, Jura 2002, 534-542

Huber, Peter: Der Nacherfüllungsanspruch im neuen Kaufrecht, NJW 2002, 1004-1008

Musielak, Hans-Joachim: Die Falschlieferung beim Stückkauf nach dem neuen Schuldrecht, NJW 2003, 89-92

Petersen, Jens: Die Nacherfüllung, Jura 2002, 461-464

Röthel, Anne: Das neue Kaufrecht in der Fallbearbeitung, Rücktritt und Schadensersatz bei Sachmängeln, Jura 2002, 621-627

Schubel, Christian: Schuldrechtsmodernisierung 2001/2002 – Das neue Kaufrecht, JuS 2002, 315-319

Westermann, H. P.: Das neue Kaufrecht einschließlich des Verbrauchsgüterkaufs, JZ 2001, 530-542

Westermann, H. P./Baltes, Joachim: Bürgerliches Recht: Ein Meerschweinchen bleibt selten allein, JuS 1983, 691-699

Zimmer, Daniel/Eckhold, Thomas: Das neue Mängelgewährleistungsrecht beim Kauf, Jura 2002, 145-160

Literatur zum Werkvertragsrecht

Löhnig, Martin: Schuldrechtsreform - Update 7, Gewährleistung beim Kauf- und Werkvertrag, JA 2002, 557-559

Ott, Sieghart: Neues Werkvertrags- und Darlehensrecht, MDR 2002, 361-365

Reinkenhof, Michaela: Das neue Werkvertragsrecht, Jura 2002, 433-438

Roth, Herbert: Die Reform des Werkvertragsrechts, JZ 2001, 543-551

Schudnagies, Jörg: Das Werkvertragsrecht nach der Schuldrechtsreform, NJW 2002, 396-400

Sienz, Christian: Die Neuregelungen im Werkvertragsrecht nach dem Schuldrechtsmodernisierungsgesetz, BauR Sonderheft 1a/2002, 181-195

Kommentare, Lehrbücher u. a.

A

Albrecht, A./Flohr, D./Lange, G.: Schuldrecht 2002, Schuldrechtsreformgesetz mit Erläuterungen, Synopsen, Checkliste, Gesetzestexten und amtlicher Begründung, 2002 (zit.: Albrecht/Flohr/Lange, Schuldrecht 2002)

Albrecht, A./Frings, M./Haase, J. W./Mensler, S./Pulte P.: Studienbuch Wirtschaftsrecht, Grundzüge des Wirtschaftsprivatrechts, Troisdorf 2002 (zit. Albrecht/Frings, Wirtschaftsrecht)

Andersen, Luther (Hrsg.): Die Schuldrechtsreform, Leitfaden für die Praxis, Heidelberg 2001 (zit.: Luther/Bearbeiter, Die Schuldrechtsreform)

B

Blank, Theodor: Repetitorium Juris, Schuldrecht AT II, 2. Auflage, Köln, Berlin, Bonn, München 2002 (zit.: Blank, Schuldrecht AT II)

Brox, H./Walker, W.-D.: Besonderes Schuldrecht, München 2002 (zit.: Brox/Walker, Besonderes Schuldrecht)

D

Dauner-Lieb, B./Arnold, A./Dötsch, W./Kitz, V.: Fälle zum Neuen Schuldrecht, Heidelberg 2002 (zit.: Dauner-Lieb/Bearbeiter, Fälle zum Neuen Schuldrecht)

Dauner-Lieb, B./Heidel, T./Lepa, M./Ring, G. (Hrsg.): Anwaltkommentar, Bonn 2002 (zit.: Anwaltkommentar/Bearbeiter)

Dauner-Lieb, B./Heidel, T./Lepa, M./Ring, G. (Hrsg.): Das Neue Schuldrecht, Ein Lehrbuch, Heidelberg 2002 (zit.: Dauner-Lieb/Heidel, Das Neue Schuldrecht)

E

Elb, Werner G.: Schuldrechtsmodernisierung, Ein Leitfaden für die Rechtspraxis, Köln 2002 (zit.: Elb/Schuldrechtsmodernisierung)

Erman, Walter: Bürgerliches Gesetzbuch, Handkommentar, 1. Band, 10. Auflage, Münster, Köln 2002 (zit.: Erman/Bearbeiter)

F

Fingerhut, Michael/Kroh, Guido: Das neue Schuldrecht in der Unternehmenspraxis, Köln, Berlin, Bonn, München 2002
(zit.: Fingerhut/Kroh, Das neue Schuldrecht in der Unternehmenspraxis)

H

Haas, L./Medicus, D./Rolland, W./Schäfer, C./Wendtland, H.: Das neue Schuldrecht, München 2002 (zit.: Haas/Medicus, Das neue Schuldrecht)

Henssler, M./Westphalen, Graf v., F. (Hrsg.): Praxis der Schuldrechtsreform, Recklinghausen 2002 (zit.: Henssler/v. Westpahlen, Praxis der Schuldrechtsreform)

Huber, Peter/Faust, Florian: Schuldrechtsmodernisierung, Einführung in das Recht, München 2002 (zit.: Huber/Faust, Schuldrechtsmodernisierung)

J

Jauernig, Othmar (Hrsg.): Bürgerliches Gesetzbuch, München 2003, (zit.: Jauernig/Bearbeiter)

K

Kaiser, Giesbert A.: Bürgerliches Recht, Basiswissen und Klausurenpraxis für das Studium, 9. Auflage, Heidelberg 2003 (zit: Kaiser, Basiswissen)

L

Lorenz, Stephan/Riehm, Thomas: Lehrbuch zum neuen Schuldrecht, München 2002 (zit.: Lorenz/Rhiem, Lehrbuch zum neuen Schuldrecht)

M

Medicus, Dieter: Schuldrecht I, Allgemeiner Teil, München 2002 (zit.: Medicus, Schuldrecht I)

Münchener Kommentar: Bürgerliches Gesetzbuch, Band 2 a, Schuldrecht Allgemeiner Teil, §§ 241-432, 4. Auflage, München 2002 (zit.: MünchKomm/Bearbeiter)

Münchener Kommentar: Bürgerliches Gesetzbuch, Band 1, Allgemeiner Teil, §§ 1-240, 4. Auflage, München 2001 (zit.: MünchKomm/Bearbeiter)

O

Olzen, Dirk/Wank, Rolf: Die Schuldrechtsreform, Eine Einführung, Köln, Berlin, Bonn, München 2002 (zit.: Olzen/Wank, Die Schuldrechtsreform)

P

Palandt, Otto: Gesetz zur Modernisierung des Schuldrechts, Ergänzungsband zu Palandt, BGB, 61. Auflage, München 2002 (zit.: Palandt/Bearbeiter)

Palandt, Otto: Bürgerliches Gesetzbuch, Kommentar, 61. Auflage, München 2002 (zit.: Palandt/Bearbeiter)

R

Rauda, Christian/Zenthöfer, Jochen: 55 Fälle zum neuen Schuldrecht, 1. Auflage, Dänischenhagen 2002 (zit.: Rauda/Zenthöfer, 55 Fälle)

Richter, Hans-Peter: BGB Schuldrecht, Allgemeiner Teil, 18. Auflage, Dänischenhagen 2002 (zit.: Richter/Schuldrecht AT)

Römer, Hans: Privatrecht, Intensivkurs, München, Wien 2002 (zit.: Römer, Privatrecht)

S

Schapp, Jan: Grundlagen des bürgerlichen Rechts, 2. Auflage, München 1996 (zit.: Schapp, Grundlagen)

Schulze, Reiner (Schriftleitung): Bürgerliches Gesetzbuch, Handkommentar, Baden-Baden 2002 (zit.: Hk-BGB/Bearbeiter)

Schwab, Martin/Witt, Carl-Heinz (Hrsg.): Einführung in das neue Schuldrecht, München 2002 (zit.: Schwab/Witt, Einführung)

Soergel, Th. (Hrsg.): Bürgerliches Gesetzbuch mit Einführungsgesetz und Nebengesetzen, Band 2, Allgemeiner Teil 2, §§ 104-240, Stand März 1999, Stuttgart, Berlin, Köln, Mainz (zit.: Soergel/Bearbeiter)

W

Westphalen Graf v., F. (Hrsg.): Vertragsrecht und AGB-Klauselwerke, München 2002 (zit.: v. Westphalen, Vertragsrecht)

Wörlen, Rainer: Schuldrecht AT, Lernbuch, Strukturen, Übersichten, 5. Auflage, Köln, Berlin, Bonn, München 2002 (zit.: Wörlen, Schuldrecht BT)

Ders.: Schuldrecht BT, Lernbuch, Strukturen, Übersichten, 5. Auflage, Köln, Berlin, Bonn, München 2002 (zit.: Wörlen, Schuldrecht AT)

Abkürzungsverzeichnis

a. A. anderer Auffassung
ABlEG Amtsblatt der Europäischen Gemeinschaften
Abs. Absatz
a. E. am Ende
a. F. alte Fassung
AGB Allgemeine Geschäftsbedingungen
AGBG Gesetz zur Regelung des Rechts der Allgemeinen Geschäftsbedingungen
Alt. Alternative
AT Allgemeiner Teil
Aufl. Auflage

BauR Baurecht
BB Betriebsberater
BGB Bürgerliches Gesetzbuch
BGBl Bundesgesetzblatt
BGH Bundesgerichtshof
BGHZ Entscheidungen des Bundesgerichtshof in Zivilsachen
Bsp. Beispiel
BT Bundestag, Besonderer Teil
bzw. beziehungsweise

ca. circa
c. i. c. culpa in contrahendo

DB Der Betrieb
Ders. Derselbe
d. h. das heißt
Dies. Dieselbe
Drucks. Drucksache

EGBGB Einführungsgesetz zum BGB
etc. et cetera
EUR Euro

f.. ff. folgende, fortfolgende
Fn. Fußnote

ggfls. gegebenenfalls
grds. grundsätzlich

Hrsg. Herausgeber
HS. Halbsatz

i. d. F. in der Fassung
i. V. m. in Verbindung mit
i .w. S. im weiteren Sinne
i. d. R. in der Regel

JA Juristische Arbeitsblätter
Jura Juristische Ausbildung
JuS Juristische Schulung
JZ Juristenzeitung

Kfz Kraftfahrzeug

lat. lateinisch
LG Landgericht

MDR Monatszeitschrift für Deutsches Recht
m. E. meines Erachtens
m. w. N. mit weiteren Nachweisen

n. F. neue Fassung
NJW Neue Juristische Wochenschrift
Nr. Nummer
Nrn. Nummern

OLG Oberlandesgericht

p. V. V.	positive Vertragsverletzung
Rdnr.(n.)	Randnummer(n)
S.	Seite
s.	siehe
s. E.	seines Erachtens
s. o.	siehe oben
sog.	sogenannte/er
StGB	Strafgesetzbuch
s. u.	siehe unten
u. a.	unter anderem, und andere
u. s. w.	und so weiter
Urt.	Urteil
vgl.	vergleiche
Vorb. v.	Vorbemerkung vor
VVG	Versicherungsvertragsgesetz
z. B.	zum Beispiel
ZIP	Zeitschrift für Wirtschaftsrecht und Insolvenzpraxis
zit.	zitiert
ZMR	Zeitschrift für Miet- und Raumrecht

Fall 1: „Späte Schäden an Außenbordmotoren“

Sachverhalt:

Segel (S) betreibt einen Bootsverleih. Zu der Flotte des S gehören mehrere Jollenkreuzer, die über Außenbordmotoren verfügen. Um diese selbst betanken zu können, hat S auf seinem Betriebsgrundstück zwei Kraftstofftanks eingebaut. Einer dieser Tanks ist für „Normalbenzin“, der andere für Superbenzin vorgesehen. Diese Zuordnung ist von S durch entsprechende Aufschriften deutlich sichtbar gekennzeichnet.

Anfang Oktober kaufte S bei dem Kraftstoffhändler T jeweils 10.000 Liter Benzin mit der Oktanzahl 93 sowie Superbenzin mit der Oktanzahl 98. Noch im Oktober lieferte T fristgemäß die Kraftstoffe in der vereinbarten Menge und mit der gewünschten Oktanzahl. Dabei füllte er das Superbenzin in den Tank für das „normale“ Benzin und das Normalbenzin in den mit Superbenzin gekennzeichneten Tank. Die Verwechslung blieb in der Folgezeit unentdeckt bis schließlich im November des übernächsten Jahres sämtliche Motoren der Jollenkreuzer „den Geist aufgaben“. Die genaue Analyse der chemischen Zusammensetzung der Kraftstoffreste ergab, dass es bei der damaligen Lieferung zu der verkehrten Füllung der Tanks durch T gekommen war. Das ständige Betanken der Motoren durch S mit den verkehrten Kraftstoffen hatte schließlich zu den Schäden geführt.

S verlangt daraufhin von T Schadensersatz wegen der beschädigten Außenbordmotoren.
Zu Recht?

Prüfungsschemata zu Fall 1: „Späte Schäden an Außenbordmotoren“

A. Anspruch auf Schadensersatz nach §§[1] 437 Nr. 3, 280 Abs. 1

I. Wirksamer Kaufvertrag (§ 433)

II. Gewährleistungsgrund? (§ 434)

III. Ergebnis

B. Schadensersatz wegen Pflichtverletzung nach § 280 Abs. 1

I. Voraussetzungen der Grundnorm des § 280 Abs. 1

1. **Wirksames Schuldverhältnis**
2. **Pflichtverletzung**
   a. **Keine Verletzung der kaufvertraglichen Hauptleistungspflicht**
   b. **Verletzung von Nebenpflichten**
      aa. **Verletzung einer leistungsbezogenen Nebenpflicht**
      bb. **Verletzung einer integritätsbezogenen Schutzpflicht (§ 241 Abs. 2)**
3. **Vertretenmüssen (wird nach § 280 Abs. 1 S. 2 vermutet)**
4. **Kausaler Schaden (infolge zu vertretender Pflichtverletzung)**

---

[1] Vorschriften ohne Gesetzesangabe sind solche des BGB i. d. F vom 01.01.2002; Vorschriften mit der Angabe a. F. sind solche des BGB in der bis zu diesem Zeitpunkt geltenden Fassung.

II. Rechtsfolge

1. **Die Schadensarten der Neukonzeption**

   a. **Schadensersatz statt der Leistung (§ 280 Abs. 3)**

   b. **„Einfacher" Schadensersatz (§ 280 Abs. 1)**

2. **Umfang des zu leistenden Schadensersatzes nach §§ 249 ff.**

   a. **Schadensersatz in Geld (§ 249 Satz 2)**

   b. **Mitverschulden**
   (Verstoß gegen Schadensminderungspflicht des § 254 Abs. 2)

III. Verjährung des Schadensersatzanspruchs

1. **Zweijährige kaufrechtliche Verjährungsfrist nach § 438 Abs. 1 Nr. 3?**

2. **Dreijährige kenntnisabhängige Regelverjährungsfrist nach § 195**

C. Schadensersatz aus unerlaubter Handlung nach § 823 Abs. 1

I. Tatbestandsmäßige unerlaubte Handlung

II. Widerrechtlichkeit

III. Verschulden

IV. Ergebnis

Lösung zu Fall 1: „Späte Schäden an Außenbordmotoren“

(Grundnorm des § 280 Abs. 1 (Schadensersatz wegen Pflichtverletzung); Oberbegriff der Pflichtverletzung; Haupt- und Nebenpflichten; Verletzung einer integritätsbezogenen Schutzpflicht (§ 241 Abs. 2); Ermittlung des „einfachen“ Schadensersatzes (§ 280 Abs. 1) unter Abgrenzung vom Schadensersatz statt der Leistung (§ 280 Abs. 3); zweijährige Verjährungsfrist kaufrechtlicher Mängelansprüche nach § 438 Abs. 1 Nr. 3; dreijährige Regelverjährungsfrist (§ 195); Beginn der Regelverjährung (§ 199 Abs. 1, Nrn. 1 und 2))

A. S könnte gegen T einen Anspruch auf Ersatz der Schäden an den Außenbordmotoren nach §§ 437 Nr. 3, 280 Abs. 1 haben.

Gemäß § 437 Nr. 3 kann der Käufer, wenn die Sache mangelhaft ist, nach § 280 Schadensersatz verlangen. Dies setzt zunächst einen wirksamen Kaufvertrag voraus.

I. Wirksamer Kaufvertrag (§ 433)

Zwischen S und T ist ein vertraglicher Konsens über die Lieferung von Kraftstoff zustande gekommen. Dieses Schuldverhältnis ist in erster Linie auf die Verschaffung des Eigentums an den Kraftstoffen gerichtet[2]. Hauptsächlicher Vertragsinhalt ist hier der Warenumsatz und die damit verbundene Eigentumsübertragung. Demgegenüber treten die Pflichten zur Lieferung und zum Abfüllen der Kraftstoffe in den Hintergrund. Sie sind beim Verkauf von Kraftstoffen typische Nebenleistungen, die es nicht rechtfertigen, ein werkvertraglich geprägtes Schuldverhältnis anzunehmen[3]. Demzufolge haben S und T einen Kaufvertrag geschlossen.

II. Gewährleistungsgrund (§ 434)

T hat S das Eigentum an dem gattungsmäßig bestimmten Normal- und Superbenzin verschafft und ist damit seiner Pflicht aus § 433 Abs. 1 Satz 1 nachgekommen. Ferner müsste T die in § 433 Abs. 1 Satz 2 ausdrücklich normierte Verpflichtung erfüllt und dem S die Kaufsache frei von Sach- und Rechtsmängeln verschafft haben (Erfüllungstheorie[4]). Nach § 434 Abs. 1 Satz 1 ist die Sache frei von Sachmängeln, wenn sie bei Gefahrübergang die vereinbarte Beschaffenheit aufweist. Zu den Beschaffenheitsmerkmalen zählen vor allem Eigenschaften, die nach Art und Dauer Einfluss auf die Wertschätzung und Brauchbarkeit der Sache haben. Die von T angelieferten Kraftstoffe erfüllten die vertraglich vereinbarte Beschaffenheit.

---

[2] Die Annahme eines Kaufvertrages liegt (nahezu) auf der Hand. Deswegen ist m. E. ausnahmsweise Urteilsstil gestattet. „Klassischer“ Gutachtenstil („Fraglich ist, ob die Einigung zwischen S und T als Kaufvertrag zu qualifizieren ist.“) erscheint hier - jedenfalls für fortgeschrittene Studierende - unangebracht.

[3] Zur Abgrenzung von Kauf- und Werkvertrag bei einem Vertrag über Software, vgl. Leske, JA 2003, 24 (27). Bei solchen Verträgen ist wie folgt zu unterscheiden: verpflichtet sich der Schuldner zur individuellen Programmierung eines Anwendungsprogramms, schuldet er einen werkvertraglichen Erfolg (vgl. § 631 Abs. 1 und 2). Steht dagegen die Lieferung im Vordergrund, wovon etwa bei Standardsoftware auszugehen ist, handelt es sich um einen Kaufvertrag.

[4] Die Erfüllungstheorie besagt, dass den Verkäufer eine Pflicht zur Lieferung einer von Sach- und Rechtsmängeln freien Sache trifft. Dies entspricht dem bisher bereits für den Gattungskauf geltenden Leitbild. Vgl. hierzu statt vieler H. P. Westermann, JZ 2001, 530 (531); Coester-Waltjen, Jura 2002, 534 (536)

Insbesondere wies das Benzin die vereinbarte Oktanzahl 93 und der Superkraftstoff die Oktanzahl 98 auf. Die Kraftstoffe waren auch nicht etwa durch Schadstoffe verunreinigt. Damit liegt ein Mangel nach § 434 Abs. 1 Satz 1[5] nicht vor.

Ferner wurden die Kraftstoffe in der vereinbarten Menge (je Kraftstoff 10.000 Liter) geliefert. Demnach ist ein Mangel im Sinne des in § 434 Abs. 3 neu aufgenommenen erweiterten Fehlerbegriffs (Aliud[6]- oder Zuweniglieferung) ebenfalls nicht gegeben[7].

III. Ergebnis

Da es an einem Gewährleistungsgrund fehlt, sind schon die Voraussetzungen des § 437 nicht erfüllt. Demzufolge kommt ein Schadensersatzanspruch aufgrund kaufrechtlicher Mängelhaftung vorliegend nicht in Betracht.

B. S könnte gegen T einen Anspruch auf Ersatz der Schäden an den Außenbordmotoren (unmittelbar) nach § 280 Abs. 1 haben.

I. Voraussetzungen der Grundnorm des § 280 Abs. 1

Dazu müsste S nach § 280 Abs. 1 Satz 1 eine Pflicht aus einem Schuldverhältnis verletzt haben.

Nach § 280 Abs. 1 Satz 2 tritt die Schadensersatzpflicht nicht ein, wenn der Schuldner die Pflichtverletzung nicht zu vertreten hat.

1. Wirksames Schuldverhältnis

Zwischen S und T ist, wie dargelegt, ein Kaufvertrag zustande gekommen.

2. Pflichtverletzung

Ferner müsste T eine Pflicht aus dem Schuldverhältnis verletzt haben. Der im sog. Generaltatbestand des § 280 Abs. 1 Satz 1 verwendete Oberbegriff der Pflichtverletzung bezeichnet allgemein das objektive Zurückbleiben hinter dem Pflichtenprogramm des Schuldverhältnisses. Damit ist jedes Verhalten des Schuldners erfasst, das dem Schuldverhältnis nicht entspricht. Anders ausgedrückt: Der Begriff der Pflichtverletzung des § 280 Abs. 1 fasst die Leistungspflichten des Schuldverhältnisses mit den bisher von den weitgehend nicht kodifizierten Haftungsinstituten der positiven Vertragsverletzung (p. V. V.) und

---

[5] § 434 Abs. 1 Satz 2 kommt als Auffangtatbestand neben § 434 Abs. 1 Satz 1 schon deswegen nicht in Betracht, weil er gerade das Fehlen einer Beschaffenheitsvereinbarung voraussetzt. Vgl. auch Fall 8, S. 117 (Fn. 5)

[6] Zur Falschlieferung beim Stückkauf eingehend Musielak, NJW 2002, 89 ff.

[7] Für das Vorliegen eines Rechtsmangels im Sinne des § 435 fehlen jegliche Anhaltspunkte, so dass selbst ein kurzes Eingehen hierauf überflüssig ist und ein Fehler wäre (Weniger ist in der Juristerei meistens mehr!).

der culpa in contrahendo (c. i .c.)[8] erfassten Sorgfaltspflichten zusammen[9]. Demzufolge werden nicht nur die Haupt- und Nebenleistungspflichten, sondern sämtliche Nebenpflichten, insbesondere die Schutzpflichten i. S. d. § 241 Abs. 2[10], erfasst.

Zu prüfen ist, ob und inwieweit T vorliegend eine der genannten Pflichten verletzt hat.

a. Keine Verletzung der kaufvertraglichen Hauptleistungspflicht

T hat, wie gezeigt, seine kaufvertraglichen Hauptleistungspflichten aus § 433 Abs. 1 in vollem Umfang erfüllt[11]. Damit hat er die Gattungsschuld nach §§ 243 Abs. 2, 362 Abs. 1 bewirkt.

b. Verletzung von Nebenpflichten

T könnte aber eine Nebenpflicht verletzt haben. Dabei unterscheidet man leistungsbezogene und leistungsbegleitende (integritätsbezogene) Nebenpflichten.

aa. Verletzung einer leistungsbezogenen Nebenpflicht

Leistungsbezogene Nebenpflichten sind alle diejenigen Verpflichtungen, welche die rechtzeitige, vollständige und ordnungsgemäße Erfüllung der nach dem Inhalt des Vertrages begründeten Ansprüche betreffen. Dazu zählen beispielsweise die vereinbarungsgemäße Verpackung, Versendung und Versicherung der Ware, aber auch die ordnungsgemäße Erbringung der Leistung, also etwa die nach der Verkehrssitte zu erwartende Abfüllung von Kraft- oder Heizstoffen in die vorgesehenen Tanks[12].

Vorliegend hat T beim Befüllen durch die Verwechslung der markierten Tanks die zweckentsprechende Verwendung der jeweiligen Benzinsorte verhindert und damit dem Vertragszweck zuwiderlaufend gehandelt.

Zwar hat T dadurch seine leistungsbezogene Nebenpflicht verletzt. Aber S macht keine Schäden geltend, die sich auf den Leistungsaustausch, also hier auf die Lieferung mangelfreier Kraftstoffe gegen Zahlung des von den Parteien für äquivalent befundenen Kaufpreises beziehen. Vielmehr betreffen die Schädigungen der Motoren das „integere" Eigentum des S außerhalb der Kaufsache. Damit geht es hier um sog. Integritätsschäden[13]. Deren Ersatz erfordert die Verletzung einer sog. leistungsbegleitenden bzw. integritätsbezogenen Schutzpflicht. Mit dem verkehrten Befüllen der Tanks könnte T hier uno actu zugleich gegen eine entsprechende Schutzpflicht verstoßen haben[14].

---

[8] Fragmentarische Kodifizierungen besonderer Fälle der c. i. c. bestehen vor allem in den §§ 122, 179 und 663 unverändert fort.

[9] Vgl. statt vieler Schapp, JZ 2001, 583 (584); Kaiser, Basiswissen, S. 165

[10] Insoweit spricht man auch von leistungsbegleitenden Schutzpflichten. Vgl. Coester-Waltjen, Jura 2002, 534 (535)

[11] Damit fehlt es, wie oben gezeigt, an einem Gewährleistungsgrund. Demzufolge gelangt man nicht erst über die Verweisung des § 437 Nr. 3 zu den Schadensersatznormen des allgemeinen Schuldrechts der §§ 280 ff.

[12] Vgl. dazu Coester-Waltjen, Jura 2002, 534 (536)

[13] Zu unterscheiden ist also danach, ob die Verletzung des Äquivalenzinteresses oder des Integritätsinteresses in Rede steht, so Coester-Waltjen, Jura 2002, 534 (536)

[14] **Wichtig:** Zu einer weiteren Fallgestaltung, in der dieselbe Handlung eine leistungsbezogene Nebenpflicht und zugleich eine integritätsbezogene Schutzpflicht im Sinne des § 241 Abs. 2 verletzt, vgl. den Fall 2 (Motorsäge) bei Münch, Jura 2002, 361 (364); ein weiterer Fall zu dem Problemkreis

bb. Verletzung einer integritätsbezogenen Schutzpflicht (§ 241 Abs. 2)[15]
T müsste also eine Nebenpflicht verletzt haben, die den Schutz der Integritätsinteressen des S bezweckt. Hierzu besagt § 241 Abs. 2, dass das Schuldverhältnis nach seinem Inhalt jeden Teil zur Rücksicht auf die Rechte, Rechtsgüter und Interessen des anderen Teils verpflichtet. In concreto hat T durch das verkehrte Befüllen der Tanks nicht nur den Vertragszweck gefährdet, sondern auch für andere Rechtsgüter des S eine Gefahrenquelle geschaffen. Dadurch sind die im Eigentum des S stehenden Motoren der späteren Schädigung infolge des ständigen Betankens mit verkehrtem Kraftstoff zugeführt worden. Darin liegt eine Schutzpflichtverletzung, die für die hier geltend gemachten Integritätsschäden der maßgebliche Anknüpfungspunkt ist.

Demzufolge sind die Voraussetzungen des § 280 Abs. 1 Satz 1 erfüllt, so dass der Gläubiger den durch die Pflichtverletzung entstandenen Schaden ersetzt verlangen kann.

3. Vertretenmüssen (wird nach § 280 Abs. 1 Satz 2 vermutet)
Nach § 280 Abs. 1 Satz 2 gilt dies indessen nicht, wenn der Schuldner die Pflichtverletzung nicht zu vertreten hat. Damit entfällt die Schadensersatzhaftung für vermutetes Verschulden, wenn T sich exkulpieren kann. T müsste also behaupten und im Bestreitensfalle notfalls beweisen (können), dass ihn an der Pflichtverletzung – hier also am verkehrten Befüllen - kein Verschulden trifft[16]. Eine solche Entlastung wäre allenfalls denkbar, wenn etwa die Markierungen an den Tanks mißverständlich bzw. irreführend gewesen wären oder S dem T beim Befüllvorgang unklare Anweisungen gegeben hätte. Für derartige Entlastungsmomente zugunsten des T gibt es keine Anhaltspunkte. Vielmehr waren die Tanks in gut sichtbarer Weise und unmißverständlich gekennzeichnet. T wird es also nicht gelingen, die gesetzliche Verschuldensvermutung des § 280 Abs. 1 Satz 2 zu widerlegen. Demzufolge bleibt es bei der Vermutung, dass T die im Verkehr erforderliche Sorgfalt außer Acht gelassen und somit gemäß § 276 Abs. 2 zumindest fahrlässig gehandelt hat. Diese (vermutete) Fahrlässigkeit hat er nach § 276 Abs. 1 Satz 1 auch zu vertreten.

4. Kausaler Schaden[17] **(infolge zu vertretender Pflichtverletzung)**
Durch die festgestellte von T nach § 280 Abs. 1 Satz 2 zu vertretende Schutzpflichtverletzung ist der Schaden an den Außenbordmotoren entstanden.

---

findet sich bei Schwab, JuS 2002, 872 (874/875). Schwab gibt ein Beispiel, in dem die Verletzung einer Hauptleistungspflicht (Instandhaltungspflicht nach § 535 Abs. 1 Satz 2) zugleich den Verstoß gegen eine Rücksichtspflicht aus § 241 Abs. 2 beinhaltet. **Beide Pflichten stehen, so Schwab, auch wenn sie uno actu verletzt werden, gleichwertig und unabhängig nebeneinander.**

[15] Integritätsbezogene Nebenpflichten sind meistens auch die Untersuchungs- und Aufklärungspflichten, vgl. dazu Fall 2, S. 25/26 sowie Fall 8, S. 123

[16] Vgl. hierzu statt vieler Anwaltkommentar/Dauner-Lieb, § 280 Rdnr. 60; zu beachten ist die für das Arbeitsrecht eingefügte abweichende Sonderregel des § 619 a

[17] **Wichtig:** Der Schaden wird bei der Prüfung des Haftungstatbestandes zuletzt festgestellt, weil sich das (Nicht-)Vertretenmüssen lediglich auf die Pflichtverletzung bezieht (vgl. § 280 Abs. 1 Satz 2), nicht aber den späteren Schadenseintritt mit umfassen muss. So zutreffend Münch, Jura 2002, 361 (368)

II. Rechtsfolge

Zu prüfen bleibt, ob die geltend gemachten Schäden an den Außenbordmotoren ersatzfähige Schäden im Sinne des § 280 Abs. 1 darstellen.

1. Die Schadensarten der Neukonzeption[18]

Es fragt sich, welche Schäden genau nach § 280 Abs. 1 zu ersetzen sind. Denn in den folgenden Absätzen werden zwei weitere Arten von Schadensersatz, nämlich der Verzögerungsschaden (vgl. § 280 Abs. 2) sowie der Schadensersatz statt der Leistung (vgl. § 280 Abs. 3) gewissermaßen als qualifizierte Schadensarten ausgegliedert.

Entsprechend dieser Neukonzeption sind nach der Grundnorm des § 280 Abs. 1 alle Schäden ersatzfähig, die nicht solche statt der Leistung und keine Verzögerungsschäden sind[19]. Denn diese beiden Schadensformen werden nach § 280 Abs. 3 i. V. m. §§ 281, 282, 283 bzw. nach § 280 Abs. 2 i. V. m. § 286 nur unter „zusätzlichen Voraussetzungen" ersetzt.

In Abgrenzung zu dem in § 280 Abs. 3 verwendeten Begriff des Schadensersatzes statt der Leistung spricht man im Hinblick auf § 280 Abs. 1 vom „einfachen" Schadensersatz bzw. Schadensersatz neben der Leistung[20], der ergänzend (neben) und nicht nur subsidiär zum Schadensersatz statt der Leistung beansprucht werden kann. Diese nach § 280 Abs. 1 zu ersetzenden „einfachen" Schäden lassen sich inhaltlich am besten konkretisieren, indem man zunächst den in § 280 Abs. 3 ausgegliederten Schadensersatz statt der Leistung beschreibt. Auf diese Weise kann das, was an Schäden übrigbleibt, dem Auffangtatbestand des § 280 Abs. 1 zugeordnet werden, soweit es sich nicht um einen Verzögerungsschaden (vgl. § 280 Abs. 2) handelt[21].

a. Schadensersatz statt der Leistung (§ 280 Abs. 3)

Der Anspruch auf Schadensersatz statt der Leistung tritt an die Stelle des Anspruchs auf die Primärleistung(en) und betrifft somit den Ersatz des positiven Interesses[22]. Der Geschädigte ist danach so zu stellen, wie er bei ordnungsgemäßer Erfüllung gestanden hätte. Demgemäß werden insbesondere die Kosten der Ersatzbeschaffung bzw. etwaige Reparaturkosten sowie der nach einer Reparatur ggfls. verbleibende mangelbedingte Minderwert erfasst, die Mangelschäden also[23]. Dazu zählt ferner entgangener Gewinn, wie etwa der Ersatz des Mindererlöses bei Weiterverkauf[24].

---

[18] Die folgenden Ausführungen zur Neukonzeption könnten in einer Klausurlösung durchaus etwas gestrafft werden. Sie sind aber für das Verständnis der neuen Dogmatik von großer Wichtigkeit, so dass sie hier auf „Hausarbeitsniveau" dargestellt werden.

[19] Demzufolge fungiert die Grundnorm des § 280 Abs. 1 als Auffangtatbestand, vgl. dazu Münch, Jura 2002, 361 (370)

[20] Diesen Begriff verwendet etwa Münch, Jura 2002, 361 (370)

[21] An dieser Stelle soll auf den Begriff des Verzögerungsschadens, der nach § 280 Abs. 2 i. V. m. § 286 zu ersetzen ist, noch nicht eingegangen werden.

[22] Vgl. statt vieler Recker, NJW 2002, 1247 (1247); Kaiser, Basiswissen, S. 174; Anwaltkommentar/Dauner-Lieb, § 280 Rdnr. 36 m. w. N in Fn. 92

[23] Palandt/Heinrichs, § 280 Rdnr. 18; Anwaltkommentar/Dauner-Lieb, § 280 Rdnr. 37; Röthel, Jura, 2002, 621 (623); vgl. dazu auch Brors, JuS 2002, 355 (356/357), die im Hinblick auf das Kaufrecht zwischen engen und weiten Mangelfolgeschäden unterscheidet und sog. enge Mangelfolgeschäden dem Schadensersatz „statt der Leistung" zurechnen will. Im Ergebnis stimmt Brors trotz dieser Differenzierung, soweit ersichtlich, mit dem herrschenden Verständnis offenbar überein.

[24] Soweit es sich nicht um Verzögerungsschaden handelt, vgl. dazu Frage 2 zu Fall 9, S. 153

Die von S vorliegend geltend gemachten Schäden an den Außenbordmotoren betreffen Verletzungen von Eigentum außerhalb der Kaufsache. Sie lassen, wie erwähnt, den Leistungsaustausch (Lieferung von jeweils 10.000 Liter mangelfreier Kraftstoffe gegen Zahlung des vereinbarten Kaufpreises) und damit das Äquivalenzinteresse unberührt. Demzufolge wird hier kein Schadensersatz statt der Leistung begehrt.

b. „Einfacher" Schadensersatz (§ 280 Abs. 1)

Als „einfache Schäden" im Sinne des Auffangtatbestandes des § 280 Abs. 1 verbleiben demnach sämtliche Integritätsschäden. Dazu zählen zum einen die Mangelfolgeschäden, also Schäden, die nicht bereits in der Mangelhaftigkeit der Sache selbst liegen, sondern durch den Mangel an den übrigen Rechtsgütern des Gläubigers entstehen. Ferner werden sog. Begleitschäden[25]erfasst, die nicht infolge eines Mangels, sondern lediglich aus Anlaß des Vertrages durch die Verletzung einer integritätsbezogenen Schutzpflicht an den übrigen Rechtsgütern des Gläubigers entstehen.

Da die Kraftstoffe als solche nicht mangelhaft waren, handelt es sich bei den vorliegenden Integritätsschäden nicht um mangelbedingte Folgeschäden (= Mangelfolgeschäden), sondern um Begleitschäden, die auf der festgestellten Verletzung der leistungsbegleitenden Schutzpflicht beruhen. Sie stellen „einfache Schäden" dar, die „neben" den Leistungsaustausch treten und die nach der Grundnorm des § 280 Abs. 1 zu ersetzen sind, ohne dass es zusätzlicher Voraussetzungen bedarf.

2. Umfang des zu leistenden Schadensersatzes nach § 249 ff.

Art und Weise sowie Umfang des Ausgleichs richten sich nach den allgemeinen Regeln des Schadensersatzrechts der §§ 249 ff.[26].

a. Schadensersatz in Geld (§ 249 Satz 2)

Gemäß § 249 Satz 2 kann S als Gläubiger wegen der in Rede stehenden Beschädigung einer Sache der Art nach Schadensersatz in Geld fordern. Etwaige Kosten, die dem S für die chemische Analyse entstanden sind, sind als Sachverständigenkosten von dem schadensstiftenden Verhalten des T adäquat verursacht und demgemäß als sog. Vermögensfolgeschaden der Schädigung der Motoren zuzurechnen.

b. Mitverschulden (Verstoß gegen Schadensminderungspflicht des § 254 Abs. 2)

Fraglich ist, ob ein Mitverschulden des S nach § 254 hier die Höhe des zu ersetzenden Schadens mindert. Allenfalls könnte S gegen die in § 254 Abs. 2 geregelte Schadensabwendungs- und Schadensminderungspflicht verstoßen haben. Indessen enthält der Sachverhalt keine Hinweise darauf, dass S etwa beim täglichen Betanken die falsche Abfüllung frühzeitig hätte erkennen können. Es bedurfte hierzu vielmehr einer chemischen Analyse der Kraftstoffreste durch einen Sachverständigen.

---

[25] Vgl. zum Begriff des Begleitschadens ausführlich Münch, Jura 2002, 361 (368)

[26] Die Pflicht zum Schadensersatz ist in § 249 ausdrücklich vorausgesetzt, so dass es hier um die auf der Rechtsfolgenseite angesiedelte Haftungsausfüllung geht, vgl. Palandt/Heinrichs, Vorb. v. § 249 Rdnrn. 1 und 56

III. Verjährung des Schadensersatzanspruchs

Da S den Schaden vorliegend erst mehr als zwei Jahre nach Lieferung geltend gemacht hat, könnte sein Schadensersatzanspruch verjährt sein.

1. Zweijährige kaufrechtliche Verjährungsfrist nach § 438 Abs. 1 Nr. 3?

Zwar verjähren nach § 438 Abs. 1 Nr. 3 die in § 437 Nr. 1 bis 3 genannten Mängelrechte und mithin auch der Schadensersatzanspruch wegen Mangels nach §§ 437 Nr. 3, 280 bei dem Kauf beweglicher Sachen innerhalb von zwei Jahren, wobei diese Frist nach § 438 Abs. 2 mit der Ablieferung beginnt.

Wäre diese zweijährige Verjährungsfrist hier einschlägig, so wäre der Anspruch verjährt.

2. Dreijährige kenntnisabhängige Regelverjährungsfrist nach § 195

Indessen wurde eingangs festgestellt, dass die gelieferten Kraftstoffe einwandfrei und demnach nicht mit einem Sachmangel behaftet waren. Demzufolge hat sich der Schadensersatzanspruch infolge der Verletzung einer integritätsbezogenen Schutzpflicht bei mangelfreier Leistung hier unmittelbar aus § 280 Abs. 1 ergeben. Anders als die Mängelansprüche des Käufers verjährt dieser Anspruch gemäß § 195 erst in der Regelverjährungsfrist von drei Jahren. Hier zeigt sich, wie wichtig es ist, die sog. Begleitschäden von den mangelbedingten Folgeschäden zu unterscheiden[27]. Obwohl beide nach § 280 Abs. 1 ersatzfähige „einfache Schäden" darstellen[28], unterliegen sie doch unterschiedlichen Verjährungsfristen.

Zudem hängt der Beginn der regelmäßigen dreijährigen Verjährungsfrist gemäß § 199 Abs. 1 Nrn. 1 und 2 kumulativ von einem objektiven und einem subjektiven Merkmal ab[29]. Es reicht insofern nicht allein das objektive Merkmal der Anspruchsentstehung (§ 199 Abs. 1 Nr. 1) aus. Hinzutreten muss vielmehr nach § 199 Abs. 1 Nr. 2, dass der Gläubiger von den anspruchsbegründenden Umständen und der Person des Schuldners Kenntnis erlangt oder sich darüber zumindest in grob fahrlässiger Unkenntnis befindet[30]. Dieses „subjektive System" gibt dem Gläubiger eine „faire Chance" zur Verfolgung seines Anspruchs[31].

S hätte hier die Umstände für den Schadenseintritt, die erst durch ein Sachverständigengutachten geklärt werden mussten, nicht vor Auftreten der Schäden erkennen können. Demnach haben erst das Auftreten der Schäden an den Motoren und das Vorliegen des

---

[27] Münch, Jura 2002, 361 (368)

[28] Mangelfolgeschäden sind nach § 280 Abs. 1 als „einfache" Schäden zu ersetzen. Differenzierend dagegen Lorenz, NJW 2002, 1497 (1503), der Mangelfolgeschäden, die nach dem Ablauf einer gesetzten Nacherfüllungsfrist i. S. d. § 281 eintreten, als „Schadensersatz statt der Leistung" ersetzen will, weil sie von diesem Zeitpunkt an auf das endgültige Ausbleiben der Leistung zurückzuführen seien. Noch weitergehend Becker, NJW 2002, 1247 (1248); vgl. ferner zum Ersatz von Mangelfolgeschäden gemäß § 280 Abs. 1 den Fall 2, S. 24 ff.

[29] Dieses „subjektive System" beherrschte schon im früheren Recht die Verjährung von Deliktsansprüchen nach § 852 BGB a. F., vgl. Schwab, JuS 2002, 1 (2)

[30] Zur kenntnisabhängigen regelmäßigen Verjährungsfrist der §§ 195, 199 im Einzelnen vgl. Elb, Schuldrechtsmodernisierung, S. 23/24; ausführlich dazu ferner Mansel, NJW 2002, 89 (90-92)

[31] Leenen, JZ 2001, 552 (553)

chemischen Sachverständigengutachtens die Verjährung in Gang gesetzt. Damit ist die regelmäßige Verjährungsfrist vorliegend ersichtlich nicht abgelaufen.

C. S könnte gegen T einen Anspruch auf Ersatz des Schadens an den Außenbordmotoren nach § 823 Abs. 1 aufgrund unerlaubter Handlung haben.

I. Tatbestandsmäßige unerlaubte Handlung

Das verkehrte Befüllen der Kraftstofftanks durch T war für die Schädigung der Außenbordmotoren und damit für eine Eigentumsverletzung im Sinne des § 823 Abs. 1 adäquat kausal. Zweifel am Zurechnungszusammenhang zwischen der Pflichtverletzung des T und der späteren Schädigung der Motoren könnten sich vorliegend unter dem Gesichtspunkt eines (eigenverantwortlichen) Dazwischentretens des S ergeben. Zwar hat S die Betankung der Boote in der Folgezeit selbst vorgenommen. Indessen unterbricht das Verhalten eines Dritten die Zurechnung nur in solchen Ausnahmesituationen, in denen der Dritte „grob leichtfertig" gehandelt hat[32]. Zwar hat auch S eine conditio sine qua non für die Schädigung gesetzt. Allerdings war ihm ein Erkennen des jeweils falschen Kraftstoffs bei der Betankung der Boote rein optisch nicht möglich. Der Sachverhalt nennt keine Umstände, die den S dazu hätten veranlassen müssen, schon vor Schadenseintritt „der Sache auf den Grund zu gehen." Jedenfalls ist dem S keine grob leichtfertige Sorgfaltswidrigkeit vorzuwerfen. Somit hindert das bloße Betanken der Boote durch S es nicht, die Motorenschäden allein dem schädigenden Verhalten des T zuzurechnen.

II. Widerrechtlichkeit

Die Tatbestandsmäßigkeit der unerlaubten Handlung indiziert deren Widerrechtlichkeit[33].

III. Verschulden

T handelte ferner schuldhaft. Zwar wird im Hinblick auf die außervertragliche Haftung wegen unerlaubter Handlung anders als in § 280 Abs. 1 Satz 2 ein Verschulden grundsätzlich nicht vermutet. Indessen sind nach dem Sachverhalt nicht nur keine Entlastungsmomente zugunsten des T erkennbar. Vielmehr ist positiv festzustellen, dass T beim verkehrten Betanken die erforderliche Sorgfalt außer Acht gelassen hat, da die Tanks gut sichtbar und eindeutig markiert waren. Demzufolge handelte er sogar erwiesenermaßen fahrlässig im Sinne von § 276 Abs. 2. Dieses sorgfaltswidrige Handeln hat er zu vertreten (§ 276 Abs. 1).

---

[32] Vgl. dazu im Einzelnen Homann, JuS 2002, 554 (556), der auf die Rechtsprechung des BGH hinweist, wonach der Begriff „grob leichtfertig" zum Ausdruck bringen soll, dass „normale" Fahrlässigkeit nicht ausreicht.

[33] Bei der „Jedermannsbeziehung" der unerlaubten Handlung (gesetzliches Schuldverhältnis) bedarf es des Korrektivs der Widerrechtlichkeit. Demgemäß sind die meisten Rechtfertigungsgründe auch als Legitimationsgründe für den Übergriff auf fremde Rechtsgüter konzipiert. Hingegen beinhaltet bei der vertraglichen Sonderbeziehung bereits das Merkmal der Pflichtwidrigkeit, also das Abweichen von dem vertraglichen Pflichtenprogramm, die Widerrechtlichkeit. Vgl. hierzu Schapp, Grundlagen, S. 111/112; Münch, Jura 2002, 361 (367)

IV. Ergebnis

In Bezug auf den Umfang des Schadensersatzes gilt das im Vorhergehenden zu den §§ 249 ff. Gesagte[34]. Mangels spezieller Regelung verjährt der deliktische Anspruch hier ebenfalls in der regelmäßigen Verjährungsfrist von drei Jahren (vgl. §§ 195, 199)[35]. Diese ist aber, wie dargelegt, nicht abgelaufen.

Demzufolge kann S sein Schadensersatzbegehren nicht allein auf den vertraglich begründeten Schadensersatzanspruch aus § 280 Abs. 1, sondern zudem auf die deliktsrechtliche Anspruchsgrundlage des § 823 Abs. 1 stützen[36].

---

[34] Die §§ 249 ff. finden grundsätzlich auf alle Schadensersatzansprüche Anwendung, gleichgültig ob sie auf Vertrag, Delikt oder Gefährdungshaftung beruhen. Palandt/Heinrichs, Vorb. v. § 249 Rdnr. 2

[35] Mansel, NJW 2002, 89 (90); Leenen, JZ 2001, 552 (553)

[36] Dies entspricht der sog. materiell-rechtlichen Anspruchsgrundlagenkonkurrenz. Freilich handelt es sich prozessual betrachtet um einen einheitlichen Anspruch, der nur auf verschiedene materiell-rechtliche Anspruchsgrundlagen gestützt wird.

Fragen und Antworten zur Festigung und Abrundung des Wissens (Fall 1)

Frage 1:
Wieso wird § 280 Abs. 1 zu Recht als neuer Grundtatbestand bezeichnet?

Frage 2:
Welche leistungsbezogenen Nebenpflichten hat der Verkäufer zu erfüllen?

Frage 3:
Welches kennzeichnende Strukturprinzip des neuen Leistungsstörungsrechts bringen die weiteren Zentralnormen der §§ 281, 323 zum Ausdruck?

Frage 4:
In welchen Vorschriften hat der Reformgesetzgeber das richterrechtliche Institut des Verschuldens bei Vertragsschluss (culpa in contrahendo) normiert?

Frage 5:
Weshalb ist nach der Grundnorm des § 280 Abs. 1 das positive Interesse nicht ersatzfähig? Oder anders gewendet: Aus welchem Grunde wird der Schadensersatz statt der Leistung (= positives Interesse) gemäß §§ 280 Abs. 3, 281 nur unter zusätzlichen Voraussetzungen gewährt?

Antworten auf die Fragen zu Fall 1

zu Frage 1[37]:

§ 280 Abs. 1 ist die zentrale Anspruchsgrundlage für „Schadensersatz wegen Pflichtverletzung". Sie gilt gleichermaßen für die Verletzung von Haupt- und Nebenpflichten, wozu insbesondere Verstöße gegen leistungsbegleitende Schutzpflichten i. S. v. § 241 Abs. 2 zählen. Aus den Rückverweisungen auf § 280 Abs. 1 in den §§ 281-283 sowie aufgrund der Verweise im Gewährleistungsrecht (§ 437 Nr. 3 sowie § 634 Nr. 3) wird deutlich, dass für sämtliche Leistungsstörungstatbestände, die Schadensersatzansprüche betreffen, die Voraussetzungen des § 280 Abs. 1 gewissermaßen als Fundament erfüllt sein müssen[38]. Ein Schadensersatzanspruch setzt damit nach der Neukonzeption voraus:

1. Ein Schuldverhältnis i. S. v. § 280 Abs. 1 Satz 1[39]
2. Eine Pflichtverletzung[40]
3. Vermutetes Verschulden (§ 280 Abs. 1 Satz 2)

zu Frage 2:

Welche leistungsbezogenen Nebenpflichten den Verkäufer im konkreten Fall treffen, hängt von den Vereinbarungen ab. So kann der Verkäufer beispielsweise die Verpackung, Versendung oder die Versicherung der Ware übernommen haben. Fehlen ausdrückliche Vereinbarungen, so kommt es auf die Verkehrssitte und darauf an, was der Käufer nach dem Üblichen erwarten darf. So ist zum Beispiel der Verkäufer von Heizöl in aller Regel zur Anlieferung und zum Abfüllen verpflichtet[41].

zu Frage 3:

Die §§ 281, 323 stellen als prägendes Strukturprinzip[42] des neuen Leistungsstörungsrechts den Vorrang der Erfüllung heraus. Denn der Gläubiger muss dem Schuldner grundsätzlich[43] eine <u>angemessene Frist zur Leistung oder Nacherfüllung</u> setzen, <u>bevor</u> er nach erfolglosem Verstreichen dieser Frist <u>statt der Erfüllung</u> entweder sekundäre Schadensersatzansprüche (§ 281) stellen oder sich durch Rücktritt vom Vertrag lösen (§ 323) kann. Erst wenn der Schuldner die zweite Chance, innerhalb der gesetzten Frist die fällige Leistung zu erbringen, nicht nutzt – <u>und darin liegt die gegenüber § 280 Abs. 1 Satz 1 zusätzliche Voraussetzung (vgl. § 280 Abs. 3)</u> – soll der Gläubiger die weitergehenden Rechte (Rücktritt, Schadensersatz) geltend machen können.

---

[37] Einen knappen Überblick über die wichtigsten inhaltlichen Neuerungen des Schuldrechts finden Sie bei Löhnig, JA 2002, 31 (33/34)

[38] Statt vieler Lorenz/Rhiem, Lehrbuch zum neuen Schuldrecht, S. 86

[39] Vgl. hierzu Frage 3 zu Fall 6, S. 99/100

[40] Vgl. Fall 1, S. 6

[41] Coester-Waltjen, Jura 2002, 534 (536)

[42] So die Formulierung von Dauner-Lieb im Anwaltkommentar, § 280 Rdnr. 24; vgl. ferner Löhnig, JA 2002, 557 (558)

[43] Zu Situationen, in denen die Fristsetzung ausnahmsweise entbehrlich ist, vgl. vor allem § 281 Abs. 2 sowie § 323 Abs. 2; vgl. ferner die 1. Abwandlung von Fall 4, S. 57

zu Frage 4:

Anspruchsgrundlage ist § 280 Abs. 1. Das für diesen Anspruch notwendige Schuldverhältnis (Sonderverbindung) ist gemäß § 311 Abs. 2 i. V. m. § 241 Abs. 2 das vorvertragliche Schuldverhältnis[44]. Damit entfällt die Notwendigkeit, sich für die Rechtfertigung der c. i. c. auf Gewohnheitsrecht zu berufen[45].

zu Frage 5:

Es wäre unangemessen, wenn Schadensersatz statt der Leistung (= positives Interesse) schon bei jedweder Pflichtverletzung erbracht werden müsste. Die Pflichtverletzung im Sinne des § 280 Abs. 1 besteht bei den Leistungspflichten lediglich darin, die Leistung trotz Fälligkeit nicht erbracht zu haben, also schlicht in der Nichterfüllung[46]. Dieser „kleinste gemeinsame Nenner" denkbarer Verletzungen der Leistungspflicht rechtfertigt es nicht, den Schuldner zum Ersatz des positiven Interesses zu verpflichten. Denn das Verhalten der „Nichtleistung trotz Fälligkeit" an sich begründet nur eine Klage auf Erfüllung[47]. Um ein angemessenes Verhältnis zwischen dem Gewicht der Pflichtverletzung einerseits und dem Ersatz des positiven Interesses (Erfüllungsschadens) andererseits sicherzustellen[48], müssen nach der Neukonzeption die bisher (weitgehend) anerkannten Leistungshindernisse in Form des Verzuges (§§ 280 Abs. 2, 286), der Unmöglichkeit (§§ 280 Abs. 3, 283) und der nicht oder nicht vertragsgemäßen Leistung trotz (Nach-)Erfüllungsfrist (§§ 280 Abs. 3, 281) als „zusätzliche" Voraussetzungen zur bloßen Nichterfüllung hinzutreten.

---

[44] Anwaltkommentar/Krebs, § 311 Rdnr. 38; Dauner-Lieb/Heidel, Das Neue Schuldrecht, S. 138

[45] Anwaltkommentar/Krebs, § 311 Rdnr. 17

[46] Bedauerlicherweise wird dies vor allem in veröffentlichten Musterlösungen zu Übungsklausuren durchweg nicht deutlich genug herausgestellt. Vgl. etwa die unklaren Formulierungen bei Röthel, Jura 2001, 621 (626); deutlicher demgegenüber Brors, JuS 2002, 355 (356)

[47] Darauf weist Schapp, JZ 2001, 583 (586/587) treffend hin.

[48] Vgl. dazu Schwarze, Jura 2002, 73 (79); ähnlich argumentiert auch Münch, Jura 2002, 361 (365), der hervorhebt, dass die „Intensität der Pflichtverletzung" erst eine Rolle beim Schadensersatz statt der Leistung spielt.

Fall 2: „Das ungewollte Meerschweinchenmännchen“[1]

Sachverhalt:

M ist Liebhaberin mehrerer weiblicher Meerschweinchen. Eines Tages kam es zu einem tragischen Übergriff von Nachbars Katze, bei dem ein Meerschweinchen das Leben verlor.

M entschloss sich, die Lücke in ihrer Meerschweinchenfamilie sogleich zu schließen und ein neues Meerschweinchenweibchen anzuschaffen. Sie begab sich in die Tierhandlung des T und erkundigte sich. Sie wolle, erklärte M, auf jeden Fall ein Weibchen haben, da sie mit männlichen Exemplaren schlechte Erfahrungen gemacht habe. Vor allem sei es mehrfach zu kostspieligem Nachwuchs gekommen. T erwiderte, er habe gerade ein ganzes Dutzend Meerschweinchen hereinbekommen. Sogleich werde er ein Weibchen aus dem Lager holen. Im Lager griff sich T aus einer Gruppe von Tieren ein Meerschweinchen wahllos heraus in der wenig begründeten Hoffnung, es werde sich wohl schon wegen der Größe um ein Weibchen handeln. Als T mit dem weiß-braunen Tier in den Geschäftsraum zurückkehrte, erklärte er der M, dieses Tier sei ein besonders prächtiges Weibchen und bot es ihr an. Man wurde schnell handelseinig. Absprachegemäß lieferte T am Nachmittag des nächsten Tages das Tier aus, ohne sich hinsichtlich des Geschlechts zu vergewissern.

Zunächst verlief alles reibungslos. M war über ihre Neuerwerbung hocherfreut und referierte bei jedem Kaffeekränzchen mit Begeisterung darüber, wie viel Freude ihr das inzwischen auf „Emily“ getaufte Tier doch bereite. Allein so lange währte die Freude nicht. Vielmehr entpuppte Emily sich nach wenigen Tagen im Meerschweinchenkäfig durch aktive Eingriffe in die „Familienplanung“ als Männchen. Infolgedessen entstanden der M erhebliche Fütterungs- und Reinigungskosten durch den zahlreich gezeugten Nachwuchs.

Empört sucht M die Tierhandlung auf, setzt das inzwischen auf „Emil“ umbenannte Tier auf die Verkaufstheke und erklärt dem T: “Ich verlange Schadensersatz. Mir stehen der gezahlte Kaufpreis sowie die entstandenen Fütterungs- und Reinigungskosten zu. Das Tier können Sie behalten.“

T entgegnet, dass er juristisch vorgebildet sei. Er habe gehört, dass seit Inkrafttreten des modernisierten Schuldrechts Schadensersatz nur noch zweitrangig gefordert werden könne. M habe wohl Pech gehabt und könne allenfalls die Nachlieferung eines Weibchens beanspruchen. Von dem Geschwätz des T unbeeindruckt, bleibt M bei ihren Forderungen.

Kann M von T den Kaufpreis sowie die Fütterungs- und Reinigungskosten ersetzt verlangen?

---

[1] Der „Meerschweinchenfall“ wurde ursprünglich von H. P. Westermann/Baltes, JuS 1983, 691 ff. konzipiert. Der Sachverhalt ist hier aber weitgehend geändert.

Prüfungsschemata zu Fall 2: „Das ungewollte Meerschweinchenmännchen“

A. Schadensersatz statt der ganzen Leistung (Kaufpreis) nach §§ 437 Nr. 3, 311 a

I. Wirksamer Kaufvertrag (§ 433, § 311 a Abs. 1)

II. Gewährleistungsgrund (§ 434)

III. Voraussetzungen des § 311 a

1. **Wirksames Schuldverhältnis (vgl. § 311 a Abs. 1)**
2. **Befreiung des Schuldners von der Nacherfüllungspflicht nach §§ 275 Abs. 1, 439 Abs. 1**
3. **Bestehen des Leistungshindernisses (hier: Unbehebbarer Mangel) bereits bei Vertragsschluss (vgl. § 311 a Abs. 1)**
4. **Keine Exkulpation des Schuldners nach § 311 a Abs. 2 Satz 2**
5. **Schaden aufgrund des Leistungshindernisses**

IV. Rechtsfolge des § 311 a Abs. 2

1. **Schadensersatz statt der Leistung (§ 311 a Abs. 2 Satz 1)**
2. **Schadensersatz statt der ganzen Leistung (§ 311 a Abs. 2 Satz 3 i. V. m. § 281 Abs. 1 Satz 3)**
3. **Ergebnis**

B. Schadensersatz nach §§ 437 Nr. 3, 280 Abs. 1 (Fütterungs- und Reinigungskosten)

I. Wirksamer Kaufvertrag (vgl. § 433, § 311 a Abs. 1)

II. Gewährleistungsgrund (§ 434)

III. Voraussetzungen der Grundnorm des § 280 Abs. 1

1. **Wirksames Schuldverhältnis (s. o)**
2. **Pflichtverletzung**
3. **Vertretenmüssen (wird nach § 280 Abs. 1 S. 2 vermutet)**
4. **Kausaler Schaden**

IV. Rechtsfolge des § 280 Abs. 1: Ersatz „einfacher" Schäden

Lösung zu Fall 2: „Das ungewollte Meerschweinchenmännchen"

(Schadensersatz statt der Leistung bei anfänglich unmöglicher Nacherfüllung nach §§ 437 Nr. 3, 311 a Abs. 2 Satz 1 (§§ 275 Abs. 1, 439 Abs. 1 - sog. qualitative Unmöglichkeit); Verletzung vorvertraglicher Aufklärungs- und Informationspflichten (§ 311 a Abs. 2 Satz 2); Schadensersatz statt der ganzen Leistung nach §§ 311 a Abs. 2 Satz 3, 281 Abs. 1 Satz 3; Lieferung einer mangelhaften Sache als Pflichtverletzung; In-Verkehr-Bringen einer Gefahrenquelle als Schutzpflichtverletzung (§ 241 Abs. 2); Ersatz „einfacher" Schäden (hier: Mangelfolgeschäden) nach §§ 437 Nr. 3, 280 Abs. 1)

A. Die M könnte gegen T einen Anspruch auf Rückzahlung des Kaufpreises als Schadensersatz statt der ganzen Leistung[2] nach den §§ 437 Nr. 3, 311 a haben[3].

Gemäß § 437 Nr. 3 kann der Käufer, wenn die Sache mangelhaft ist, nach § 311 a Schadensersatz statt der Leistung verlangen. Dies setzt folgendes voraus:

I. Wirksamer Kaufvertrag[4] (§ 433 Abs. 1, § 311 a Abs. 1)

M und T sind sich handelseinig geworden. T hat dabei sinngemäß erklärt, er wolle (hier und jetzt) dieses weiß-braune Meerschweinchen verkaufen, das ein weibliches sei. Dieses Angebot hat M angenommen. Damit ist ein Spezieskauf (Stückkauf) über das weiß-braune Tier zustande gekommen.

Fraglich ist, ob es sich auf die Wirksamkeit des Kaufvertrages auswirkt, dass weder T noch sonst jemand die Speziesschuld mangelfrei erfüllen kann. Denn das verkaufte Meerschweinchen würde immer negativ von der vertraglich vereinbarten Beschaffenheit, weiblich zu sein, abweichen. Es ist mit einem unbehebbaren Mangel im Sinne des § 434 Abs. 1 Satz 1 behaftet. In § 433 Abs. 1 Satz 2 ist jetzt gesetzlich normiert, dass der Verkäufer die Sache dem Käufer mangelfrei zu verschaffen hat[5]. Insoweit kann der Spezieskauf schon bei Vertragsschluss von niemandem erfüllt werden.

---

[2] **Wichtig:** Es wäre hier falsch, erst einen etwaigen Nacherfüllungsanspruch nach §§ 437 Nr. 1, 439 zu erörtern, da dies nicht **Gegenstand der Fallfrage** ist. Vielmehr ist auf die Nacherfüllung erst im Rahmen der Prüfung des § 311 a bei der Befreiung von der Nacherfüllungspflicht gemäß § 275 Abs. 1 einzugehen.

[3] **Wichtig:** Freilich würde zur Rückforderung des Kaufpreises ein Rücktritt ausreichen. Indessen ist nach der eindeutigen Erklärung der M hier von einem nicht auslegungsfähigen Schadensersatzverlangen auszugehen. Für die Annahme einer Rücktrittserklärung ist somit kein Raum. Demzufolge scheidet hier eine Prüfung der §§ 437 Nr. 2, 326 Abs. 5 aus. Nach dem reformierten Schuldrecht besteht, nebenbei bemerkt, nach § 325 keine Alternativität von Rücktritt und Schadensersatz mehr. Vielmehr kann der Gläubiger die Rücktrittserklärung und das Schadensersatzbegehren nunmehr kombinieren, ohne Gefahr zu laufen, dass ein rechtsgestaltender Rücktritt den Übergang zum Schadensersatz ausschließt. Vgl. Anwaltkommentar/Dauner-Lieb, § 325 Rdnr. 1

[4] Ausnahmsweise sei eine Anmerkung humoris causa gestattet: Die Sonderregelungen in den §§ 481 bis 492 BGB a. F. über den Viehkauf sind entfallen. Es kommt deswegen nach dem „modernisierten" Schuldrecht nicht mehr darauf an, ob ein Meerschweinchen als Schwein im Sinne dieser Sonderregelungen anzusehen war. Dies haben H. P. Westermann/Baltes zum früheren Recht verneint, vgl. JuS 1983, 691 (693, Fn. 17)

[5] Anwaltkommentar/Büdenbender, § 433 Rdnr. 3

Indessen steht es nach § 311 a Abs. 1 der Wirksamkeit eines Vertrages ausdrücklich nicht entgegen, dass die Leistung für den Schuldner oder für jedermann unmöglich im Sinne des § 275 Abs. 1 ist[6]. A majore ad minus kann demzufolge die anfängliche Unmöglichkeit, die Leistung mangelfrei zu erbringen, erst recht nicht die Unwirksamkeit des Vertrages begründen[7]. M und T haben demnach einen wirksamen Spezieskaufvertrag geschlossen.

II. Gewährleistungsgrund (§ 434)

Das Meerschweinchen weist, wie erwähnt, einen Sachmangel im Sinne des § 434 Abs. 1 Satz 1 auf, da ihm die vereinbarte Solleigenschaft, weiblich zu sein, fehlt. Dieser Mangel lag bereits im Zeitpunkt des Gefahrübergangs bei der Übergabe (§ 446 Satz 1) vor. Ein Gewährleistungsgrund ist somit gegeben.

III. Voraussetzungen des § 311 a

Ferner müssten die Voraussetzungen des § 311 a, auf den § 437 Nr. 3 verweist, erfüllt sein.

Der Schadensersatzanspruch aus § 311 a Abs. 2 hat - in Zusammenschau mit § 311 a Abs. 1 - folgende Voraussetzungen:

1. Einen wirksamen Vertrag (vgl. § 311 a Abs. 1)
2. Befreiung des Schuldners von der Leistungspflicht wegen eines Leistungshindernisses nach § 275 Abs. 1 bis 3
3. Bestehen des Leistungshindernisses bei Vertragsschluss (vgl. § 311 a Abs. 1)
4. Keine Entlastung des Schuldners wegen nicht zu vertretender Unkenntnis des Leistungshindernisses (vgl. § 311 a Abs. 2 Satz 2)
5. Schaden aufgrund des Leistungshindernisses

1. Wirksames Schuldverhältnis (vgl. § 311 a Abs. 1)

Wie bereits im Vorhergehenden festgestellt, ist zwischen M und T ein wirksamer Spezieskauf zustande gekommen.

2. Befreiung des Schuldners von der Nacherfüllungspflicht nach §§ 275 Abs. 1, 439 Abs. 1

Der Schadensersatzanspruch des § 311 a Abs. 2 setzt - wie es in § 311 a Abs. 1 formuliert ist - voraus, dass der Schuldner nach § 275 Abs. 1 bis 3 nicht zu leisten braucht und das Leistungshindernis schon bei Vertragsschluss vorliegt. Zwar ist der Kaufvertrag, also das Schuldverhältnis im weiteren Sinne, wie dargelegt, nach § 311 a Abs. 1 wirksam. Dennoch kann der Primärleistungsanspruch ausgeschlossen sein[8]. Gemäß § 275 Abs. 1 ist der Anspruch

---

[6] Vgl. hierzu Anwaltkommentar/Dauner-Lieb, § 311 a Rdnr. 8

[7] Im Übrigen war selbst zu der bisherigen Regelung in § 306 BGB a. F., derzufolge der auf eine anfänglich objektiv unmögliche Leistung gerichtete Vertrag nichtig war, von der Rechtsprechung anerkannt, dass diese gesetzliche Nichtigkeitsanordnung beim Vorliegen unbehebbarer Mängel aufgrund des Vorrangs des Gewährleistungsrechts (sogar schon vor Gefahrübergang) nicht eingriff. Vgl. BGHZ 54, 236 (238)

[8] **Wichtig:** Die Anordnung der Wirksamkeit des Vertrages in § 311 a Abs. 1 bedeutet nicht, dass zwingend eine Primärleistungspflicht des Schuldners entsteht. Vgl. dazu Anwaltkommentar/Dauner-Lieb, § 311 a Rdnr. 8; MünchKomm/Ernst, § 311 a Rdnrn. 2 und 3

auf Leistung ausgeschlossen, soweit diese für den Schuldner (subjektiv) oder für jedermann (objektiv) unmöglich ist.

Zwar war hier die Übereignung des männlichen weiß-braunen Meerschweinchens als solche möglich. Demgemäß ist T von der Eigentums- und Besitzverschaffungspflicht aus § 433 Abs. 1 Satz 1 nach § 275 Abs. 1 nicht befreit[9]. Die insoweit mögliche Leistungspflicht hat er mit Auslieferung des Tieres durch schlüssiges Verhalten nach § 929 Abs. 1 Satz 1 auch erfüllt.

Fraglich ist aber, ob T hier aufgrund des Mangels von seiner Pflicht zur sachmangelfreien Leistung in § 433 Abs. 1 Satz 2 nach § 275 Abs. 1 befreit ist. In konsequenter Umsetzung dieser Erfüllungspflicht gibt § 439 Abs. 1 dem Käufer einen Anspruch auf Nacherfüllung[10]. Danach kann der Käufer als Nacherfüllung nach seiner Wahl die Beseitigung des Mangels oder die Lieferung einer mangelfreien Sache verlangen. Der Mangel des Meerschweinchenmännchens, kein Weibchen zu sein, ist unbehebbar. Zu überlegen bleibt, ob vorliegend eine Ersatzlieferung als Nacherfüllung in Frage kommt. Indes ist zweifelhaft, ob bei dem hier gegebenen Stückkauf durch Ersatzlieferung nacherfüllt werden darf. Dies erscheint insofern problematisch, als beim Stückkauf von vornherein nur die von den Parteien individualisierte konkrete Sache geschuldet wird, während die Ersatzlieferung auf Lieferung einer anderen Sache gerichtet ist. Dennoch wird teilweise die These vertreten, ein Ersatzlieferungsanspruch beim Stückkauf komme in Betracht, wenn es sich um den Kauf eines Massenartikels handelt[11]. Eine solche Ausnahme liegt hier aber nicht vor. Damit scheidet die Nacherfüllungsmodalität der Ersatzlieferung ebenfalls aus[12]. Dementsprechend schließt § 275 Abs. 1 nach den allgemeinen Grundsätzen des Leistungsstörungsrechts die Pflicht zur Nacherfüllung aus[13].

In Situationen wie dieser, in der anfänglich in keiner der beiden von § 439 vorgesehenen Modalitäten nacherfüllt werden kann[14], liegt eine Unmöglichkeit in Bezug auf die Qualität (Sachmangelfreiheit) der Leistung vor. Diese bezeichnet man treffend als qualitative Unmöglichkeit[15]. Auch solche Fälle anfänglicher qualitativer Unmöglichkeit deckt der Schadensersatzanspruch des § 311 a Abs. 2 ab[16].

3. Bestehen des Leistungshindernisses (hier: Unbehebbarer Mangel) bereits bei Vertragsschluss (vgl. § 311 a Abs. 1)

Die Schadensersatzhaftung des § 311 a Abs. 2 setzt, wie sich in Zusammenschau mit der Formulierung in § 311 a Abs. 1 „und das Leistungshindernis schon bei Vertragsschluss

---

9 Lorenz, NJW 2002, 2497 (2497)

10 Vgl. dazu Anwaltkommentar/Büdenbender, § 439 Rdnr. 1

11 Hierzu im Einzelnen Huber, NJW 2002, 1004 (1006); das LG Ellwangen, NJW 2003, 517 (517) hat jüngst die Ansicht vertreten, dass im Falle des Stückkaufs die Nacherfüllung durch Ersatzlieferung möglich sei, „sofern es sich um Sachen handelt, die einer vertretbaren Sache wirtschaftlich entsprechen und das Leistungsinteresse des Käufers zufrieden stellen." Auch diese Ausnahme ist hier nicht gegeben.

12 Hierzu m. w. N. Zimmer/Eckhold, Jura 2002, 145 (149, Fn. 59)

13 So Zimmer/Eckhold, Jura 2002, 145 (149)

14 Erfasst wird ferner der Fall, dass der Verkäufer insoweit (berechtigterweise) ein Leistungsverweigerungsrecht nach den §§ 275 Abs. 2 und 3, 439 Abs. 3 geltend macht.

15 Lorenz, NJW 2002, 2497 (2498)

16 Vgl. hierzu Anwaltkommentar/Dauner-Lieb, § 275 Rdnr. 24 m. w. N. sowie § 311 a Rdnr. 7; so auch Zimmer/Eckhold, Jura 2002, 145 (11)

vorliegt" ergibt, ferner das anfängliche Vorliegen des Leistungshindernisses voraus. Dies ist hier unproblematisch gegeben.

4. Keine Exkulpation des Schuldners nach § 311 a Abs. 2 Satz 2

Nach § 311 a Abs. 2 Satz 2 gilt die in Abs. 2 Satz 1 der Vorschrift normierte Schadensersatzpflicht nicht, wenn der Schuldner das Leistungshindernis bei Vertragsschluss nicht kannte und seine Unkenntnis auch nicht zu vertreten hat.

Zwar hatte T hier keine positive Kenntnis davon, dass das weiß-braune Meerschweinchen in Wahrheit ein Männchen ist. Allerdings könnte er seine Unkenntnis zu vertreten haben. Dies ist der Fall, wenn T sich vor Vertragsschluss nicht ausreichend sorgfältig darüber informiert hat, ob er die mangelfreie Leistung wird erbringen können (vorvertragliche Informationspflicht). M hat erkennbar besonderen Wert darauf gelegt, kein männliches Tier zu kaufen. Hierzu hatte sie den T ausdrücklich auf die Vermeidung unerwünschten Nachwuchses aufmerksam gemacht. T ist gegenüber M als Fachhändler aufgetreten und hat damit eine besondere Sachkunde für sich in Anspruch genommen. M durfte ihm ein entsprechendes Vertrauen entgegenbringen, so dass T sich über das Geschlecht des Tieres hätte vergewissern müssen[17]. Dies hat T unterlassen, indem er allein wegen der Größe einigermaßen sorglos davon ausging, es handele sich um ein Weibchen. Seine vorvertraglichen Erkundigungs- und Informationspflichten (vgl. § 241 Abs. 2) hat er also im Sinne des § 276 Abs. 2 außer Acht gelassen[18]. Die daraus resultierende (grob) fahrlässige Unkenntnis vom Leistungshindernis hat T nach § 276 Abs. 1 Satz 1 zu vertreten[19]. Eine Widerlegung der Verschuldensvermutung des § 311 a Abs. 2 Satz 2 (Exkulpation) wird ihm also nicht gelingen.

5. Schaden aufgrund des Leistungshindernisses

Die anfängliche (objektive) Unmöglichkeit, das Tier mangelfrei zu liefern, hat den späteren Schaden in Gestalt des gezahlten Kaufpreises verursacht.

---

[17] So H. P. Westermann/Baltes, JuS 1983, 691 (698); allgemein zu Erkundigungspflichten vor Vertragsschluss Hass/Medicus, Das neue Schuldrecht, S. 97 (Rdnr. 68)

[18] **Wichtig:** Hier wird deutlich, dass in Abs. 2 Satz 2 des § 311 a nicht an den Umstand, auf dem das Leistungshindernis beruht, angeknüpft wird, sondern daran, ob der Schuldner das Leistungshindernis kannte oder bei sorgfältigem Handeln hätte kennen müssen. So Jauernig/Vollkommer, § 311 a Rdnr. 7; kritisch dazu Anwaltkommentar/Dauner-Lieb, § 311 a Rdnr. 6; Knütel geht in NJW 2001, 2519 (2520) mit guten Gründen davon aus, dass letztlich der maßgebliche, an den Verkäufer gerichtete Vorwurf (lediglich) in der Verletzung der vorvertraglichen Aufklärungspflicht bestehe. Dagegen MünchKomm/Ernst, § 311 a Rdnr. 15, wonach nicht das Verschulden, sondern die Nichterfüllung des gegebenen Leistungsversprechens der Haftungsgrund sein soll. Konsequenterweise will Ernst in bestimmten Konstellationen eine c. i. c.-Informationshaftung nach §§ 311 Abs. 2, 241 Abs. 2 zulassen, die allerdings lediglich auf den Ersatz des negativen Interesses gerichtet ist. Vgl. MünchKomm/Ernst, § 311 a Rdnr. 15 a. E.

[19] **Wichtig:** Münch weist zutreffend darauf hin, dass **bei der Klausurlösung** angesichts des negativ formulierten Nichtvertretenmüssens eigentlich nur festzustellen ist, ob der Sachverhalt ausreichende Anhaltspunkte für die ausnahmsweise Nichthaftung vorgibt. Doch tue man sich **meistens wohl leichter, positiv Vertretenmüssen konkret zu belegen.** Vgl. Jura 2002, 361 (368)

IV. Rechtsfolge des § 311 a Abs. 2

1. Schadensersatz statt der Leistung (§ 311 a Abs. 2 Satz 1)

Als Rechtsfolge sieht § 311 a Abs. 2 Satz 1 Schadensersatz statt der Leistung vor, gewährt also das positive Interesse[20]. Danach muss der Verkäufer den Käufer so stellen, als ob er die unmögliche Leistung erbracht hätte, also erfüllt hätte. Insofern spricht man auch vom Erfüllungsinteresse.

Diese Rechtsfolge wird von vielen als zu weitgehend empfunden und heftig kritisiert[21]. Indessen überzeugt diese Kritik de lege lata schon deswegen nicht, weil der Gesetzgeber eine bestimmte Rechtsfolge für einen bestimmten Tatbestand anordnen und damit das bisherige System modifizieren kann. An diese Entscheidung der Legislative ist der Rechtsanwender gebunden[22]. Da § 311 a Abs. 2 seinem Wortlaut nach Schadensersatz statt der Leistung gewährt, ist diese Rechtsfolge zugrunde zu legen. Der angedeuteten Kritik ist hier nicht weiter nachzugehen[23].

M stellt dem Verkäufer T das Meerschweinchen zur Verfügung und macht als Schaden die Rückzahlung des Kaufpreises geltend. Die Rückzahlung des Kaufpreises fällt unter den Ersatz des Mangelschadens und stellt mithin Schadensersatz statt der Leistung dar[24]. Indem M den gesamten Kaufpreis fordert, macht sie Schadensersatz statt der ganzen Leistung geltend. Damit wählt sie das, was dem früheren sog. großen Schadensersatz entspricht[25].

2. Schadensersatz statt der ganzen Leistung (§ 311 a Abs. 2 Satz 3 i. V. m. § 281 Abs. 1 Satz 3)

Es ist fraglich, ob M den großen Schadensersatz beanspruchen kann. Zu bedenken ist, dass Schadensersatz statt der ganzen Leistung materiell betrachtet dem Rücktritt vom Vertrag gleichkommt[26]. Folglich erscheint es gerechtfertigt, ihn nur unter „erschwerten Bedingungen" zu gewähren. Dementsprechend kann der Gläubiger, wenn der Schuldner die Leistung nicht wie geschuldet, also nicht mangelfrei, erbringt, nach § 311 a Abs. 2 Satz 3 i. V. m. § 281 Abs. 1 Satz 3 Schadensersatz statt der ganzen Leistung nicht verlangen, wenn die Pflichtverletzung

---

[20] MünchKomm/Ernst, § 311 a Rndr. 11; Fingerhut/Kroh, Das neue Schuldrecht in der Unternehmenspraxis, S. 38/39; Anwaltkommentar/Dauner-Lieb, § 311 a Rdnr. 14; Haas/Medicus, Das neue Schuldrecht, S. 97 (Rdnr. 67); zu beachten ist freilich, dass § 311 a Abs. 2 Satz 1 dem Gläubiger alternativ einen Anspruch auf Aufwendungsersatz nach § 284 gewährt. Dieser Aufwendungsersatzanspruch deckt den Vertrauensschaden, also das negative Interesse nur zum Teil ab, vgl. hierzu noch Frage 5 zu Fall 2, S. 30

[21] Vgl. zu dieser Kritik Frage 4 zu Fall 2, S. 29; zusammenfassend zu den dogmatischen Schwierigkeiten Haas/Medicus, Das neue Schuldrecht, S. 97/98

[22] So statt vieler Dauner-Lieb/Dötsch, Fälle zum Neuen Schuldrecht, S. 34

[23] In der Klausurlösung sollte angesichts des insoweit klaren Wortlauts des § 311 a Abs. 2 Satz 1 die zum Teil scharfe Kritik und der Vorwurf dogmatischer Brüche nicht vertieft erörtert und allenfalls stark gestrafft skizziert werden. Jedenfalls ist das hier gewählte Übergehen der Kritik für die Klausurlösung eine legitime Vorgehensweise, auch wenn die kritischen Stimmen namhafter Juristen sich de lege ferenda gut hören lassen.

[24] Anwaltkommentar/Dauner-Lieb, § 280 Rdnr. 37

[25] Vgl. hierzu Anwaltkommentar/Dauner-Lieb, § 280 Rdnr. 38

[26] Freilich kann der Schadensersatzanspruch darüber hinausgehen und weitere Schadenspositionen, wie etwa den entgangenen Gewinn umfassen, vgl. Anwaltkommentar/Dauner-Lieb, § 325 Rdnr. 2

unerheblich ist[27]. Es fragt sich also, ob vorliegend das anfängliche Leistungshindernis in Form des unbehebbaren Mangels als unerheblich anzusehen ist. M kam es hier ersichtlich auf das Geschlecht des Tieres an. Darauf hatte sie den T ausdrücklich aufmerksam gemacht. Würde M das Männchen behalten müssen, so müsste sie ihre Tiere in getrennten Käfigen unterbringen, wenn sie nicht weiteren zahlreichen Nachwuchs in Kauf nehmen will[28]. Demzufolge ist das anfängliche Leistungshindernis hier nicht als unerheblich zu qualifizieren, so dass die sog. Bagatellklausel des § 281 Abs. 1 Satz 3 nicht durchgreift.

3. Ergebnis

Nach alledem kann M nach den §§ 437 Nr. 3, 311 a Abs. 2 i. V. m. § 281 Abs. 1 Satz 3 den Kaufpreis als Schadensersatz statt der <u>ganzen</u> Leistung verlangen.

Bei den Reinigungs- und Fütterungskosten handelt es sich um Mangelfolgeschäden am Vermögen der M, deren Ersatz den kaufvertraglichen Leistungsaustausch (Übereignung des Meerschweinchens gegen Zahlung des Kaufpreises) unberührt lässt. Demzufolge kann der Ersatz dieser Schäden nicht auf die Anspruchsgrundlage des § 311 a Abs. 2 gestützt werden.

B. Die M könnte gegen T einen Anspruch auf Ersatz der entstandenen Reinigungs- und Fütterungskosten nach §§ 437 Nr. 3, 280 Abs. 1 haben[29].

§ 437 Nr. 3 verweist den Käufer wegen des Ersatzes sog. einfacher Schäden auf die Grundnorm des § 280 Abs. 1 und setzt dazu zunächst einen wirksamen Kaufvertrag sowie einen Gewährleistungsgrund voraus. Im Anschluß daran ist § 280 Abs. 1 zu prüfen.

I. Wirksamer Kaufvertrag (§ 433, § 311 a Abs. 1)

Wie festgestellt, haben M und T einen wirksamen Spezieskaufvertrag über das weiß-braune Meerschweinchen geschlossen (s. o.).

II. Gewährleistungsgrund (§ 434)

Das Meerschweinchen wies schon bei Gefahrübergang einen unbehebbaren Sachmangel im Sinne des § 434 Abs. 1 Satz 1 auf (s. o.).

---

[27] Vgl. MünchKomm/Ernst, § 311 a Rdnr. 87

[28] Dieses Argument findet sich bei H.P. Westermann/Baltes, JuS 1983, 691 (694)

[29] Angesichts des vorliegenden Sachmangels und des geltend gemachten <u>Mangel</u>folgeschadens ergibt sich der Schadensersatzanspruch zwar erst nach einem (kurzen) Umweg über §§ 437 Nr. 3, 434. Nach der Neukonzeption ist der Schwerpunkt der Prüfung von Gewährleistungsrechten (Mängelansprüche) aber anders als nach bisherigem Kaufrecht im allgemeinen Schuldrecht angesiedelt.

III. Voraussetzungen der Grundnorm des § 280 Abs. 1

T müsste nach § 280 Abs. 1 Satz 1 eine Pflicht aus einem Schuldverhältnis verletzt haben. Nach § 280 Abs. 1 Satz 2 greift die Haftung nicht ein, wenn er die Pflichtverletzung nicht zu vertreten hat.

1. Wirksames Schuldverhältnis (s. o.)

Zwischen T und M besteht ein wirksamer Kaufvertrag (s. o.).

2. Pflichtverletzung

Ferner müsste T eine ihn aus diesem Schuldverhältnis treffende Pflicht verletzt haben.

Vorliegend hat T die Pflicht aus dem zustande gekommenen kaufvertraglichen Schuldverhältnis, eine mangelfreie Sache zu liefern (vgl. § 433 Abs. 1 Satz 2), verletzt, indem er das männliche Meerschweinchen am Tag nach Vertragsschluss ausgeliefert hat[30]. Zwar könnte man insoweit einwenden, dass es sich bei der Pflicht zur Leistung einer mangelfreien Sache im Falle der Unbehebbarkeit des Mangels um eine Pflicht handele, die gar nicht mehr existiere, da der Schuldner von der entsprechenden Leistungsverpflichtung ja gerade nach § 275 Abs. 1 befreit ist[31]. Dem ist allerdings entgegenzuhalten, dass der Gesetzgeber insofern eine Fiktion anordnen kann und dies auch wollte[32]. In diesem Zusammenhang stellt § 275 Abs. 4 klar, dass sich die Leistungsbefreiung der Abs. 1 bis 3 nur auf den primären Erfüllungsanspruch, nicht aber auf Schadensersatzansprüche bezieht. Damit gilt die Lieferung einer mangelhaften Sache auch im Falle eines unbehebbaren Mangels als eine Verletzung der Pflicht aus § 433 Abs. 1 Satz 2[33].

Allerdings hat T durch die Lieferung der mangelhaften Sache nicht nur seine Vertragspflicht zur sachmängelfreien Lieferung nach § 433 Abs. 1 Satz 2 verletzt, sondern uno actu auch gegen leistungsbegleitende Schutzpflichten im Sinne des § 241 Abs. 2 verstoßen, indem er das Vermögen der M aufgrund des drohenden ungewollten Meerschweinchennachwuchsses gefährdet hat. Diese Schutzpflichtverletzung stellt die hier maßgebliche Pflichtverletzung dar[34], denn es geht bei dem Ersatz des hier geltend gemachten Mangelfolgeschadens (Reinigungs- und Fütterungskosten) nicht um das Äquivalenzinteresse.

Damit sind die Voraussetzungen des § 280 Abs. 1 Satz 1 hier erfüllt.

---

[30] Vgl. zu diesem Anknüpfungspunkt vor allem Lorenz, NJW 2002, 2497 (2501)

[31] So Schwab/Witt, Einführung, S. 115/116

[32] Lorenz, NJW 2002, 2497 (2500, Fn. 24)

[33] Lorenz, NJW 2002, 2497 (2500)

[34] Unklar und eigentlich nicht nachvollziehbar demgegenüber MünchKomm/Ernst, § 311 a Rdnr. 89, der offenbar allein das Bestehen des Sachmangels als Haftungsgrund für den Ersatz von Mangelfolgeschäden im Rahmen des § 311 a genügen lassen will, unabhängig davon, ob dadurch das Vermögen oder andere Rechtsgüter gefährdet werden. Die uno actu einhergehende Schutzpflichtverletzung als Haftungsgrund nach §§ 280 Abs. 1, 241 Abs. 2 trete demgegenüber als „gegenstandslos" zurück. Vgl. auch MünchKomm/Ernst, § 280 Rdnr. 54

3. Vertretenmüssen (wird nach § 280 Abs. 1 Satz 2 vermutet)
Die Schadensersatzhaftung gilt nach § 280 Abs. 1 Satz 2 aber nicht, wenn der Schuldner die Pflichtverletzung nicht zu vertreten hat. Der Bezugspunkt des Vertretenmüssens ist der soeben herausgestellte Verstoß gegen die leistungsbegleitende Schutzpflicht. Damit stellt sich die Frage, ob T die Verschuldensvermutung des § 280 Abs. 1 Satz 2 im Hinblick auf die Lieferung des „gefahrträchtigen" Tieres widerlegen kann.

T hat das männliche Meerschweinchen am Nachmittag des Folgetages übergeben, ohne sich wenigstens vor Auslieferung über das Geschlecht des Tieres Gewissheit zu verschaffen. Damit hat er ungeprüft ein mangelhaftes und vor allem „risikoträchtiges" Tier in den Rechtsverkehr gebracht. Auf diese Weise hat T die im Verkehr obliegende nachvertragliche[35] Sorgfalt außer Acht gelassen und somit nach § 276 Abs. 2 zumindest fahrlässig gehandelt. Dies hat er nach § 276 Abs. 1 Satz 1 zu vertreten. Eine Widerlegung der Verschuldensvermutung scheidet infolgedessen aus.

4. Kausaler Schaden
Dadurch, dass T das Tier an M ausgeliefert hat, ohne sich zuvor über dessen Geschlecht zu vergewissern, sind die späteren Reinigungs- und Fütterungskosten entstanden.

IV. Rechtsfolge des § 280 Abs. 1: Ersatz „einfacher" Schäden[36]

Aus der Grundnorm § 280 Abs. 1 Satz 1 resultiert ein Anspruch auf Ersatz sog. einfacher Schäden, worunter die Schäden fallen, die nicht an die Stelle der Leistung treten und nicht (reine) Verzögerungsschäden sind[37]. Bei den Fütterungs- und Reinigungskosten handelt es sich, wie erwähnt, um Mangelfolgeschäden am Vermögen der M. Deren Ersatz tritt ersichtlich nicht an die Stelle der kaufvertraglichen Leistungen[38]. Selbstverständlich stellen sie auch keine Verzögerungsschäden dar[39]. Es handelt sich demzufolge um „einfache" Schäden, die gemäß § 280 Abs. 1 ersetzt werden.

---

[35] Denn die Informations- und Aufklärungspflicht im vorvertraglichen Stadium hat nicht den Zweck, Mangelfolgeschäden (wie hier die Reinigungs- und Fütterungskosten) zu vermeiden. Hätte T sich nämlich schon bei der Vertragsanbahnung pflichtgemäß verhalten und das Geschlecht zutreffend ermittelt, dann wäre der Vertrag erst gar nicht zustande gekommen.

[36] **Wichtig:** Der im Gesetz selbst nicht verwendete Begriff des „einfachen" Schadensersatzes mag prima facie missverständlich erscheinen, da er in seiner Höhe weit über den Schadensersatz statt der Leistung (positives Interesse) hinausgehen kann, obwohl er anders als dieser keine „zusätzlichen" Voraussetzungen hat. Man hat aber in diesem Zusammenhang zu berücksichtigen, dass Pflichtverletzungen, die zu den „einfachen" Schäden, also zu Integritätsschäden wie Mangelfolgeschäden oder Begleitschäden führen, insofern als vergleichsweise schwerwiegend anzusehen sind, als sie Gefahrenlagen schaffen. So wird vorliegend durch die Lieferung der mangelhaften Sache eine Gefahrenquelle in den Verkehr gebracht. Demgegenüber stellt das bloße Nichtleisten trotz Fälligkeit nur eine vergleichsweise leichte Pflichtverletzung dar, die man gewissermaßen als Basispflichtverletzung anzusehen hat, wenn es um die Verletzung von Leistungspflichten geht. Vgl. dazu Frage 5 zu Fall 1, S. 15

[37] Ausführlich zum Begriff des „einfachen" Schadens siehe auch bereits Fall 1, S. 9

[38] Dennoch meint Ernst, dass diese nicht nur nach § 280 Abs. 1, sondern auch als Teil eines geltend gemachten Schadensersatzes statt der Leistung ersatzfähig seien. Vgl. MünchKomm/Ernst, § 280 Rdnr. 53. Demzufolge trete die Schutzpflichtverletzung als weitere Haftungsgrundlage nach § 280 Abs. 1 „als gegenstandslos" zurück.

[39] Anwaltkommentar/Dauner-Lieb, § 280 Rdnr. 48

Fragen und Antworten zur Festigung und Abrundung des Wissens (Fall 2)

Frage 1:
Worin sieht man den Haftungsgrund des § 311 a Abs. 2?

Frage 2:
Welchen Anknüpfungspunkt wählt § 311 a Abs. 2 Satz 2 für das Vertretenmüssen?

Frage 3:
Kann der Schuldner den gemäß § 311 a Abs. 1 wirksamen Vertrag mit der Begründung anfechten, dass er sich über das Vorliegen des anfänglichen Leistungshindernisses geirrt hat?

Frage 4:
Aus welchen Gründen wird die Rechtsfolge des § 311 a Abs. 2 Schadensersatz statt der Leistung (Ersatz des positiven Interesses) de lege ferenda als zu weitgehend kritisiert? Mit welcher Argumentation könnte man der Kritik begegnen?

Frage 5:
X hat dem Y seinen gesamten Kellervorrat Assam Tee verkauft, obwohl dieser Vorrat infolge einer Überschwemmung bereits einige Wochen vor Vertragsschluss vollständig untergegangen war. Y verlangt von X gemäß §§ 311 a Abs. 2, 284 Ersatz von 15 EUR, die er für die Anreise vergebens aufgewendet hat. Zu Recht? Kann Y aufgrund von § 284 auch die Kosten verlangen, die ihm dadurch entstanden sind, dass er es im Vertrauen auf den mit X geschlossenen Vertrag unterlassen hat, den Assam Tee zwischenzeitlich besonders günstig bei D einzukaufen und sich jetzt 100 EUR teurer eindecken muss?

Antworten auf die Fragen zu Fall 2

zu Frage 1:

Grundlage für die Haftung nach § 311 a Abs. 2 ist es, den Schuldner an seinem wirksamen Erfüllungsversprechen festzuhalten[40]. Die Haftung beruht vor allem nach Auffassung von Canaris anders als die des § 280 Abs. 1 nicht auf einer Pflichtverletzung. Es handele sich demzufolge bei § 311 a Abs. 2 dogmatisch um eine eigenständige Anspruchsgrundlage und nicht etwa lediglich um einen Unterfall des allgemeinen Pflichtverletzungstatbestandes[41]. Dies werde dadurch bestätigt, dass § 311 a Abs. 2 nicht auf § 280 Bezug nimmt[42].

zu Frage 2:

§ 311 a Abs. 2 Satz 2 stellt nicht auf den Umstand ab, der zur Leistungsbefreiung des Schuldners führt. Es wäre im Fall 2 auch nicht sinnvoll zu fragen, ob T den anfänglich unbehebbaren Mangel des männlichen Meerschweinchens zu vertreten hat. Vielmehr ist in § 311 a Abs. 2 Satz 2 danach gefragt, ob der Schuldner das Leistungshindernis kannte oder kennen musste. Dass auch die fahrlässige Unkenntnis des Hindernisses genügt, zeigt, dass materiell auf Verstöße gegen vorvertragliche Informations- und Erkundigungspflichten des Schuldners abgestellt wird. Über Umfang und Intensität dieser Pflichten sagt das Gesetz naturgemäß nichts. Sie sind vielmehr anhand der Einzelfallumstände zu bestimmen[43], wie dies auch in der Lösung von Fall 2 geschehen ist. Dabei spielen vor allem der Wert des Gegenstandes, die Bedeutung des avisierten Vertrages, vorhandenes Fachwissen und die Inanspruchnahme von Vertrauen eine entscheidende Rolle.

Der Anspruch auf Schadens- oder Aufwendungsersatz wird ferner nicht dadurch schlechthin ausgeschlossen, dass der Gläubiger seinerseits das Leistungshindernis kennt oder fahrlässig nicht kennt. Insoweit bleibt es bei der allgemeinen Regel des § 254, so dass bei beiderseitigem Verschulden eine Schadensteilung zu erfolgen hat[44].

zu Frage 3:

Gerade an der Situation der qualitativen Unmöglichkeit, die dem Fall 2 zugrunde liegt, wird deutlich, dass die Voraussetzungen des § 119 Abs. 2 formal erfüllt sind. So hätte T im Fall 2 sein kaufvertragliches Angebot wegen Eigenschaftsirrtums nach § 119 Abs. 2 mit der Begründung anfechten können, er habe sich über das wahre Geschlecht des Meer-

---

[40] So Canaris, DB 2001, 1816 (1818); Mattheus, JuS 2002, 209 (214); kritisch äußert sich dagegen Knütel, der die nach § 311 a Abs. 1 wirksame Obligation als inhaltslos bezeichnet und als Haftungsgrundlage lediglich die Verletzung der vorvertraglichen Aufklärungspflicht anzuerkennen bereit ist. Vgl. Knütel, NJW 2001, 2519 (2520); vgl. dazu auch Schwarze, Jura 2002, 73 (80/81)

[41] Äußerst kritisch dazu Altmeppen, DB 2001, 1399 (1400); wieder anders offenbar Otto, Jura 2002, 1 (5), der die Pflichtverletzung in dem Vertragsschluss trotz des anfänglichen Ausschlusses einer Leistungspflicht sieht; ähnlich argumentiert Löhnig, JA 2002, 126 (129)

[42] Canaris, JZ 2001, 499 (507)

[43] MünchKomm/Ernst, § 311 a Rdnr. 51ff

[44] Haas/Medicus, Das neue Schuldrecht, S. 97 (Rdnr. 68); Anwaltkommentar/Dauner-Lieb, § 311 a Rdnr. 13

schweinchens geirrt. Daher ist im Zuge des Gesetzgebungsverfahrens erwogen worden, klarzustellen, dass die Unkenntnis eines anfänglichen Leistungshindernisses bzw. des anfänglichen unbehebbaren Mangels nicht zur Anfechtung nach § 119 Abs. 2 berechtigt. Davon wurde aber abgesehen, weil eine Anfechtung durch den Schuldner ohnehin unzulässig sei, wenn sie nur das Ziel haben könne, sich etwaigen Schadensersatz- oder Gewährleistungsansprüchen zu entziehen[45]. Ein Anfechtungsrecht des Schuldners nach § 119 Abs. 2 besteht daher nicht.

zu Frage 4:

Die Anordnung dieser weitgehenden Rechtsfolge wird de lege ferenda vor allem deswegen kritisiert, weil die Verletzung vorvertraglicher Informationspflichten einen vergleichsweise geringfügigen Pflichtenverstoß darstellt[46]. Nach den allgemeinen Regeln des Schadensersatzrechts könne daraus nur ein Anspruch auf den Vertrauensschaden (negatives Interesse) hergeleitet, jedoch nicht der Schadensersatz statt der Leistung (positives Interesse) legitimiert werden[47]. Hätte der Schuldner nämlich seine Pflicht erfüllt und sich (und den Gläubiger) sorgfältig vorab informiert, wäre ein Vertrag über die anfänglich unmögliche Leistung nicht zustande gekommen und ein Erfüllungsanspruch nicht entstanden. Es fehle infolgedessen jedenfalls an dem Rechtswidrigkeitszusammenhang zwischen der vorvertraglichen Aufklärungspflichtverletzung und dem Schadensersatz statt der Leistung[48].

Diesen dogmatischen Schwierigkeiten kann man mit Canaris begegnen und den Haftungsgrund in dem Bruch des Leistungsversprechens sehen[49], wozu die Annahme von Vertragswirksamkeit nach § 311 a Abs. 1 passen dürfte. Oder man könnte – wohl vorzugswürdig – eine dogmatische Unregelmäßigkeit einräumen. Auch nach altem Recht gewährte etwa § 463 Satz 2 a. F. einen Anspruch auf das positive Interesse, obwohl ohne die Arglist der Vertrag wenigstens mit diesem Inhalt nicht zustande gekommen wäre[50].

zu Frage 5:

Y könnte gegen X einen Anspruch auf Aufwendungsersatz nach §§ 311 a Abs. 2, 284 in Höhe von 15 EUR haben. X und Y haben einen Kaufvertrag geschlossen. Dieser Vertrag ist nach § 311 a Abs. 1 wirksam. Ferner ist die Leistungspflicht nach § 275 Abs. 1 aufgrund des Untergangs des gesamten Kellervorrats ausgeschlossen. Das Leistungshindernis lag bereits bei Vertragsschluss vor, da der Keller schon Wochen zuvor überschwemmt worden war. Ferner müsste V gemäß § 311 a Abs. 2 Satz 2 das Leistungshindernis bei Vertragsschluss

---

[45] Vgl. die Begründung zu § 311 a BT-Drucks 14/6040, S. 165; zustimmend MünchKomm/Ernst, § 311 a Rdnr. 24 und 79; Hk-BGB/Schulze, § 311 a Rdnr. 5

[46] Insofern wird darauf hingewiesen, dass jemand, der sein Leistungsvermögen vorvertraglich (fahrlässig) falsch eingeschätzt hat, nicht einem Betrüger gleich behandelt werden dürfe. Vgl. Knütel, NJW 2001, 2519 (2520)

[47] Knütel spricht in diesem Kontext von einem dogmatischen Bruch, der wertungsmäßig nicht nachzuvollziehen sei. Vgl. Knütel, NJW 2001; 2519 (2520); vgl. ferner Meiner, Jura 2002, 187 (188/189) sowie Schwarze, Jura 2002, 73 (80/81)

[48] So einleuchtend Altmeppen, DB 2001, 1399 (1400)

[49] Canaris, DB 2001, 1815 (1817f); zustimmend MünchKomm/Ernst, § 311 a Rdnr. 15 sowie Hk-BGB/Schulze, § 311 a Rdnr. 2; eine kurze Darstellung des Streitstandes m. w. N. findet sich etwa bei Reese, JA 2003, 162 (164/165)

[50] So Haas/Medicus, Das neue Schuldrecht, S. 97/98 (Rdnr. 71/72) mit einem weiteren Beispiel

gekannt oder fahrlässig nicht gekannt haben. Der Sachverhalt sagt hierzu nichts ausdrücklich. Allerdings ist davon auszugehen, dass X angesichts der schon Wochen zurückliegenden Überflutung sich längst einen Überblick über seine Teevorräte hätte verschaffen können und müssen[51]. Insoweit spricht hier einiges dafür, dass X die Verschuldensvermutung des § 311 a Abs. 2 Satz 2 nicht widerlegen kann. Ferner hat Y Aufwendungen (freiwillige Vermögensopfer[52]) in Form von Reisekosten im Vertrauen auf den Erhalt der Leistung gemäß § 284 getätigt. Diese durfte er auch billigerweise machen. Insofern bestehen keine Anhaltspunkte, dass die Reisekosten von 15 EUR voreilig oder trotz erster Anzeichen für das Scheitern der Vertragserfüllung aufgewendet wurden[53]. Schließlich ist der Anspruch nicht nach § 284 a. E. (Einwand der Zweckverfehlung auch ohne Pflichtverletzung) ausgeschlossen. Y kann demnach von X Aufwendungsersatz in Höhe von 15 EUR verlangen.

Der weitere Vertrauensschaden in Höhe von 100 EUR ist nach § 284 nicht zu ersetzen. Denn insofern fehlt es bereits am Vorliegen von Aufwendungen im Sinne des § 284. Darunter sind nur solche freiwilligen Vermögensopfer zu verstehen, die der Gläubiger im Hinblick auf den Erhalt der vereinbarungsgemäßen Leistung tätigt. Hier zeigt sich deutlich, dass der Aufwendungsersatz nach § 284 nicht identisch ist mit einem Ersatz des Vertrauensschadens[54], wie er etwa im Falle der Anfechtung nach § 122 zu leisten ist. Vielmehr bleibt der Aufwendungsersatz des § 284 dahinter zurück[55].

---

[51] Fälle, in denen die Unkenntnis nicht auf Fahrlässigkeit beruht, werden zumeist so liegen, dass die Unmöglichkeit verhältnismäßig kurzfristig vor Vertragsschluss und für den Schuldner überraschend eingetreten ist. Vgl. MünchKomm/Ernst, § 311 a Rdnr. 51; zu dieser Konstellation s. Fall 5, S. 36

[52] Vgl. hierzu ausführlich Anwaltkommentar/Dauner-Lieb, § 284 Rdnr. 9

[53] Ob mit dem Merkmal „billigerweise" eine Begrenzung der Höhe des Aufwendungsersatzes gemeint ist, erscheint zweifelhaft. Für Extremfälle wird auf den Grundsatz von Treu und Glauben (§ 242) verwiesen. So etwa Anwaltkommentar/Dauner-Lieb, § 284 Rdnr. 11. Jedenfalls sieht der Gesetzgeber anders als in den § 122 Abs. 1 oder § 179 Abs. 2 bewusst keine Begrenzung auf das Erfüllungsinteresse vor.

[54] Der Ersatz des Vertrauensschadens bedeutet, dass der Verkäufer den Käufer so zu stellen hat, als ob der Käufer von dem Vertragsschluss nie etwas gehört hätte (sog. negatives Interesse).

[55] Anwaltkommentar/Dauner-Lieb, § 284 Rdnr. 11

Fall 3: „Die spontane Examensfeier“

Sachverhalt:

Richard (R) erwartet seinen Studien- und Weinfreund W am 1. April 2002[1] zur Weinprobe. Als man schließlich einen Pomerol kredenzt, bekundet W, dass er von diesem 1990er Jahrgang wirklich begeistert sei. R äußert daraufhin, dass er ihm gerne seinen gesamten Vorrat von 30 Flaschen Pomerol des Jahrgangs 1990 überlasse. Er werde sich nämlich schon bald im Hochtal von Pomerol neu eindecken. W ist einverstanden und hocherfreut über den günstigen Preis von 20 EUR pro Flasche. Weiterhin kommt man überein, dass W die Flaschen am nächsten Tag abholen solle.

Als R sich am nächsten Tag in seinen Weinkeller begibt, bemerkt er mit Schrecken, dass die 30 Flaschen Pomerol verschwunden sind. Wie sich herausstellt, sind sämtliche Flaschen einer Feierlichkeit „zum Opfer gefallen“, die R`s trinkfeste Freundin F anläßlich ihres bestandenen Examens in der Nacht vom 31. März zum 1. April 2002 spontan veranstaltet hatte. Davon wußte R nichts. Noch am 31. März hatte R sich tagsüber einen genauen Überblick über seine Weinvorräte verschafft.

Kurz darauf trifft W bei R ein, um die 30 Flaschen Pomerol abzuholen. R berichtet mit Bedauern von der Examensfeier seiner Freundin. W interessiert das nicht. Vielmehr verlangt er wenig später Schadensersatz, da er sich zu den derzeit handelsüblichen Preisen von 30 EUR pro Flasche habe eindecken müssen und ihm dadurch Mehrkosten von 300 EUR entstanden seien. Jedenfalls müsse R ihm die Kosten für die vergebliche Anreise in Höhe von 25 EUR ersetzen.

Hat W gegen R einen Anspruch auf Ersatz der 300 EUR Mehrkosten?

Kann W von R wenigstens die Anreisekosten in Höhe von 25 EUR beanspruchen?

---

[1] **Wichtiges zum zeitlichen Anwendungsbereich des reformierten Schuldrechts:** Die Neuregelungen sind gemäß Art. 229 § 5 Satz 1 EGBGB nur auf Verträge anwendbar, die nach dem 31.12.2001 geschlossen worden sind. Für Dauerschuldverhältnisse, die noch vor dem 01.01.2002 abgeschlossen wurden, gilt das neue Schuldrecht nach Art. 229 § 5 Satz 2 EGBGB aber erst nach einem Übergangsjahr ab dem 01.01.2003.

Prüfungsschemata zu Fall 3:„Die spontane Examensfeier“

A. Schadensersatz statt der Leistung nach § 311 a? (300 EUR Mehrkosten)

I. Voraussetzungen des § 311 a

1. **Wirksamer Vertrag (§ 311 a Abs. 1)**
2. **Befreiung des Schuldners von der Leistungspflicht (§ 275 Abs. 1)**
   a. **Nachbeschaffungspflicht?**
   b. **Stückschuld und Unmöglichkeit**
3. **Bestehen des Leistungshindernisses bereits bei Vertragsschluss**
4. **Exkulpation des Schuldners nach § 311 a Abs. 2 Satz 2?**
   (Verletzung vorvertraglicher Erkundigungs- und Informationspflichten?)

II. Ergebnis

B. Ersatz vergeblicher Aufwendungen nach §§ 311 a, 284? (25 EUR Anreisekosten)

C. Ersatz der 25 EUR Anreisekosten analog § 122 Abs. 1?

I. Voraussetzungen der analogen Anwendung des § 122 Abs. 1

1. Planwidrige Regelungslücke

a. Befürwortende Stimmen

b. Gegenansicht

c. Stellungnahme

2. Keine Analogie wegen fehlender Regelungslücke

II. Ergebnis

Lösung zu Fall 3: „Die spontane Examensfeier"

(Schadensersatz statt der Leistung (positives Interesse) bei anfänglicher Unmöglichkeit nach § 311 a Abs. 2; Abgrenzung der Vorratsschuld von der Stückschuld; Erkennbarkeit des anfänglichen Leistungshindernisses (§ 311 a Abs. 2 Satz 2); Verletzung vorvertraglicher Aufklärungs- und Informationspflichten; Ersatz vergeblicher Aufwendungen nach § 284; Anspruch auf Ersatz des negativen Interesses (hier: Anreisekosten) analog § 122 Abs. 1?; Analogievoraussetzungen; Fehlen einer planwidrigen Regelungslücke)

A. W könnte gegen R einen Anspruch auf Schadensersatz statt der Leistung (positives Interesse) in Höhe von 300 EUR nach §§ 275 Abs. 4[2], 311 a Abs. 2 haben.

I. Voraussetzungen des § 311 a

Der Schadensersatzanspruch aus § 311 a Abs. 2 setzt - in Zusammenschau mit § 311 a Abs. 1 - folgendes voraus:

1. Einen wirksamen Vertrag (vgl. § 311 a Abs. 1)
2. Befreiung des Schuldners von der Leistungspflicht wegen eines Leistungshindernisses nach § 275 Abs. 1 bis 3
3. Bestehen des Leistungshindernisses bei Vertragsschluss (vgl. § 311 a Abs. 1)
4. Keine Entlastung des Schuldners wegen nicht zu vertretender Unkenntnis des Leistungshindernisses (vgl. § 311 a Abs. 2 Satz 2)
5. Schaden aufgrund des Leistungshindernisses

1. Wirksamer Vertrag (vgl. § 311 a Abs. 1)

Anläßlich der Weinprobe haben sich R und W am 1. April über den Kauf von 30 Flaschen Pomerol zum Preis von 20 EUR je Flasche geeinigt. Allerdings könnten sich an der Wirksamkeit des Kaufvertrages vom 1. April insofern Bedenken ergeben, als in der vorhergehenden Nacht der gesamte Vorrat an Pomerolweinen konsumiert wurde. Nach der Regelung des § 311 a Abs. 1 steht es indes der Wirksamkeit eines Vertrages ausdrücklich nicht entgegen, wenn der Schuldner nach § 275 Abs. 1 bis 3 nicht zu leisten braucht und das Leistungshindernis schon bei Vertragsschluss bestand. Demnach ist der Vertrag unabhängig vom Vorliegen einer etwaigen anfänglichen Unmöglichkeit wirksam[3].

2. Befreiung des Schuldners von der Leistungspflicht (§ 275 Abs. 1)

Ungeachtet der festgestellten Wirksamkeit des Kaufvertrages ist fraglich, ob und inwieweit der primäre Leistungsanspruch, die Weinflaschen zu übergeben und zu übereignen, ausgeschlossen ist[4]. Gemäß § 275 Abs. 1 ist der Anspruch auf die Leistung ausgeschlossen, soweit diese für den Schuldner (subjektiv) oder für jedermann (objektiv) unmöglich ist. Hier

---

[2] Die Verweisungsvorschrift des § 275 Abs. 4 muss nicht unbedingt zitiert werden.

[3] Siehe hierzu auch bereits oben Fall 2, S. 19/20

[4] **Wichtiges zur Dogmatik:** Die Wirksamkeit des Vertrages und das Zusammenspiel mit § 275 lassen sich wie folgt erklären: Wegen des anfänglichen Ausschlusses der Leistungspflicht entsteht ein Vertrag ohne primäre Leistungspflicht. Nichtsdestotrotz bildet das dennoch begründete Schuldverhältnis im weiteren Sinne dogmatisch die Grundlage für Ansprüche nach § 311 a Abs. 2.

könnte die Leistung infolge der Examensfeier der F, bei der R`s gesamter Vorrat an Pomerolwein verbraucht wurde, unmöglich sein.

a. Nachbeschaffungspflicht?

Allerdings wäre die Annahme einer Unmöglichkeit ausgeschlossen, wenn R solange zur Leistung verpflichtet bleibt, wie noch einzelne Sachen der Gattung – hier also Weine des Jahrganges 1990 aus dem Anbaugebiet Pomeroltal - existieren. Bei Bestehen einer solchen Nachbeschaffungspflicht läge ein von der Erfüllungspflicht befreiendes Unvermögen – schon unabhängig von der Übernahme eines Beschaffungsrisikos[5] – nicht vor[6], da ausweislich des von W getätigten Deckungskaufs einer Nachbeschaffung im Handel nichts im Wege gestanden hätte.

Freilich setzt eine solche Pflicht zur Nachbeschaffung voraus, dass R und W eine Gattungsschuld und keine Stückschuld vereinbart haben.

b. Stückschuld und Unmöglichkeit

Ob eine Gattungs- oder Stückschuld vorliegt, wird entscheidend durch den Willen und die Vereinbarungen der Parteien bestimmt. R hat dem W erklärt, seinen gesamten Kellervorrat an Pomerolwein zu verkaufen. Demzufolge hat R nicht irgendwelche noch auszuwählende Flaschen einer bestimmten Gattung, sondern ganz konkret die 30 Flaschen Pomerolwein aus seinem Keller verkauft. Insbesondere liegt keine sog. Vorratsschuld, die auch als begrenzte Gattungsschuld bezeichnet wird, vor. Denn R sollte nicht einmal innerhalb seines Kellervorrats Weinflaschen mittlerer Art und Güte auswählen[7]. Somit ist hier eine Stückschuld vereinbart.

Die speziell geschuldeten 30 Flaschen Pomerol sind, wie erwähnt, der Examensfeier der F anheimgefallen. Damit ist die Leistung dieser Flaschen jedermann (objektiv) unmöglich. Der Anspruch auf Übergabe und Verschaffung des Eigentums an diesen Flaschen ist also nach § 275 Abs. 1 wegen objektiver Unmöglichkeit ausgeschlossen.

3. Bestehen des Leistungshindernisses bereits bei Vertragsschluss

Wie sich aus der Formulierung in § 311 a Abs. 1 „und das Leistungshindernis schon bei Vertragsschluss vorliegt" ergibt, setzt der Anspruch nach § 311 a Abs. 2 das anfängliche Vorliegen des Leistungshindernisses voraus. Die objektive Unmöglichkeit trat bereits in der Nacht vor dem Vertragsschluss ein. Somit lag das Leistungshindernis bereits anfänglich vor.

4. Exkulpation des Schuldners nach § 311 a Abs. 2 Satz 2?
(Verletzung vorvertraglicher Erkundigungs- und Informationspflichten?)

Nach § 311 a Abs. 2 Satz 2 gilt die in Abs. 2 Satz 1 normierte Schadensersatzpflicht nicht, wenn der Schuldner das Leistungshindernis bei Vertragsschluss nicht kannte und seine Unkenntnis auch nicht zu vertreten hat.

---

[5] Vgl. dazu die Neufassung des § 276 Abs. 1 Satz 1; zu deren Hintergrund instruktiv Anwaltkommentar/Dauner-Lieb, § 276 Rdnr. 22 ff. sowie Graf v. Westphalen, Vertragsrecht, S. 34

[6] BT-Drucks. 14/6040, S. 129; vgl. dazu auch Anwaltkommentar/Dauner-Lieb, § 276 Rdnr. 24

[7] Vgl. zur begrenzten Gattungsschuld Fall 5, S. 70/71

Zwar hatte T hier bei Vertragsschluss keine positive Kenntnis davon, dass sämtliche Flaschen seines Pomerolweins bei der vorangegangenen Examensfeier verbraucht worden waren. Allerdings könnte er seine Unkenntnis zu vertreten haben. Dies wäre dann der Fall, wenn R sich vor Vertragsschluss nicht ausreichend sorgfältig über seinen Weinbestand und damit über sein Leistungsvermögen informiert hätte (Verletzung der vorvertraglichen Aufklärungs- und Informationspflicht).

Dabei darf das als Vermutung formulierte Verschuldenserfordernis des § 311 a Abs. 2 Satz 2 allerdings nicht ausgehöhlt werden, indem man das Merkmal der „zu vertretenden Unkenntnis" des Leistungshindernisses derart extensiv versteht, dass der Schuldner in jedem Falle unmittelbar vor Vertragsschluss seine Leistungsfähigkeit zu überprüfen hat. Eine solche Handhabung hätte zur Folge, dass die Verschuldensvermutung praktisch kaum zu widerlegen wäre. Erst Recht verbietet es sich, aus der Leistungszusage des Schuldners allein schon eine Haftung abzuleiten. Anderenfalls würde entgegen dem Wortlaut des § 311 Abs. 2 Satz 2 eine verschuldensunabhängige Garantiehaftung eingeführt[8].

Folglich ist hier der Frage nachzugehen, ob und inwieweit R unter Berücksichtigung der Umstände des Einzelfalles seine Unkenntnis zu vertreten hat.

Zwar ist von einem sorgfältigen Weinhändler zu erwarten, dass er sich unmittelbar vor Vertragsschluss über die Verfügbarkeit der Ware vergewissert. Dies ist einem Händler mit Hilfe einer entsprechenden Organisation sowie durch das Führen von Geschäftsbüchern und Lagerverzeichnissen zumutbar. Dagegen ist bei einem Privatmann wie R ein herabgesetzter Sorgfaltsmaßstab anzulegen. Ihm kann die Unkenntnis, dass die Kaufsache etwa in der Nacht zuvor gestohlen wurde oder, wie hier, anderweitig abhanden gekommen ist, nicht als fahrlässige Unkenntnis zum Vorwurf gemacht werden[9]. R hatte sich tagsüber am 31. März, also noch am Tag vor dem Verkauf, einen genauen Überblick über seine Weinvorräte verschafft. Er hat sich also zeitnah zum Vertragsschluss ein Bild von seiner aktuellen Leistungsfähigkeit gemacht. Damit hat er jedenfalls die unter Privatleuten beim Weinkauf erforderliche Sorgfalt beachtet (vgl. § 276 Abs. 2). Mithin hatte er keine fahrlässige Unkenntnis vom Leistungshindernis. R kann sich also exkulpieren, d. h. die Verschuldensvermutung des § 311 a Abs. 2 Satz 2 widerlegen.

II. Ergebnis

Nach § 311 a Abs. 2 Satz 2 gilt somit die Schadensersatzpflicht des § 311 a Abs. 2 Satz 1 nicht, W hat gegen R mithin keinen Anspruch auf Schadensersatz statt der Leistung (positives Interesse) in Höhe der Mehraufwendungen von 300 EUR, die ihm durch den Deckungskauf entstanden sind.

B. W könnte gegen R einen Anspruch auf Ersatz der Reiskosten in Höhe von 25 EUR als vergebliche Aufwendungen nach §§ 311 a, 284 haben.

Wenn W schon nicht das Erfüllungsinteresse (positive Interesse) erhält, könnte er (wenigstens) einen Anspruch auf Ersatz seiner Anreisekosten nach §§ 311 a Abs. 2 Satz 1, 284 haben. Nach § 311 a Abs. 2 Satz 1 kann der Gläubiger „anstelle des Schadensersatzes

---

[8] Schwarze, Jura 2002, 73 (80)

[9] Vgl. dazu Meier, Jura 2002, 187 (191) sowie MünchKomm/Ernst, § 311 a Rdnr. 51

statt der Leistung" – also alternativ[10] – Ersatz der Aufwendungen in dem in § 284 bestimmten Umfang verlangen. Er kann demnach solche Aufwendungen ersetzt verlangen, die er „im Vertrauen auf den Erhalt der Leistung gemacht hat und billigerweise machen durfte."

Aus der Formulierung „anstelle" des Schadensersatzes folgt indessen, dass der Aufwendungsersatzanspruch ebenso wie der Schadensersatzanspruch ein Vertretenmüssen des Schuldners erfordert[11]. R wird sich aber, wie gezeigt, exkulpieren können. W hat somit nach § 284 keinen Anspruch auf die vergeblich aufgewendeten 25 EUR Anreisekosten.

C. W könnte gegen R einen Anspruch auf Ersatz der Anreisekosten als Vertrauensschaden in Höhe von 25 EUR analog § 122 Abs. 1 haben.

Fraglich ist, ob W die getätigten Anreisekosten in Höhe von 25 EUR unter dem Gesichtspunkt des Vertrauensschadens ersetzt bekommt. Die Reisekosten hat er im Vertrauen auf die Durchführung des Kaufvertrages getätigt. Es fragt sich also, ob W so zu stellen ist, wie er stehen würde, wenn der Vertrag mit R niemals zustande gekommen wäre[12]. Für den Ersatz des Vertrauensschadens (negatives Interesse)[13] kommt als Grundlage nur eine entsprechende (analoge) Anwendung des § 122 Abs. 1 in Betracht.

I. Voraussetzungen der analogen Anwendung des § 122 Abs. 1

Eine Analogie setzt erstens eine planwidrige Regelungslücke und zweitens eine vergleichbare Interessenlage voraus.

1. Planwidrige Regelungslücke

Schon die Frage, ob eine Regelungslücke besteht, ist umstritten.

a. Befürwortende Stimmen

Für die Annahme einer planwidrigen Regelungslücke spricht sich insbesondere Canaris[14] aus. Er hält eine Analogie für unumgänglich und als Rechtsfortbildung praeter legem auch für zulässig. § 311 a Abs. 2 führe nämlich dazu, dass der Schuldner aufgrund eines bloßen

---

[10] Anwaltkommentar/Dauner-Lieb, § 284 Rdnr. 5

[11] Anwaltkommentar/Dauner-Lieb, § 284 Rdnr. 6; vgl. auch die Begründung zu § 284, BT-Drucks. 14/6040, S. 144, derzufolge auch der Aufwendungsersatzanspruch nach Maßgabe des § 276 grundsätzlich Verschulden voraussetzt.

[12] Diese gängige Definition des negativen Interesses ist Ihnen (hoffentlich) bekannt.

[13] **Merke:** Das negative Interesse ist keinesfalls als Minus im positiven Interesse enthalten, vgl. dazu Frage 2 zu Fall 3, S. 42

[14] In der Regel gilt, dass das Argument zählt und nicht der Name desjenigen, der es vertritt. Dennoch erscheint es hier (ausnahmsweise) zulässig, im Text der Klausurlösung den Vertreter der Ansicht zu benennen. Denn es geht um die heikle Frage der Rechtsfortbildung praeter legem, für die sich ganz maßgeblich Canaris als Mitglied der vom Bundesministerium der Justiz eingesetzten Kommission zur Überarbeitung des Schuldrechts stark gemacht hat. Die Kommission hat indes die von Canaris eingebrachte Anregung, § 122 per Gesetz für entsprechend anwendbar zu erklären, nach kontroverser Diskussion gerade nicht aufgegriffen. Vgl. zu alledem Canaris, JZ 2001, 499 (507/508)

Motivirrtums, der i. d. R. einen Eigenschaftsirrtum im Sinne von § 119 Abs. 2 darstelle[15], oder einem solchen doch zumindest stark ähnele[16], von seiner vertraglich übernommenen Leistungspflicht freigestellt werde, ohne sich schadensersatzpflichtig zu machen. In diesem ersatzlosen Freiwerden sieht Canaris einen nicht nachvollziehbaren Wertungswiderspruch zum Regelungsmodell der §§ 119 Abs. 2, 122, wonach ein solches Freiwerden von der vertraglichen Pflicht nach Anfechtung wegen eines unverschuldeten Irrtums nun einmal nur um den Preis einer verschuldensunabhängigen Haftung auf das negative Interesse[17] zu haben ist. Mit Hilfe einer analogen Anwendung des § 122 will Canaris diesen Widerspruch beseitigen und die s. E. erforderliche Wertungsharmonie herstellen[18].

Auch der Gesetzgeber scheint zumindest in seiner Begründung diese Analogie immerhin als einen „gangbaren Lösungsansatz" anzusehen, den man aber nicht habe gesetzlich festschreiben wollen. Dazu hätte auch die Regelung des § 119 Abs. 2 überprüft werden müssen, was den Rahmen des Gesetzgebungsverfahrens gesprengt hätte. Man habe die Frage nach einer Analogie also der Rechtsprechung überlassen, „die sie aber im Sinne von Canaris lösen könnte"[19].

b. Gegenansicht

Der im Vorhergehenden skizzierte Ansatz hat erhebliche Kritik erfahren[20]. Diese zieht vor allem in Zweifel, ob nach der Systematik des neuen Rechts die für eine Analogie erforderliche Regelungslücke besteht[21]. Eine Analogie für ein vom Gesetzgeber gesehenes Problem vorzuschlagen, sei bei einem neu konzipierten Gesetz schon ein erstaunlicher Vorgang[22].

---

[15] **Wichtig**: Damit spricht Canaris die Situation an, dass die Kaufsache mit einem anfänglich nicht behebbaren Mangel behaftet ist und der Verkäufer sich über den Mangel im Irrtum befand. Dieser Fall, der als „qualitative Unmöglichkeit" bezeichnet wird, fällt ebenfalls in den Anwendungsbereich des § 311 a, was sich aus der Einbindung des Kaufgewährleistungsrechts in das allgemeine Leistungsstörungsrecht sowie aus der Verweisung des § 437 Nr. 3 auf § 311 a ergibt. Vgl. dazu ausführlich bereits Fall 2, S. 21

[16] Gemeint ist der Irrtum über das anfängliche Leistungsvermögen, wie er hier vorliegt.

[17] Vgl. dazu Soergel/Hefermehl, § 122 Rdnr. 4; Schapp, Grundlagen, S. 179/180 (Rdnrn. 378 und 379)

[18] So Canaris JZ 2001, 499 (508); im Ergebnis folgend Grunewald, JZ 2001, 433 (435)

[19] BT-Drucks. 14/6040 S. 166; vgl. hierzu ferner Anwaltkommentar/Dauner-Lieb, § 311 a Rdnr. 16, wonach sich in der Entwurfsbegründung möglicherweise eine Verbeugung der Kommission vor einer zentralen Persönlichkeit – gemeint ist Canaris - zeige. Im Übrigen betont Dauner-Lieb, dass schon angesichts der Übereilung des Gesetzgebungsverfahrens vieles dafür spreche, systematischen Erwägungen in Zukunft Vorrang vor einem Rückgriff auf den „Willen des Gesetzgebers" zu geben. Vgl. Anwaltkommentar/Dauner-Lieb, § 311 a Rdnr. 18

[20] Knütel, NJW 2001, 2519 (2520) meint, wenn der Gesetzgeber die erkannten Wertungswidersprüche nicht bewältigt habe und sie an die Rechtsprechung delegiert, komme dies einem „gesetzgeberischen Offenbarungseid" gleich.

[21] Dauner-Lieb/Dötsch, DB 2001, 2535 (2539)

[22] So der Vorwurf von Otto, Jura 2002, 1 (5)

c. Stellungnahme[23]

Gegen die Annahme einer Regelungslücke spricht, dass nach § 311 a Abs. 2 sowohl der Anspruch auf Schadensersatz statt der Leistung, als auch der Anspruch auf Aufwendungsersatz nach § 284 Verschulden voraussetzen.

Gerade der Aufwendungsersatzanspruch aus § 311 a Abs. 2 i. V. m. § 284 weist mit dem Anspruch auf Ersatz des Vertrauensschadens (negatives Interesse) nach § 122 Abs. 1 in der Rechtsfolge erhebliche inhaltliche Überschneidungen auf[24]. Es geht aber nicht an, dass dieselben Anreisekosten des Gläubigers, die als Aufwendungsersatz nach §§ 311 a Abs. 2, 284 wegen fehlenden Verschuldens des Schuldners nicht ersetzt werden, über den Umweg der verschuldensunabhängig konzipierten Anspruchsgrundlage des § 122 Abs. 1 (analog) als Vertrauensschaden doch zu zahlen wären.

Ferner könnte mit einer analogen Anwendung des § 122 Abs. 1 die Beschränkung der Rechtsfolge des § 284 auf den Ersatz bestimmter Aufwendung unterlaufen werden. So könnte beispielsweise der Gläubiger unter Berufung auf § 122 Abs. 1 Ersatz dafür fordern, dass er die geschuldete Leistung zwischenzeitlich bei einem Dritten günstiger hätte beziehen können, dies aber im Vertrauen auf den geschlossenen Vertrag unterlassen hat. Dieser Vertrauensschaden nach § 122 Abs. 1 stellt aber keine Aufwendung im Sinne des § 284 dar.

Eine analoge Anwendung des § 122 Abs. 1 würde somit das in § 311 a Abs. 2 Satz 2 zugrunde gelegte Verschuldenserfordernis ebenso wie die Beschränkung der Rechtsfolge des § 284 unterlaufen. Schon aufgrund dieser beiden Unstimmigkeiten erscheint die Analogie zweifelhaft.

Drittens würde es dem Ziel, bei der anfänglichen Unmöglichkeit die Garantiehaftung abzuschaffen[25], widersprechen, wenn man durch eine analoge Anwendung des verschuldensunabhängig ausgestalteten § 122 Abs. 1 doch wieder im Hinblick auf den Vertrauensschaden und insbesondere für die von § 284 erfassten Aufwendungen eine „Garantiehaftung im Kleinen" begründet[26]. Dies liefe zudem der vom Gesetzgeber gewollten Gleichbehandlung von anfänglichen und nachträglichen Leistungshindernissen einmal mehr[27] zuwider[28].

---

[23] **Wichtig:** Jedem ist klar, dass eine **Klausurlösung** immer nur **einen mehr oder weniger fragmentarischen Charakter** hat. In einer Klausur kann ein Streitstand naturgemäß nicht mit derselben Gründlichkeit aufbereitet werden, wie man es von Ihnen in einer Hausarbeit erwartet. Vielmehr geht es bei einer Klausurleistung um die verständliche Darstellung der wichtigsten Pro – und Contraargumente. In einer anschließenden Stellungnahme sind die Argumente nachvollziehbar und plausibel zu diskutieren und schließlich streitentscheidend zu gewichten. **Juristische Arbeit ist** demzufolge - **jedenfalls in der Ausbildung - in erster Linie Begründungsarbeit**. So gesehen hat das Ergebnis nur zweitrangige Bedeutung. **Noch ein Tipp:** Die überzeugendsten Argumente sollten bei der Darstellung des Streitstandes aufgespart und erst in der Stellungnahme streitentscheidend in die Waagschale gelegt werden. Immerhin haben Sie sich so „Ihre Meinung" durch Auswahl der besten Argumente gebildet. Niemand erwartet ernsthaft in einer Klausur eine wirklich eigene Meinungsbildung. Dies käme einer rechtswissenschaftlichen Forschungsleistung gleich, die selbst in Dissertationen mitunter nicht wirklich erbracht wird.

[24] Vgl. dazu Anwaltkommentar/Dauner-Lieb, § 284 Rdnr. 12.

[25] BT-Drucks. 14/6040, S. 165

[26] Diese und weitere überzeugende Argumente haben vor allem Dauner-Lieb/Dötsch herausgearbeitet. Vgl. DB 2001, 2535 (2539) sowie Anwaltkommentar/Dauner-Lieb, § 311 a Rdnr. 17 und 18

[27] Eine Durchbrechung der Gleichbehandlung beinhaltet freilich bereits die Sonderstellung der eigenständigen Anspruchsgrundlage des § 311 a.

[28] Anwaltkommentar/Dauner-Lieb, § 311 a Rdnr. 18

Angesichts der dargelegten Wertungen, die in der gesetzlichen Regelung der §§ 311 a Abs. 2, 284 deutlich zum Ausdruck gekommen sind, ist eine planwidrige Regelungslücke zu verneinen. Vielmehr beinhalten diese Wertungen, objektiviert betrachtet, eine schlüssige Entscheidung des Gesetzgebers gegen eine entsprechende Anwendung des § 122 Abs. 1. Eine solche widerspräche gerade den erkennbar von der Neukonzeption verfolgten Prinzipien, wie sie im Vorhergehenden herausgestellt wurden.

2. Keine Analogie wegen fehlender Regelungslücke

Damit fehlt es schon an der ersten Voraussetzung der Analogie. Die Frage nach dem zweiten Analogieerfordernis, also nach der vergleichbaren Interessenlage, kann somit dahinstehen.

II. Ergebnis

R hat demnach für die 25 EUR Anreisekosten (negatives Interesse) auch nicht analog § 122 Abs. 1 aufzukommen.

Fragen und Antworten zur Festigung und Abrundung des Wissens (Fall 3)

Frage 1:

Inwieweit ist nach §§ 311 a Abs. 2 Satz 1, 284 der Vertrauensschaden (negatives Interesse) zu ersetzen?

Frage 2:

Wieso werden Aufwendungen, die der Gläubiger im Vertrauen auf die ordnungsgemäße Leistung vorgenommen hat, nicht von dem Schadensersatz statt der Leistung umfasst?

Frage 3:

Verliert der Gläubiger sein Recht, nach § 311 a Abs. 2 Schadensersatz statt der Leistung zu wählen, dadurch, dass er (zunächst) Aufwendungsersatz geltend gemacht hat?

Frage 4:

Unterstellt, Sie würden bei nicht zu vertretendem anfänglichen Leistungshindernis die für eine analoge Anwendung des § 122 erforderliche planwidrige Regelungslücke bejahen. Würden Sie auch eine vergleichbare Interessenlage als weitere Analogievoraussetzung annehmen?

Frage 5:

Welches Argument wird dagegen vor allem von Canaris <u>für</u> eine analoge Anwendung des § 122 auf den Fall angeführt, dass der Schuldner ein Leistungshindernis, welches schon vor Vertragsschluss bestand, weder kannte noch hätte kennen müssen?

Antworten auf die Fragen zu Fall 3

zu Frage 1:

Nach § 311 a Abs. 2 kann der Gläubiger Schadensersatz statt der Leistung (= positives Interesse) verlangen. „Anstelle" dieses Anspruchs auf Schadensersatz statt der Leistung kann er Ersatz seiner Aufwendungen in dem in § 284 bestimmten Umfang verlangen. Ersatzfähig sind dabei nach § 284 nur solche Aufwendungen, die der Gläubiger im Vertrauen auf den Erhalt der Leistung gemacht hat. Demzufolge ersetzt der Aufwendungsersatzanspruch einen Teil des sog. Vertrauensschadens (negatives Interesse), ist aber mit diesem nicht identisch[29]. So kann der Gläubiger nach § 284 keinen Ersatz dafür beanspruchen, dass er die Leistung zwischenzeitlich bei einem Dritten günstiger hätte beziehen können, dies aber im Vertrauen auf die ordnungsgemäße Vertragserfüllung unterlassen hat[30].

zu Frage 2:

Derartige Aufwendungen sind schon deswegen nicht vom Anspruch auf Schadensersatz statt der Leistung erfasst, weil sie auch bei ordnungsgemäßer Erfüllung entstanden wären. Der Gläubiger ist aber bei der Gewährung des Schadensersatzes statt der Leistung (nur) so zu stellen, wie er bei ordnungsgemäßer Leistung stünde.

zu Frage 3:

Der Gläubiger verliert sein Wahlrecht (jus variandi) nicht bereits durch die Geltendmachung einer der Ansprüche des § 311 a Abs. 2. Insbesondere verweist § 311 a Abs. 2 Satz 3 nicht auf die Vorschrift des § 281 Abs. 4. Diese ist auch nicht analog anwendbar. Erst wenn der Schuldner nach entsprechender Aufforderung durch den Gläubiger zum Beispiel Aufwendungsersatz leistet, erlischt der (alternative) Anspruch auf Schadensersatz statt der Leistung.

zu Frage 4:

Auch diese zweite, kumulativ erforderliche Analogievoraussetzung der vergleichbaren Interessenlage erscheint zweifelhaft. Gegen deren Vorliegen wird vor allem folgender Einwand erhoben: Die Vorschrift des § 122 sanktioniere das Enttäuschen des Vertrauens in die wirksame Einigung,[31] die erst durch die Anfechtung hinfällig wird und baue insoweit auf dem Anschein einer vollgültigen Willenserklärung auf. Demgegenüber würde eine Analogie zu § 122 in Fällen anfänglicher Unmöglichkeit aber das Vertrauen in die Durchführbarkeit eines Vertrages ohne Primärleistungspflichten schützen, was etwas völlig anderes sei[32].

---

[29] Stoll, JZ 2001, 589 (595)

[30] Anwaltkommentar/Dauner-Lieb, § 284 Rdnr. 11; Blank, Schuldrecht AT II, S. 34/35

[31] Vgl. dazu Soergel/Hefermehl, § 122 Rdnr. 4

[32] Dauner-Lieb/Dötsch, DB 2001, 2535 (2539); wenig überzeugend dagegen Rauda/Zenthöfer, 55 Fälle, S. 17

zu Frage 5:

Für die Annahme einer planwidrigen Regelungslücke wird darauf hingewiesen, dass es anderenfalls zu Diskrepanzen mit dem Irrtumsrecht (§ 122 Abs.1) kommen würde, das von der Schuldrechtsreform unberührt geblieben ist. Der Schuldner würde in Fällen unverschuldeter anfänglicher Unmöglichkeit ohne eine Analogie zu § 122 günstiger stehen als in Fällen eines unverschuldeten Irrtums über eine verkehrswesentliche Eigenschaft. Denn im letztgenannten Fall könnte er sich nur unter Inkaufnahme der Haftungsfolge des § 122 Abs. 1 von dem Vertrag lösen.

Fall 4: „Marksburg in Flammen“

Sachverhalt:

V verleiht im Februar an die E einen Kupferstich, der die Marksburg am Rhein abbildet. Denn die Tante der E ist Liebhaberin von Kupferstichen und möchte den Stich mit der letzten unzerstörten Höhenburg am Mittelrhein gerne einmal bewundern. E, die als Jurastudentin stark beansprucht wird, gelingt es in den folgenden Monaten nicht, mit der Tante einen Besichtigungstermin zu vereinbaren.

Anfang Juli meldet sich V bei E mit der Bitte um Rückgabe. Da E sich inzwischen zum Staatsexamen angemeldet hat, hat sie „Besseres zu tun“, als sich um den verstaubten Stich zu kümmern und antwortet dem V nicht. Ein Schreiben des V von Anfang August, in dem dieser die E „nunmehr eindringlich ersucht, ihm den Stich zurückzugeben, da er anderenfalls rechtliche Schritte überlege“, lässt sie ebenfalls unbeachtet.

Einige Wochen später im September wird E`s Studentenbude ein Raub der Flammen. Dabei wird der Stich völlig zerstört. Wie sich später herausstellt, hatte die Kommilitonin K den Brand verursacht. Sie hatte sich ohne Wissen der E in deren Wohnung begeben, um dort den Fernsehkrimi „Die Fälle des Professor Capellari“ anzusehen. Dazu hatte K unbefugt den Schlüssel verwendet, den E bei Verlassen der Wohnung immer in einem Blumentopf auf der Fensterbank versteckt. Im Verlaufe des Krimis war K mit brennender Zigarette eingeschlafen.

Als V von alledem erfährt, verlangt er von E den Wert des Stiches in Höhe von 100 EUR ersetzt. E wendet ein, dass sie an dem Wohnungsbrand keinerlei Schuld treffe, da die K sich ohne ihr Wissen unbefugt in die Wohnung begeben und dort den Brand verursacht habe. Als geprüfte Rechtskandidatin habe sie gelernt, dass die scharfe Sanktion des Schadensersatzes grundsätzlich ein Verschulden erfordere. Es sei abwegig, ihr den Wohnungsbrand „juristisch in die Schuhe schieben zu wollen“.

Kann V von E 100 EUR Schadensersatz verlangen?

1. Abwandlung zu Fall 4:

E will den Stich, der zwar nicht zerstört, aber bei dem Wohnungsbrand beschädigt wurde, zurückgeben. V erwidert, dass E den Stich erst wieder in Ordnung bringen solle. E lehnt dies jedoch kategorisch mit dem Hinweis ab, dass sie an der Feuersbrunst keine Schuld treffe. Daraufhin bringt V den Stich selbst zu einem Restaurator, der für die Wiederherstellung des Stiches 60 EUR in Rechnung stellt. Diese Kosten verlangt V von E ersetzt. Zu Recht?

2. Abwandlung zu Fall 4:

Bei sonst gleichem Sachverhalt zum Ausgangsfall hat sich folgendes zugetragen: In seinem Schreiben von Anfang August hat V seine Aufforderung zur Rückgabe des Stichs mit dem Setzen einer zweiwöchigen Frist verbunden. Die Fristsetzung bleibt seitens E ohne Reaktion. Wie durch ein Wunder bleibt der Kupferstich diesmal von den Flammen gänzlich verschont. Im September meldet sich V bei E und fordert den Wert des Marksburgstiches (100 EUR) als Schadensersatz. Erst vor wenigen Tagen habe er einen neuen Kupferstich mit der wunderschönen Burg Lahneck erstanden.

Prüfungsschemata zu Fall 4: „Marksburg in Flammen“ (Ausgangsfall)

A. Schadensersatz statt der Leistung nach §§ 280 Abs. 1 und 3, 283

I. Voraussetzungen der Grundnorm des § 280 Abs. 1

1. **Wirksames Schuldverhältnis (hier: Leihvertrag)**
2. **Pflichtverletzung (hier: Verletzung der Rückgabepflicht aus § 604 Abs. 1)**
3. **Vertretenmüssen (§ 280 Abs. 1 Satz 2)**
   (Keine Exkulpation in Bezug auf die Nichtrückgabe des Stichs)
4. **Kausaler Schaden**
5. **Ersatzfähigkeit des Schadens**

II. Zusätzliche Voraussetzungen (§ 280 Abs. 3) des § 283

1. **Nachträgliche[1] Unmöglichkeit (§ 275 Abs. 1)**
2. **Zurückverweisung des § 283 auf § 280 Abs. 1 Satz 2**
   (Exkulpation in Bezug auf den Wohnungsbrand?)
   - **a. Verschulden nach § 276 Abs. 1[2]**
   - **b. Verschärfte Verantwortlichkeit nach § 287 Satz 2 während des Verzugs**
     - **aa. Schuldnerverzug nach § 286**
       - **(1.) Fälligkeit der Leistung**
       - **(2.) Mahnung**
       - **(3.) Nichtleistung trotz Mahnung**
       - **(4.) Nichtleistung nicht zu vertreten? (§ 286 Abs. 4)**

---

[1] In den Fällen <u>anfänglicher</u> Unmöglichkeit ist § 311 a Abs. 2 die einschlägige Anspruchsgrundlage, vgl. Anwaltkommentar/Dauner-Lieb, § 283 Rdnr. 5; vgl. Fall 2, S. 20

[2] Sog. Hilfs- und Zurechnungsnormen wie die §§ 276, 278 gehören nicht in den Einleitungssatz!

bb. Folge des Verzugs: Haftung auch für Zufall nach § 287 Satz 2

cc. Haftungsausschluss des § 287 Satz 2, 2. HS.

c. Zusammenfassung

<u>III. Rechtsfolge des § 283: Schadensersatz statt der Leistung</u>

B. Ergebnis

Lösung zu Fall 4: „Marksburg in Flammen" (Ausgangsfall)

(Verhältnis des Grundtatbestandes des § 280 Abs. 1 zu den §§ 280 Abs. 3, 283; Nichtleistung trotz Fälligkeit als Pflichtverletzung im Sinne des § 280 Abs. 1; Unmöglichkeit der Leistung als „zusätzliche Voraussetzung" im Sinne der §§ 280 Abs. 3, 283; Schadensersatz statt der Leistung bei nachträglicher Unmöglichkeit nach § 283; Anwendbarkeit des § 283 auf nicht synallagmatische Pflichten; Zurückverweisung des § 283 auf § 280 Abs. 1; verschärfte Haftung „wegen der Leistung" für Zufall nach § 287 Satz 2; Voraussetzungen des Schuldnerverzugs nach § 286)

A. V könnte gegen E gemäß §§ 280 Abs. 1 und 3, 283 einen Anspruch auf Schadensersatz statt der Leistung (Wert des Stiches) in Höhe von 100 EUR haben.

I. Voraussetzungen der Grundnorm des § 280 Abs. 1

Dazu müsste E nach § 280 Abs. 1 Satz 1 eine Pflicht aus einem Schuldverhältnis verletzt haben. Die Schadensersatzpflicht tritt nach § 280 Abs. 1 Satz 2 nicht ein, wenn der Schuldner die Pflichtverletzung nicht zu vertreten hat.

1. Wirksames Schuldverhältnis (hier: Leihvertrag)[3]

Indem der Verleiher V der Entleiherin E den Kupferstich zum unentgeltlichen Gebrauch (Besichtigung des Stichs durch die Tante) überlassen hat, ist ein formlos gültiger Leihvertrag im Sinne der §§ 598 ff. zustande gekommen.

2. Pflichtverletzung (hier: Verletzung der Rückgabepflicht aus § 604 Abs. 1)

Ferner müsste E eine Pflicht aus dem Schuldverhältnis verletzt haben. Das Ausbleiben der rechtzeitigen Erfüllung einer einredefreien und fälligen Schuld stellt bereits eine Pflichtverletzung im Sinne des Grundtatbestandes des § 280 Abs. 1 Satz 1 dar. E könnte hier die Rückgabepflicht aus § 604 Abs. 1 verletzt haben, indem sie es unterließ, den Stich an V zurückzugeben[4]. Diese Pflicht müsste einredefrei und vor allem fällig gewesen sein. Nach § 604 Abs. 1 ist der Entleiher verpflichtet, die geliehene Sache nach Ablauf der für die Leihe bestimmten Frist zurückzugeben. Mangels einer vereinbarten Leihzeit ist der Rückgabeanspruch nicht nach § 604 Abs. 1 fällig geworden. § 604 Abs. 2 Satz 1, wonach der Rückgabeanspruch nach Beendigung des vertragsgemäßen Gebrauchs fällig wird, ist hier ebenfalls nicht erfüllt, da die Tante bislang den Stich noch nicht besichtigt hat. Allerdings kann der Verleiher nach § 604 Abs. 2 Satz 2 die Sache schon vorher zurückfordern, wenn so viel Zeit verstrichen ist, dass der Entleiher den vertraglich vorgesehenen Gebrauch hätte machen können. Hier ist seit dem Entleihen im Februar und der ersten Rückforderung im Juli

---

[3] **Merke:** In § 280 Abs. 1 Satz 1 ist formuliert, dass der Schuldner eine Pflicht aus dem Schuldverhältnis verletzt. Darunter fallen nicht nur Verträge, sondern auch gesetzliche Schuldverhältnisse (z. B. §§ 812 ff., §§ 677 ff.). Es genügen ferner vorvertragliche Beziehungen (§ 311 Abs. 2: („Ein Schuldverhältnis ... entsteht auch") sowie Vertrauensbeziehungen im Sinne des § 311 Abs. 3 („Ein Schuldverhältnis kann auch ... entstehen"). Vgl. hierzu Münch, Jura 2002, 361 (363); Senne, JA 2002, 424 (425) sowie Frage 3 zu Fall 6, S. 99/100

[4] **Wichtiges zum Prüfungsaufbau:** Die Ursache für die Nichtleistung (hier: unterlassene Rückgabe) ist im Rahmen der § 280 Abs. 1 Satz 1 (noch) nicht relevant, vgl. Anwaltkommentar/Dauner-Lieb, § 280 Rdnr. 58; Münch, Jura 2002, 361 (364)

ca. ein halbes Jahr vergangen, sodass während dieser Zeit der Gebrauch – Besichtigung des Stiches durch die Tante – unschwer hätte erfolgen können. Demzufolge war der Rückforderungsanspruch des V zumindest seit Anfang Juli fällig. Der Anspruch ist schließlich auch nicht einredebehaftet.

Indem E den Stich nicht zurückgegeben hat, hat sie die seit Anfang Juli fällige und einredefreie Rückgabepflicht des § 604 Abs. 1 aus dem Leihvertrag verletzt.

Wichtiger Einschub zum Verhältnis des § 280 Abs. 1 zu §§ 280 Abs. 3, 283[5]:

Bisweilen findet man in Klausurlösungen schon an dieser Stelle die Prüfung der zusätzlichen Voraussetzung des § 283, also der Unmöglichkeit[6]. Diese Vorgehensweise beruht darauf, dass man zum Teil die Unmöglichkeit als den notwendigen gedanklichen Anknüpfungspunkt für die Pflichtverletzung ansieht. Eine solche Sichtweise ist den früheren Anspruchsnormen der §§ 280, 325 BGB a. F. zu sehr verhaftet. Vor allem aber ist **eine dergestalt „verkürzte" Prüfung der Grundnorm des § 280 Abs. 1 schlicht mit dem Gesetz nicht vereinbar.** Otto stellt in diesem Kontext heraus, dass nicht recht deutlich werde, worin die Pflichtverletzung im Falle des § 280 Abs. 1 genau bestehe. Wird dem Schuldner vorgeworfen, so fragt Otto, dass er die vertraglich geschuldete Leistungspflicht nicht erfüllt hat, oder dass er die Erfüllung im Sinne von § 275 „unmöglich" gemacht hat. Das Verschuldensprinzip, so Otto, harmoniere nur mit der zweiten Deutung, **der Wortlaut nur mit der ersten**[7]. **Nach der gesetzlichen Neukonzeption müssen eindeutig beide Umstände kumulativ (vgl. § 280 Abs. 3: „zusätzlich") erfüllt sein.** Es geht demgegenüber nicht an, den vom Gesetzgeber benutzten Begriff der zusätzlichen Voraussetzung im Sinne einer besonderen Qualifikation, die die allgemeine Pflichtverletzung des § 280 Abs. 1 quasi verdrängt[8], zu verbiegen. Eine solche Sichtweise schließt der Begriff „zusätzlich" gerade aus[9]. Der Ersatz des durch die Unmöglichkeit eingetretenen Schadens statt der Leistung erfordert es, dass (auf Tatbestandsseite) zunächst die Voraussetzungen des § 280 Abs. 1 erfüllt sind, da der Schadensersatzanspruch selbst sich aus der Generalklausel des § 280 Abs. 1 ergibt und § 283 nur zusätzliche Voraussetzungen im Sinne von § 280 Abs. 3 aufstellt[10].

---

[5] **Wichtig**: Diese **Erläuterungen gehören nicht in die gutachtliche Lösung**, da der Aufbau für sich sprechen sollte. Sie betreffen **aber eine Kernfrage des reformierten Rechts**, die derzeit (noch) nicht gelöst ist.

[6] So etwa Rauda/Zenthöfer, 55 Fälle, S. 21; Senne, JA 2002, 424 (431).

[7] Otto, Jura 2002, 1 (5); MünchKomm/Ernst, § 280 Rdnr. 15 muss einräumen, dass der Vorzug dieser Konzeption darin liegt, einen **einheitlichen subsumtionsfähigen Begriff der Pflichtverletzung** zu bieten. Damit entspricht allein diese Sichtweise der Neukonzeption mit ihrem einheitlichen Grundtatbestand des § 280 Abs. 1.

[8] **In diesem Sinne ist wohl MünchKomm/Ernst, § 283 Rdnr. 4 zu verstehen. § 283 ergänze sich mit § 280 Abs. 1 zu einer Anspruchsgrundlage.** Im Falle des § 283, so Ernst, sei der Nichterhalt der Leistung infolge des eingetretenen Verlusts des Erfüllungsanspruchs die „Pflichtverletzung". Andererseits muss Ernst dann einräumen, dass (nach seiner Sichtweise) objektive Störungen als Pflichtverletzung zu bezeichnen sind, was sich von einem Verständnis des Begriffs entferne. Diese Eigentümlichkeiten seien aber hinzunehmen. Vgl. MünchKomm/Ernst, § 280 Rdnr. 12

[9] So treffend und eindeutig Schapp, JZ 2001, 583 (586)

[10] Vgl. hierzu Anwaltkommentar/Dauner-Lieb, § 281 Rdnr. 10

Prüfungstechnisch ist also wie folgt zu verfahren:

Zunächst ist die Pflichtverletzung im Sinne des **§ 280 Abs. 1 Satz 1**, also hier schlicht die Nichterfüllung der fälligen Rückgabepflicht festzustellen. Dieses objektive Verletzungsfaktum allein enthält indessen noch keinen Schuldvorwurf. Bei der folgenden Prüfung des **§ 280 Abs. 1 Satz 2** ist darzulegen, dass E zwar hätte leisten können, es gleichwohl schuldhaft nicht getan hat. An die Prüfung der Grundnorm des § 280 Abs. 1 schließen sich die **„zusätzlichen Voraussetzungen" (vgl. § 280 Abs. 3) des § 283,** also zuerst der Eintritt der Unmöglichkeit an. Sodann ist anlässlich der **Zurückverweisung des § 283 Satz 1 auf § 280 Abs. 1 Satz 2** zu prüfen, ob E die Ursache für den Eintritt der Unmöglichkeit zu vertreten hat.

Ob und inwieweit Rechtsprechung und Rechtswissenschaft dieses gesetzliche Anspruchssystem mit hohem argumentativen Aufwand uminterpretieren werden, indem sie möglicherweise den in § 280 Abs. 3 verwendeten Begriff „zusätzlich" verbiegen, bleibt abzuwarten. **Zumindest dem Studierenden kann man ein eigenmächtiges Abweichen vom eindeutigen Wortlaut des Gesetzes in den Klausuren und Hausarbeiten derzeit nicht empfehlen, zumal auch unterschiedliche Ergebnisse daraus resultieren können[11].**

3. Vertretenmüssen (§ 280 Abs. 1 Satz 2)
(Keine Exkulpation in Bezug auf die Nichtrückgabe des Stichs)

Aufgrund der hier erfüllten Haftungsvoraussetzungen des § 280 Abs. 1 Satz 1 kann der Gläubiger grundsätzlich Ersatz des hierdurch entstandenen Schadens verlangen. Allerdings gilt dies nach § 280 Abs. 1 Satz 2 nicht, wenn der Schuldner die Pflichtverletzung nicht zu vertreten hat. Aus dieser negativen Formulierung ergibt sich, dass die Schadensersatzhaftung als eine solche für vermutetes Verschulden konzipiert ist[12]. Falls E sich exkulpieren kann, tritt die Haftung nicht ein. E müsste also die gesetzliche Verschuldensvermutung widerlegen. Dazu müsste sie darlegen und notfalls beweisen, dass sie die Nichtrückgabe nicht zu vertreten hat. Gründe zu ihrer Entlastung für die Nichterfüllung der fälligen Rückgabepflicht aus § 604 Abs. 1 hat E nicht vorgebracht. Sie wird demnach das vermutete Verschulden nicht widerlegen können. E hat im Gegenteil den Stich nicht zurückgegeben, weil sie „Besseres zu tun hatte". Mit diesem nachlässigen Verhalten ist sogar erwiesen, dass sie die im Verkehr erforderliche Sorgfalt außer Acht gelassen und somit nach § 276 Abs. 2 zumindest fahrlässig gehandelt hat. Diese Fahrlässigkeit hat sie nach § 276 Abs. 1 Satz 1 zu vertreten[13].

4. Kausaler Schaden

Freilich ist durch die bloße Nichtrückgabe als solche noch kein Schaden entstanden. Dennoch ist die Nichtrückgabe conditio sine qua non und damit kausal im Sinne der Äquivalenztheorie für die später eingetretene Unmöglichkeit sowie den durch sie verursachten Schaden.

---

[11] Vgl. dazu das von mir gebildete Beispiel in Fn. 22 zu diesem Fall

[12] Anwaltkommentar/Dauner-Lieb, § 280 Rdnr. 60

[13] Auf diese positive Feststellung des Verschuldens kommt es eigentlich nicht mehr an, da jedenfalls die Verschuldensvermutung des § 280 Abs. 1 Satz 2 wegen insoweit fehlender Anhaltspunkte im Sachverhalt von E nicht zu widerlegen sein dürfte. Dennoch sind Ausführungen zu ersichtlich sorgfaltswidrigem Verhalten an dieser Stelle nicht selten zu finden, um das Ergebnis zu untermauern. Ich halte das nicht für abträglich. Vgl. dazu auch die Ausführungen und Nachweise in der Fn. 19 zu Fall 2 (S. 22)

5. Ersatzfähigkeit des Schadens
Als Folge des erfüllten Grundtatbestandes des § 280 Abs. 1 Satz 1 hat E Schadensersatz wegen Pflichtverletzung zu leisten. Dieser Anspruch umfasst den Ersatz „einfacher" Schäden[14], gewährt also sog. Schadensersatz neben der Leistung[15].

Vorliegend verlangt V indessen Ersatz desjenigen Schadens (100 EUR), der an die Stelle der nicht mehr möglichen Rückgabe des verbrannten Stiches tritt. Damit macht er Schadensersatz statt der unmöglich gewordenen (Rückgabe-)Leistung[16] geltend. Den Ersatz dieses Schadens gewährt nicht bereits die Grundnorm des § 280 Abs. 1. Er kann gemäß § 280 Abs. 3 vielmehr nur unter den zusätzlichen Voraussetzungen der §§ 281 bis 283 beansprucht werden.

II. Zusätzliche Voraussetzungen (§ 280 Abs. 3) des § 283

Fraglich ist, ob § 283 auch für solche Pflichten gilt, die wie die Nebenleistungspflicht des § 604 Abs. 1 nicht in einem synallagmatischen Austauschverhältnis stehen. Mit Schadensersatz statt der Leistung im Sinne des § 283 könnte nämlich nur ein solcher gemeint sein, der an die Stelle der synallagmatischen Hauptleistungspflichten tritt. Gegen ein derartig restriktives Verständnis spricht aber, dass § 283 für den Schadensersatz bei Unmöglichkeit der Leistung die früheren §§ 280, 325 BGB a. F. zusammenfassend ersetzt. Konsequenterweise gilt § 283 auch für Nebenleistungspflichten[17] und also für die Rückgabepflicht des § 604 Abs. 1[18].

Nach § 283 kann der Gläubiger unter den Voraussetzungen des § 280 Abs. 1 Schadensersatz statt der Leistung verlangen, wenn der Schuldner nach § 275 Abs. 1 bis 3 nicht zu leisten braucht. Hier kommt eine Befreiung von der Rückgabepflicht nach § 275 Abs. 1 in Betracht, da der Stich bei dem Wohnungsbrand völlig zerstört wurde.

1. Nachträgliche[19] Unmöglichkeit (§ 275 Abs. 1)
Nach § 275 Abs. 1 ist der Anspruch auf die Leistung ausgeschlossen, soweit diese für den Schuldner oder für jedermann unmöglich ist. Hier ist die Erfüllung der Rückgabepflicht aus § 604 Abs. 1 infolge des Verbrennens des Stiches für jedermann nachträglich unmöglich geworden. In dieser objektiven nachträglichen Unmöglichkeit liegt die zusätzliche Voraussetzung im Sinne des § 280 Abs. 3, die zum Ausschluss der Rückgabepflicht nach § 275 Abs. 1 führt[20].

---

[14] Vgl. dazu Fall 1, S. 5 ff.

[15] Der Verzögerungsschaden ist, nebenbei bemerkt, ein weiterer Schaden, der neben der Leistung anfällt. Vgl. Frage 2 zu Fall 9, S. 153/154

[16] Vgl. dazu auch Anwaltkommentar/Dauner-Lieb, § 280 Rdnrn. 36 und 37; vgl. ferner Anwaltkommentar/Dauner-Lieb, § 283 Rdnr. 4, die darauf hinweist, dass es für die Leistungskategorie der Unmöglichkeit begriffsnotwendig um einen Schadensersatz statt der Leistung gehe.

[17] So im Hinblick auf § 281 ausdrücklich Dauner-Lieb im Anwaltkommentar, § 281 Rdnr. 9

[18] Das gleiche hat im Falle der ausbleibenden Rückgabe einer Mietsache zu gelten, denn auch die in § 546 normierte Rückgabepflicht des Mieters steht nicht im mietvertraglichen Austauschverhältnis (Gebrauchsüberlassung gegen Zahlung der Miete) des § 535.

[19] In den Fällen anfänglicher Unmöglichkeit ist § 311 a Abs. 2 die einschlägige Anspruchsgrundlage für den Schadensersatz. Vgl. Anwaltkommentar/Dauner-Lieb, § 283 Rdnr. 5

[20] **Wichtig:** Kritisch demgegenüber Anwaltkommentar/Dauner-Lieb, § 283 Rdnr. 4, wonach man in der nachträglichen Unmöglichkeit „nur schwer eine zusätzliche Voraussetzung" entdecken könne, da die Unmöglichkeit den notwendigen gedanklichen Anknüpfungspunkt bilde, um überhaupt eine Pflichtverletzung im Sinne des § 280 Abs. 1 bejahen zu können. Zustimmend Blank, Schuldrecht

2. Zurückverweisung des § 283 auf § 280 Abs. 1 Satz 2 (Exkulpation in Bezug auf den Wohnungsbrand?)

Entsprechend der Zurückverweisung des § 283 auf § 280 Abs. 1 ist das Kriterium des vermuteten Verschuldens jetzt in Bezug auf den Eintritt der Unmöglichkeit zu prüfen. Schadensersatz statt der Leistung kann dementsprechend nicht beansprucht werden, wenn sich der Schuldner in Bezug auf den die nachträgliche Unmöglichkeit verursachenden Umstand entlasten kann (vgl. § 280 Abs. 1 Satz 2). Es fragt sich also, ob E den Wohnungsbrand als den Umstand, durch den die Unmöglichkeit herbeigeführt wurde, zu vertreten hat[21]. E müsste hierzu darlegen und im Bestreitensfalle beweisen, aus welchen Gründen sie den Wohnungsbrand nicht zu vertreten hat[22].

In diesem Kontext hat E wahrheitsgemäß darauf hingewiesen, dass sich die K ohne ihr Wissen unbefugt mit dem versteckten Schlüssel Zugang zu der Wohnung verschafft und den Brand ausgelöst hat. Sie hat also ihr fehlendes Verschulden eingewendet und könnte so die Verschuldensvermutung widerlegt haben.

a. Verschulden nach § 276 Abs. 1

Nach § 276 Abs. 1 Satz 1 hat der Schuldner grundsätzlich Vorsatz und Fahrlässigkeit zu vertreten. Insofern ist, was die Entstehung des Wohnungsbrandes betrifft, nicht ersichtlich, dass E die im Verkehr erforderliche Sorgfalt außer Acht gelassen hat (§ 276 Abs. 2). E beruft sich zu Recht darauf, dass sie den Wohnungsbrand nicht verschuldet hat. Anders wäre der Fall etwa dann gelagert, wenn E die Nutzung ihrer Wohnung der K überlassen hätte, obwohl ihr die K als eine beim Fernsehen einschlafende Raucherin bekannt war. E wird sich somit von einem Verschuldensvorwurf im Sinne der Fahrlässigkeit entlasten können.

E könnte aber insofern eine verschärfte Verantwortlichkeit treffen, als dem Wohnungsbrand ihr nachlässiges Verhalten, den Stich seit geraumer Zeit ohne triftigen Grund nicht zurückge-

---

AT II, S. 31. Diese Argumentation berücksichtigt indes nicht ausreichend, dass die bloße Nichtleistung trotz Fälligkeit, also die Nichterfüllung schon die in § 280 Abs. 1 Satz 1 zu prüfende Pflichtverletzung ist. **Der Umstand, dass eine Leistung unmöglich ist, stellt demgegenüber schon begrifflich keine Pflichtverletzung, sondern eben nur eine „zusätzliche Voraussetzung" dar.**

[21] So zutreffend Mattheus, JuS 2002, 209 (213)

[22] **Wichtig:** Hier wird deutlich, dass **Sie erneut die Frage des Vertretenmüssens zu prüfen** haben. Nachdem dies zunächst bezogen auf die Nichtleistung trotz Fälligkeit unmittelbar bei der Prüfung der Grundnorm (§ 280 Abs. 1) geschehen ist, hat dies nun anlässlich der Zurückverweisung des § 283 auf § 280 Abs. 1 ein zweites Mal, jetzt allerdings in Bezug auf den die Unmöglichkeit herbeiführenden Umstand, zu geschehen. Falls Sie entgegen der Neukonzeption die Prüfung des § 280 Abs. 1 verkürzen und mit § 283 zusammenfassen, wovor nochmals ausdrücklich gewarnt sei, können Sie zu unterschiedlichen Ergebnissen gelangen. **Nehmen Sie zum Beispiel folgende Sachverhaltsgestaltung:** Die E kommt kurz vor Fälligkeit der Rückgabepflicht wegen eines schweren Unfalls unvorhersehbar auf die Intensivstation. Wird wenig später die Rückgabe fällig, so hat E die Nichtrückgabe trotz Fälligkeit (= Nichterfüllung) jedenfalls solange nicht zu vertreten, wie sie wegen der Intensivbehandlung noch nicht einmal einen Angehörigen mit der Rückgabe beauftragen kann. Gleichwohl kann sie aber etwa einen während ihrer Intensivbehandlung ausbrechenden Wohnungsbrand, also den die Unmöglichkeit verursachenden Umstand, zu vertreten haben, wenn sie etwa die Kochplatte angelassen hat. Nach der hier befürworteten Prüfung, die allein dem Gesetzeswortlaut entspricht, würde ein Schadensersatz statt der Leistung nach den §§ 280 Abs. 1 und 3, 283 schon an der nicht erfüllten Grundnorm des § 280 Abs. 1 scheitern. Demgegenüber würden etwa Rauda/Zenthöfer, 55 Fälle, S. 21 konsequenterweise eine Schadensersatzpflicht der E zu bejahen haben, indem sie die Prüfung des § 280 Abs. 1 verkürzen und allein ein Verschulden in Bezug auf den die Unmöglichkeit herbeiführenden Wohnungsbrand für die Schadensersatzhaftung ausreichen lassen. Ein solches Ergebnis widerspräche zu Lasten des Haftenden den gesetzlichen Vorgaben.

geben zu haben, vorangegangen war. Aufgrund dieses Verhaltens könnte sie mehr als Fahrlässigkeit zu vertreten haben[23].

b. Verschärfte Verantwortlichkeit nach § 287 Satz 2 während des Verzugs
E könnte für den Brand und damit für die Unmöglichkeit der Rückgabe(-leistung) des Stiches nach § 287 Satz 2 verantwortlich sein, ohne dass man ihr insofern einen Fahrlässigkeitsvorwurf machen müsste. Nach § 287 Satz 2 haftet der Schuldner während des Verzugs „wegen der Leistung auch für Zufall", es sei denn, dass der Schaden auch bei rechtzeitiger Leistung eingetreten wäre. Zu prüfen ist also, ob E sich zum Zeitpunkt des Wohnungsbrandes im Schuldnerverzug befunden hat.

aa. Schuldnerverzug nach § 286
Um mit der Rückgabe des Stiches im Sinne des § 286 in Schuldnerverzug zu geraten, müsste E auf eine Mahnung des Gläubigers, die nach dem Eintritt der Fälligkeit erfolgt ist, nicht geleistet haben (vgl. § 286 Abs. 1 Satz 1).

(1). Fälligkeit der Leistung
Hier war die Rückgabeverpflichtung aus § 604 Abs. 1, wie bereits im Vorhergehenden dargelegt, nach § 604 Abs. 2 Satz 2 jedenfalls seit Anfang Juli fällig.

(2). Mahnung
Die Mahnung muss inhaltlich das Verlangen des Gläubigers zum Ausdruck bringen, der Schuldner solle die fällige Leistung bewirken. Sie weist den Schuldner darauf hin, dass das weitere Ausbleiben der Leistung rechtlich nachteilige Folgen haben kann[24]. Das eindringliche schriftliche Ersuchen des V Anfang August erfüllt diese Voraussetzungen. Eine Fristsetzung ist zur Mahnung nicht erforderlich.

(3). Nichtleistung trotz Mahnung
E hat trotz des Mahnschreibens des V den Stich nicht zurückgegeben, was ihr bis zum Brand im September noch möglich gewesen wäre.

Damit sind seit Anfang August sämtliche verzugsbegründenden Umstände erfüllt.

(4). Nichtleistung nicht zu vertreten? (§ 286 Abs. 4)
Nach § 286 Abs. 4 kommt der Schuldner aber (ausnahmsweise) nicht in Verzug, solange die Leistung infolge eines Umstandes unterbleibt, den er nicht zu vertreten hat. Demzufolge ist wie nach dem § 285 BGB a. F. das Vertretenmüssen keine haftungsbegründende Voraussetzung des Verzugs, sondern das Nichtvertretenmüssen als Grund für eine Befreiung von den Verzugsfolgen anzusehen. Bereits im Rahmen des § 280 Abs. 1 Satz 2 wurde bejaht, dass die Nichtrückgabe des Stiches auf Nachlässigkeit beruhte. Der Vorschrift des § 286 Abs. 4

---

[23] Vertretenmüssen ist gegenüber Verschulden der weiter gefasste Begriff, der auch in § 280 Abs. 1 Satz 2 verwendet ist; vgl. zum Vertretenmüssen Bertermann, Klausuraufbauschemen Schuldrecht 2002, S. 51/52

[24] Senne, JA 2002, 424 (427); Römer, Privatrecht, S. 140

kommt demnach hier keine eigenständige Bedeutung zu[25]. Damit bleibt es bei dem Ergebnis, dass E sich seit Anfang August im Schuldnerverzug befand.

bb. Folge des Verzugs: Haftung auch für Zufall nach § 287 Satz 2

Besondere Folge des Schuldnerverzugs ist es, dass E „wegen der Leistung"[26] auch für Zufall haftet. Das bedeutet, während ihres Verzuges muss E auch für Leistungsstörungen – hier also für die Unmöglichkeit - einstehen, die sie eben nicht nach § 276 Abs. 1 Satz 1 verschuldet hat, sondern die zufällig eingetreten sind. Zufall in diesem Sinne liegt bereits vor, wenn keine der Vertragsparteien den zur Unmöglichkeit führenden Umstand verschuldet hat[27]. Da weder V noch E den Wohnungsbrand fahrlässig herbeigeführt haben, ist Zufall im vorgenannten Sinne gegeben. Dass die Kommilitonin K als Dritte grobfahrlässig den Wohnungsbrand verursacht hat, steht der Annahme eines zufälligen Untergangs des Stiches im Verhältnis der Parteien des Leihvertrages zueinander nach der genannten Definition des Zufallsbegriffs nicht entgegen. Nach alledem haftet E wegen der unmöglich gewordenen Rückgabe nach § 287 Satz 2 auch ohne Verschulden für Zufall.

cc. Haftungsausschluss des § 287 Satz 2, 2. HS.

Die Regelung in § 287 Satz 2, 2. HS. lässt die den säumigen Schuldner treffende Zufallshaftung nicht eintreten, wenn der Schaden auch bei rechtzeitiger Leistung eingetreten sein würde. Dies wäre nur ausnahmsweise anzunehmen, wenn nach Eintritt des Verzugs infolge eines Wohnungsbrandes beim Gläubiger dessen gesamte Einrichtung zerstört worden wäre oder die Sache etwa bei einem Einbruchsdiebstahl in der Wohnung des Gläubigers entwendet worden wäre[28]. Unter solchen Umständen könnte E sich darauf berufen, dass der Stich im Falle rechtzeitiger Rückgabe bei dem Gläubiger zerstört worden wäre[29]. Vorliegend fehlt indes jeglicher Anhalt dafür, dass der Stich im Falle rechtzeitiger Leistung – also hypothetisch betrachtet - beim Gläubiger zerstört worden oder abhanden gekommen wäre. Es bleibt hier somit bei der Zufallshaftung.

c. Zusammenfassung

Da die E demnach wegen der Unmöglichkeit der Leistung auch für Zufall haftet, ist es ihr nicht möglich, sich im Hinblick auf den Eintritt der Unmöglichkeit der Rückgabe des Stiches zu exkulpieren. Damit ist auch § 280 Abs. 1 Satz 2, auf den § 283 zurückverweist, hinsichtlich des die Unmöglichkeit verursachenden Umstandes (Wohnungsbrand) erfüllt.

---

[25] Da § 286 aber auch die Voraussetzungen für andere Rechtsfolgen des Verzuges (z.B. Verzugszinsen nach § 288) betrifft, bedarf es dieser nochmaligen Regelung des Vertretenmüssens. Vgl. Senne, JA 2002, 424 (428)

[26] Aus dieser neuen Formulierung wird zum Teil abgeleitet, dass die verschärfte verschuldensunabhängige Zufallshaftung nur bei den Haupt- und Nebenleistungspflichten eingreift. Insbesondere im Hinblick auf Schutzpflichten, die zugunsten der nicht vom Schuldverhältnis berührten Rechtsgüter des Gläubigers bestehen, soll es bei der verschuldensabhängigen Haftung bleiben. So etwa Schulte-Nölke im Anwaltkommentar, § 287 Rdnr. 3

[27] Palandt/Heinrichs, § 276 Rdnr. 135; zum Zufallsbegriff s. ferner Erman/Battes, § 287 Rndr. 2

[28] Erman/Battes, § 287 Rdnr. 4

[29] Der durch Untergang der Sache bereits entstandene Schadensersatzanspruch wird aber durch eine nachträglich im Bereich des Gläubigers auftretende hypothetische Schadensursache grundsätzlich nicht mehr beseitigt. Zu der Frage, zu welchem Zeitpunkt der hypothetische Kausalverlauf beginnt und wann er endigt, vgl. Erman/Battes, § 287 Rdnr. 4

III. Rechtsfolge des § 283: Schadensersatz statt der Leistung

V kann somit nach §§ 280 Abs.1 und 3, 283 Schadensersatz statt der Leistung beanspruchen. Dabei läuft hier der Schadensersatz auf den Ersatz des Wertes der zurückzugebenden Sache hinaus[30]. Der Wert des Stiches beträgt nach den nicht bestrittenen Angaben 100 EUR.

B. Ergebnis

V kann von E somit nach §§ 280 Abs. 1 und 3, 283 die Zahlung von 100 EUR verlangen.

[30] So in etwas anderem Kontext Dauner-Lieb im Anwaltkommentar, § 281 Rdnr. 9

Prüfungsschema zur 1. Abwandlung von Fall 4 („Marksburg in Flammen“)

A. Schadensersatz statt der Leistung nach §§ 280 Abs. 1 und 3, 281

I. Voraussetzungen der Grundnorm des § 280 Abs. 1

II. Zusätzliche Voraussetzungen (§ 280 Abs. 3) des § 281

1. **Nicht oder nicht ordnungsgemäß erbrachte fällige (mögliche) Leistung**
2. **Frist zur Leistung/Nacherfüllung**
   (hier: Entbehrlichkeit der Fristbestimmung nach § 281 Abs. 2)
3. **Erfolgloser Fristablauf**
4. **Zurückverweisung des § 281 Abs. 1 Satz 1 auf § 280 Abs. 1**

III. Rechtsfolge des § 281 Abs. 1: Schadensersatz statt der Leistung

B. Ergebnis

Lösung zur 1. Abwandlung von Fall 4 („Marksburg in Flammen")

(Grundtatbestand des § 280 Abs. 1; Schadensersatz statt der Leistung bei nicht wie geschuldet erbrachter Leistung nach § 281; Anwendung des § 281 auch auf nicht synallagmatisch verbundene Pflichten; Entbehrlichkeit einer Nacherfüllungsfrist nach § 281 Abs. 2; Zurückverweisung des § 281 Abs. 1 Satz 1 auf § 280 Abs. 1)

A. V könnte gegen E gemäß § 280 Abs. 1 und 3 i. V. m. § 281 einen Anspruch auf Ersatz der Restaurationskosten in Höhe von 60 EUR haben.

I. Voraussetzungen der Grundnorm des § 280 Abs. 1

Wie bereits ausgeführt, hat E die fällige Rückgabepflicht des § 604 Abs. 1 (zunächst[31]) nicht erfüllt und somit eine Pflicht aus dem Leihvertrag verletzt. Ferner hat E die Nichtrückgabe nach Fälligkeit zu vertreten (keine Exkulpation nach § 280 Abs. 1 Satz 2). Der einheitliche Grundtatbestand des § 280 Abs. 1 ist demnach hier ebenso wie im Ausgangsfall erfüllt.

Die von V geltend gemachten Restaurationskosten in Höhe von 60 EUR treten als Schaden an die Stelle einer ordnungsgemäßen Rückgabe(-leistung)[32]. Sie stellen demnach keine „einfachen" Schäden dar und werden folglich nicht nach § 280 Abs. 1 ersetzt. Der hier begehrte Schadensersatz statt der Leistung kann vielmehr nach § 280 Abs. 3 nur unter den zusätzlichen Voraussetzungen der §§ 281 bis 283 verlangt werden.

II. Zusätzliche Voraussetzungen (§ 280 Abs. 3) des § 281

Diesmal ist der Kupferstich bei der Feuersbrunst lediglich beschädigt worden. Somit ist kein Fall von Unmöglichkeit gegeben. Laut Sachverhalt konnten die Beschädigungen des Stiches im Wege der Restauration beseitigt werden. Mithin liegt auch keine „qualitative Unmöglichkeit"[33] vor. Damit greift § 283, der speziell die nachträgliche Unmöglichkeit betrifft[34], nicht ein. § 282 betrifft den Fall, dass nicht die Haupt- oder Neben<u>leistungs</u>pflichten, sondern Begleitpflichten im Sinne des § 241 Abs. 2 verletzt werden und passt somit hier ebenfalls nicht.

In Betracht kommt demzufolge nur § 281. Diese Vorschrift fasst die früheren Tatbestände der §§ 286 Abs. 2 und 326 BGB a. F. zusammen und findet demzufolge auch auf nicht synallagmatische Pflichten Anwendung[35]. Gemäß § 281 Abs. 1 Satz 1 kann der Gläubiger,

---

[31] **Wichtig:** An dieser Stelle kommt es <u>noch nicht</u> auf die zusätzliche Voraussetzung im Sinne des § 281 an, <u>innerhalb einer angemessenen Frist</u> die Leistung nicht oder nicht wie geschuldet erbracht zu haben. Es wäre nicht nachzuvollziehen, wenn bereits im Rahmen des einheitlichen Grundtatbestandes unterschiedliche Pflichtverletzungen zur Sprache kommen würden, je nach dem, ob ein Fall des § 281 oder § 283 geprüft wird.

[32] In diesem Zusammenhang findet sich die Formulierung, die Leistung werde „funktional ersetzt", vgl. etwa Blank/Schuldrecht AT II, S. 28

[33] Vgl. zu diesem Begriff ausführlich Fall 2, S. 21

[34] **Wichtig:** § 283 ist gegenüber § 281 lex specialis. Dies ergibt sich schon daraus, dass in den Fällen der Unmöglichkeit (§ 275 Abs. 1) bzw. der Befreiung von der Leistungspflicht aufgrund von Einreden (§ 275 Abs. 2 und Abs. 3) eine Fristsetzung zum Nachholen der Leistung sinnlos wäre. Vgl. hierzu die Gesetzesbegründung zu § 281, BT-Drucks. 14/6040, S. 138

[35] Anwaltkommentar/Dauner-Lieb, § 281 Rdnr. 9

soweit der Schuldner die fällige Leistung nicht oder nicht wie geschuldet erbringt, unter den Voraussetzungen des § 280 Abs. 1 Schadensersatz statt der Leistung verlangen, wenn er dem Schuldner erfolglos eine angemessene Frist zur Leistung oder zur Nacherfüllung gesetzt hat.

1. Nicht oder nicht ordnungsgemäß erbrachte fällige (mögliche) Leistung

Der Entleiher ist verpflichtet, die Sache in dem Zustand zurückzugeben, der sich nach vertragsmäßigem Gebrauch ergibt (vgl. § 602). E hat hier den Kupferstich in beschädigtem Zustand zurückgegeben. Damit hat sie die seit Anfang Juli fällige Rückgabepflicht des § 604 ersichtlich nicht wie geschuldet erfüllt.

2. Frist zur Leistung/Nacherfüllung
(hier: Entbehrlichkeit der Fristbestimmung nach § 281 Abs. 2)

V hat in seinem Mahnschreiben Anfang August keine Frist zur Leistung gesetzt. Auch als E im September den Stich in beschädigtem Zustand zurückbrachte, hat V keine Frist zur Nacherfüllung (Restauration des Kupferstiches) bestimmt. Allerdings hatte E bei Rückgabe im September die Restauration des Stiches kategorisch, also ernsthaft und endgültig, verweigert. Da in einer solchen Situation die Fristsetzung sinnlos wäre, ist sie nach § 281 Abs. 2, 1. Alt. entbehrlich.

3. Erfolgloser Fristablauf

Die zusätzliche Voraussetzung, an die § 281 Abs. 1 Satz 1 zur Begründung des Schadensersatzes statt der Leistung anknüpft, liegt grundsätzlich darin, trotz Fristsetzung die fällige Leistung nicht oder nicht wie geschuldet innerhalb der angemessenen Frist erbracht zu haben. In Fällen, in denen wie hier schon die Fristsetzung entbehrlich ist, erübrigt sich naturgemäß auch das Tatbestandsmerkmal des erfolglosen Fristablaufs.

4. Zurückverweisung des § 281 Abs. 1 Satz 1 auf § 280 Abs. 1

Infolge der Zurückverweisung auf die Voraussetzungen des § 280 Abs. 1 Satz 2 kann Schadensersatz statt der Leistung nicht verlangt werden, wenn der Schuldner die Pflichtverletzung bzw. hier die „zusätzliche Voraussetzung" nicht zu vertreten hat. Zwar hat E hier eine Frist zur Leistung nicht grundlos verstreichen lassen, da diese nach § 281 Abs. 2 entbehrlich war. Die ernsthafte und endgültige Verweigerung der Nacherfüllung seitens E geschah indessen mit Wissen und Wollen, also vorsätzlich. Eine Exkulpation ist also nicht möglich.

III. Rechtsfolge des § 281 Abs. 1: Schadensersatz statt der Leistung

Infolge der von V veranlassten Restauration des Stiches sind Kosten in Höhe von 60 EUR entstanden. Diese sind als Schaden an die Stelle einer ordnungsgemäßen Rückgabe getreten. Dementsprechend meint die Formulierung in § 281 Abs. 1 "nicht wie geschuldet erbringt" die Schlechterfüllung. Dabei erfasst sie auch die Schlechterfüllung von Nebenleistungspflichten[36], also hier die Rückgabe der entliehenen Sache in nicht vertragsgemäßem Zustand[37].

B. Ergebnis

V kann demzufolge von E nach § 280 Abs. 1 und 3 i. V. m. § 281 Abs. 1 und 2 die Kosten für die Restaurierung in Höhe von 60 EUR als Schadensersatz statt der (ordnungsgemäßen) Leistung[38] beanspruchen.

---

[36] **Wichtig:** In Abgrenzung hierzu erfasst § 282 den Fall, dass der Schuldner zwar seine Haupt- und Nebenleistungspflichten ordnungsgemäß erfüllt, jedoch gegen Pflichten im Sinne von § 241 Abs. 2 verstößt. Vgl. hierzu Anwaltkommentar/Dauner-Lieb, § 282 Rdnr. 1; s. u. Frage 3 zu Fall 7, S. 111

[37] Diese Leistungsstörung hat das bisherige Recht mit Hilfe der positiven Vertragsverletzung (p. V. V.) bewältigt. Vgl. dazu Anwaltkommentar/Dauner-Lieb, § 281 Rdnrn. 7 und 8

[38] Dieser „Schadensersatz statt der ordnungsgemäßen Leistung" entspricht dem früheren kleinen Schadensersatz. Demgegenüber kann der Schadensersatz statt der ganzen Leistung (früher sog. großer Schadensersatz) nur unter den besonderen Voraussetzungen des § 281 Abs. 1 Satz 3 (sog. Bagatellklausel) gefordert werden; vgl. dazu auch Kaiser, Basiswissen, S. 178

Prüfungsschema zur 2. Abwandlung von Fall 4 („Marksburg in Flammen“)

A. Schadensersatz statt der Leistung nach §§ 280 Abs. 1 und 3, 281

I. Voraussetzungen der Grundnorm des § 280 Abs. 1

II. Zusätzliche Voraussetzungen (§ 280 Abs. 3) des § 281

1. **Nicht oder nicht ordnungsgemäß erbrachte fällige (mögliche) Leistung**
2. **Frist zur Leistung/Nacherfüllung**
3. **Erfolgloser Fristablauf**
4. **Zurückverweisung des § 281 Abs. 1 Satz 1 auf § 280 Abs. 1 (keine Exkulpation)**

III. Rechtsfolge des § 281 Abs. 1: Schadensersatz statt der Leistung

B. Ergebnis

Lösung zur 2. Abwandlung von Fall 4 („Marksburg in Flammen“)

(Grundtatbestand des § 280 Abs. 1; Nichtleistung innerhalb bestimmter Nacherfüllungsfrist als zusätzliche Voraussetzung im Sinne der §§ 280 Abs. 3, 281 Abs. 1; Zurückverweisung des § 281 Abs. 1 Satz 1 auf § 280 Abs. 1; Schadensersatz statt der Leistung bei nicht erbrachter Leistung nach § 281 Abs. 1)

A. V könnte gegen E gemäß §§ 280 Abs. 1 und 3, 281 einen Anspruch auf Schadensersatz statt der Leistung (Wert des Stiches) in Höhe von 100 EUR haben.

I. Voraussetzungen der Grundnorm des § 280 Abs. 1

Der einheitliche Grundtatbestand des § 280 Abs. 1 ist wiederum erfüllt. Der von V geltend gemachte Wert in Höhe von 100 EUR tritt als Schaden an die Stelle der Rückgabe(-leistung) nach § 604 Abs. 1 und kann als Schadensersatz statt der Leistung nach § 280 Abs. 3 nur unter den zusätzlichen Voraussetzungen der §§ 281 bis 283 beansprucht werden.

II. Zusätzliche Voraussetzungen (§ 280 Abs. 3) des § 281

§ 283 greift als lex specialis hier nicht ein, da der Kupferstich vollkommen unversehrt ist. § 282 ist ebenfalls nicht einschlägig, da er die Verletzung von Begleitpflichten im Sinne des § 241 Abs. 2 betrifft, so dass hier wiederum § 281 zu prüfen ist.

Nach § 281 Abs. 1 kann der Gläubiger, soweit der Schuldner die fällige Leistung nicht oder nicht wie geschuldet erbringt, unter den Voraussetzungen des § 280 Abs. 1 Schadensersatz statt der Leistung verlangen, wenn er dem Schuldner erfolglos eine angemessene Frist zur Leistung oder zur Nacherfüllung gesetzt hat.

1. Nicht oder nicht ordnungsgemäß erbrachte fällige (mögliche) Leistung

E hat bis September keine Anstalten unternommen, den Stich zurückgegeben. Da V im September Schadensersatz verlangt hat, ist gemäß § 281 Abs. 4 der Anspruch auf die Leistung (Rückgabe der Sache) ausgeschlossen. Anders gewendet bedeutet dies, dass V im September nicht mehr verpflichtet war, den unversehrt gebliebenen Stich zurückzunehmen.

2. Frist zur Leistung/Nacherfüllung

In seinem zweiten Schreiben von Anfang August hat V die E zur fälligen Rückgabe des Stiches aufgefordert und ihr diesmal zugleich eine zweiwöchige Frist gesetzt. V hat also nicht nur gemahnt, sondern hat darüber hinaus der E eine Frist zur Leistung im Sinne des § 281 Abs. 1 bestimmt. Die Frist war ihrer Länge nach angemessen, denn E hätte nichts weiter tun müssen, als den Kupferstich zurückzugeben.

3. Erfolgloser Fristablauf

Darin, dass E diese angemessene Frist hat verstreichen lassen, liegt die „zusätzliche“ Voraussetzung (Pflichtverletzung), die ihr in § 281 Abs. 1 Satz 1 vorgeworfen wird. Denn zur bloßen Nichtleistung trotz Fälligkeit tritt jetzt hinzu, die mögliche Leistung[39] trotz der Fristsetzung nach Fälligkeit[40] nicht erbracht zu haben. Dahinter steht der Gedanke, dem Schuldner eine zweite Chance zu geben, die geschuldete (mögliche) Leistung doch noch in angemessener Frist zu erbringen, bevor er Gefahr läuft, Sekundärrechten ausgesetzt zu sein[41]. Diese Chance hat E vertan.

4. Zurückverweisung des § 281 Abs. 1 Satz 1 auf § 280 Abs. 1 (keine Exkulpation)
Allerdings kann aufgrund der Zurückverweisung des § 281 Abs. 1 Satz 1 auf die Voraussetzungen des § 280 Abs. 1 Satz 2 der Schadensersatz statt der Leistung nicht verlangt werden, wenn der Schuldner die Nichtleistung trotz angemessener Fristsetzung nicht zu vertreten hat. Hier hat E die Rückgabe trotz Fristsetzung im August mindestens fahrlässig unterlassen, indem sie „Besseres zu tun hatte". Damit ist sogar positiv ihr schuldhaftes Handeln im Sinne des § 276 Abs. 1 festgestellt. Infolgedessen ist eine Exkulpation nicht möglich.

<u>III. Rechtsfolge des § 281: Schadensersatz statt der Leistung</u>

Zu der bloßen Nichtleistung trotz Fälligkeit ist, wie dargelegt, die von E zu vertretende Nichtleistung trotz angemessener Nacherfüllungsfrist als verschärfendes Moment des § 281 Abs. 1 hinzugetreten[42]. Aufgrund dessen konnte V hier Schadensersatz statt der Leistung bereits seit ca. Mitte August verlangen.

Vorliegend hat V im September die Annahme der Sache abgelehnt und Schadensersatz statt der Leistung verlangt.

<u>B. Ergebnis</u>
V kann demzufolge nach § 280 Abs.1 und 3 i. V. m. § 281 Abs. 1 Satz 1 Schadensersatz statt der Leistung in Höhe von 100 EUR beanspruchen.

---

[39] Von dem Wortlaut des § 281 abgedeckt wäre zwar auch das auf einem Leistungshindernis im Sinne des § 275 beruhende dauerhafte Ausbleiben der Leistung. Indessen werden diese Fälle von der lex specialis des § 283 erfasst. Vgl. hierzu Anwaltkommentar/Dauner-Lieb, § 281 Rdnr. 7

[40] Zu der Frage, ob eine Fristsetzung bereits vor Fälligkeit möglich ist, vgl. Anwaltkommentar/Dauner-Lieb, § 281 Rdnr. 14, die eine solche vorsorgliche Fristsetzung mit deren Warnfunktion für schwer vereinbar hält.

[41] Anwaltkommentar/Dauner-Lieb, § 280 Rdnr. 49

[42] **Wichtiger Unterschied zum früheren Recht:** Auf die Ablehnungsandrohung im Sinne des § 326 Abs. 1 BGB a. F., die in der Praxis häufig Probleme bereitete, hat der Gesetzgeber nunmehr verzichtet. Vgl. hierzu Anwaltkommentar/Dauner-Lieb, § 281 Rdnr. 12. Allerdings wäre im vorliegenden Fall eine Ablehnungsandrohung ohnehin nicht erforderlich gewesen, weil es sich bei der Rückgabepflicht aus § 604 Abs. 1 nicht um eine im Gegenseitigkeitsverhältnis stehende Hauptleistungspflicht handelt. Allein auf diese war § 326 BGB a. F. anwendbar.

Fragen und Antworten zur Festigung und Abrundung des Wissens (Fall 4)

Frage 1:
Welche Tatbestandsvoraussetzungen hat § 281 Abs. 1?

Frage 2:
Was ist bei der Fristsetzung i. S. v. § 281 Abs. 1 zu beachten?

Frage 3:
Kann die Fristsetzung über die Ausnahmen des § 281 Abs. 2 hinaus auch infolge eines zwischen den Parteien vereinbarten Verzichts entbehrlich sein?

Frage 4:
Kommt es für die Frage, ob die Frist erfolglos abgelaufen ist, auf die Vornahme der Leistungshandlung oder den Eintritt des Leistungserfolges an?

Frage 5:
Welche Rechtsfolgen sieht § 281 Abs. 1 vor?

Antworten auf die Fragen zu Fall 4

zu Frage 1:

§ 281 Abs. 1 hat folgende Tatbestandsmerkmale:

1. Nicht oder nicht ordnungsgemäß erbrachte fällige (mögliche) Leistung
2. Gläubiger hat dem Schuldner eine angemessene Frist zur Leistung/Nacherfüllung gesetzt (Entbehrlichkeit der Fristsetzung nach § 281 Abs. 2 oder Abmahnung nach § 281 Abs. 3)
3. Erfolgloser Ablauf der Frist
4. Keine Widerlegung der Verschuldensvermutung (Zurückverweisung auf § 280 Abs. 1 Satz 2)

zu Frage 2:

Der Anspruch nach § 281 Abs. 1 setzt, wie erwähnt, u. a. voraus, dass der Gläubiger dem Schuldner eine angemessene Frist zur Leistung oder zur Nacherfüllung bestimmt hat.

Mit Hilfe dieser Fristsetzung soll der Schuldner eine letzte Chance zur Erfüllung erhalten, bevor der Gläubiger „auf zweiter Stufe“ vom Vertrag zurücktreten oder Schadensersatz verlangen kann. Dadurch wird der Vorrang des Anspruchs auf (Nach-)Erfüllung herausgestellt[43]. Um ein solches zweites Andienen zu ermöglichen, hat der Gläubiger den Schuldner unmissverständlich zur Leistung/Nacherfüllung aufzufordern. Der Schuldner muss eine konkrete Leistungsaufforderung erhalten. Nacherfüllungsansprüche sind unter Angabe des Mangels und der vom Käufer gewählten Nacherfüllungsmodalität präzise einzufordern[44].

Die dem Schuldner bestimmte Frist muss ihrer Länge nach angemessen sein. Die Angemessenheit richtet sich nach den bereits zu § 326 BGB a. F. vertretenen Grundsätzen. Dementsprechend ist die Frist so zu bemessen, dass es dem Schuldner möglich ist, bei sofortigem Tätigwerden innerhalb der Frist eine bereits angefangene Leistung zu beenden. Wird eine unangemessen kurze Frist gesetzt, so ist diese keineswegs unwirksam, sondern verlängert sich auf eine angemessene Zeitspanne[45].

zu Frage 3:

Die Parteien können auf das Fristsetzungserfordernis des § 281 Abs. 1 wirksam verzichten. Hierbei ist allerdings zu beachten, dass dies nur individualvertraglich zulässig ist und in Allgemeinen Geschäftsbedingungen nach § 309 Nr. 4 (Klauselverbot ohne Wertungsmöglichkeit) unwirksam wäre.

---

[43] Münch, Jura 2002, 361 (365/366)
[44] So Münch, Jura 2002, 361 (366); vgl. ferner Mattheus, JuS 2002, 209 (217)
[45] Vgl. hierzu Senne, JA 2002, 424 (429); zu weiteren Einzelheiten, vgl. Münch, Jura 2002, 361 (366)

zu Frage 4:

Es kommt allein auf die Rechtzeitigkeit der Leistungshandlung an, denn die Vornahme der Leistungshandlung beseitigt die Pflichtverletzung des Schuldners. Es genügt daher etwa bei Vorliegen eines Versendungskaufs die Übergabe an die Versandperson[46].

zu Frage 5:

§ 281 Abs. 1 gewährt einen Anspruch auf Schadensersatz statt der Leistung. Demgemäß hat der Schuldner den Gläubiger so zu stellen, als hätte er ordnungsgemäß erfüllt (= positives Interesse).

Schadensersatz ist grundsätzlich nur in dem Umfang zu leisten, in dem der Schuldner die Leistung nicht oder nicht vertragsgemäß erbracht hat. Allerdings kann im Falle einer Teilleistung nach § 281 Abs. 1 Satz 2 Schadensersatz statt der ganzen Leistung verlangt werden, wenn der Gläubiger an der Teilleistung kein Interesse hat. Da hierdurch der Vertrag insgesamt hinfällig wird, sind an den Interessenwegfall hohe Anforderungen zu stellen[47].

Wird die Leistung nicht wie geschuldet bewirkt (Schlechtleistung), so kann der Gläubiger nach § 281 Abs. 1 Satz 3 Schadensersatz statt der ganzen Leistung nur fordern, wenn die Pflichtverletzung nicht unerheblich ist. Anderenfalls muss er den geleisteten Gegenstand behalten und kann lediglich verlangen, so gestellt zu werden, als ob ordnungsgemäß erfüllt worden wäre. In diesem Fall kann er nur den Wertunterschied zwischen mangelfreier und mangelhafter Sache beanspruchen[48].

Der Anspruch auf die primäre Leistung ist gemäß § 281 Abs. 4 erst mit dem eindeutigen Schadensersatzverlangen des Gläubigers ausgeschlossen. Bis dahin bleibt der Schuldner zur Erfüllung verpflichtet, muss jedoch jederzeit damit rechnen, dass der Gläubiger sich für den Schadensersatz entschließt[49].

---

[46] Anwaltkommentar/Dauner-Lieb, § 281 Rdnr. 15
[47] Eingehend hierzu Senne, JA 2002, 424 (430)
[48] Anwaltkommentar/Dauner-Lieb, § 280 Rdnr. 38
[49] Anschaulich hierzu mit Beispielen, Senne, JA 2002, 424 (429); vgl. zu weiteren Einzelheiten Mattheus, JuS 2002, 209 (217)

Fall 5: „Die verkorkste Weinlieferung“

Sachverhalt:

Richard (R) hat seinen Vetter V zum Abendessen mit anschließender Weinprobe eingeladen. Zum Abschluss bietet R dem V zehn Flaschen 1992er Westhofener Bergkloster, Rheinhessen zum Preis von 10 EUR die Flasche sowie fünf Flaschen 1993er St. Georgener Auslese, Burgenland, Österreich zum Preis von 15 EUR die Flasche an. Er sei froh, einige Flaschen aus seinem überfüllten Weinkeller verkaufen zu können. Von beiden Weinsorten habe er jeweils noch über fünfzig Flaschen. Gerne werde er den Wein morgen bei V vorbeibringen. V ist einverstanden.

Am nächsten Tag wählt R die Flaschen für V aus seinem Kellervorrat aus, packt sie in einen Karton und bittet den S, sie bei V abzuliefern.

Als S bei V erscheint, lehnt dieser die Annahme sämtlicher Flaschen mit Hinweis auf einen Zeitungsbericht vom gleichen Tage ab. In diesem Bericht findet sich unter der Schlagzeile „Österreichs Burgenlandweine mit Glykol versetzt“ eine kurze, inhaltlich allgemein gehaltene Notiz. V meint, dass er angesichts dieser Zeitungsmeldung an den Vertrag nicht mehr gebunden sei. S versichert dem V wahrheitsgemäß, dass nur die jüngeren Jahrgänge 1999 bis 2001 des österreichischen Burgenlandweins von der Verunreinigung betroffen seien. Die Richtigkeit dieser Informationen könne man, was ebenfalls stimmt, durch eine schnelle telefonische Nachfrage verläßlich und unschwer klären. Die Beteuerungen des S stoßen indes bei V auf taube Ohren.

Unverrichteter Dinge tritt S die Rückfahrt an. Auf dem Heimweg erreicht ihn per SMS die dringende Bitte seiner Schwiegermutter, sie beim „Beauty Coiffeur“ abzuholen. S nimmt deswegen eine Abkürzung und fährt mit mehr als 80 km/h über einen weitgehend asphaltierten Feldweg mit vereinzelten Schlaglöchern. Infolge einer „normalen“ und kurzen Unaufmerksamkeit fährt er durch eines der Schlaglöcher. Zwar erreicht S die Schwiegermutter „just in time“, allerdings sind infolge des Aufpralls im Schlagloch alle 15 Weinflaschen zu Bruch gegangen.

R legt die zutreffende Expertise eines unabhängigen Sachverständigen vor, wonach die Burgenlandweine des Jahres 1993 glykolfrei und die Westhofener Bergklosterweine aus Rheinhessen insgesamt nicht von Verunreinigungen betroffen sind.

R verlangt daraufhin von V die Zahlung des Kaufpreises für die zehn Flaschen Westhofener Bergkloster sowie für die fünf Flaschen St. Georgener Auslese in Höhe von insgesamt 175 EUR. Zu Recht?

Prüfungsschema zu Fall 5: „Die verkorkste Weinlieferung“

A. Anspruch des R gegen V auf Zahlung des Kaufpreises von 175 EUR nach § 433 Abs. 2

I. Wirksamer Kaufvertrag

II. Entfallen des Anspruchs infolge wirksamer Anfechtung? (§ 142 Abs. 1)

1. **Anfechtungserklärung (§ 143)**
2. **Anfechtungsgrund (hier: Eigenschaftsirrtum nach § 119 Abs. 2)**
   a. **Freiheit von Glykol als verkehrswesentliche Eigenschaft**
   b. **Verkaufsfähigkeit der Sache**
   c. **Verdacht einer gesundheitsschädlichen Beschaffenheit**
3. **Zwischenergebnis**

III. Wegfall des Anspruchs auf die Gegenleistung nach § 326 Abs. 1?

1. **Schicksal der Gegenleistung nach § 326 Abs. 1 Satz 1 (Grundsatz)**
   a. **Konkretisierung nach § 243**
      aa. **Sachen mittlerer Art und Güte (§ 243 Abs. 1)**
      bb. **Das zur Leistung seinerseits Erforderliche (§ 243 Abs. 2)**
   b. **Ausschluss der Leistungspflicht nach § 275 Abs. 1 (Unmöglichkeit)**

2. Ausnahmen vom Grundsatz der entfallenden Gegenleistung (§ 326 Abs. 2)

a. Alleinige oder weit überwiegende Verantwortlichkeit des Gläubigers (§ 326 Abs. 2 Satz 1, 1. Alt.)

b. Ausnahmetatbestand des § 326 Abs. 2 Satz 1, 2. Alt.

aa. Vom Schuldner nicht zu vertretender Umstand (Haftungsmilderung des § 300 Abs. 1)

bb. Eintritt des Umstandes während des Annahmeverzugs

B. Ergebnis

Lösung zu Fall 5: „Die verkorkste Weinlieferung"

(Anfechtung (§§ 142 Abs. 1, 143); Verdacht einer gesundheitsschädlichen Beschaffenheit als Anfechtungsgrund nach § 119 Abs. 2; Entfallen des Anspruchs auf die Gegenleistung nach § 326 Abs. 1 Satz 1 (Grundsatz); begrenzte Gattungsschuld (Vorratsschuld); Konkretisierung (§ 243); Ausschluss der Leistungspflicht nach § 275 Abs. 1; Ausnahmen vom Grundsatz des § 326 Abs. 1 Satz 1; alleinige oder weit überwiegende Verantwortlichkeit des Gläubigers (§ 326 Abs. 2 Satz 1, 1. Alt.); Annahmeverzug und Unmöglichkeit darf nicht vom Schuldner zu vertreten sein (§ 326 Abs. 2 Satz 1, 2. Alt); Voraussetzungen des Annahmeverzugs (§§ 293, 294, 297); Haftungsmilderung während des Annahmeverzugs nach § 300 Abs. 1)

A. R könnte gegen V nach § 433 Abs. 2 einen Anspruch auf Zahlung des Kaufpreises von 175 EUR haben.

I. Wirksamer Kaufvertrag

Dazu müsste zwischen R und V ein Kaufvertrag zustande gekommen sein. Bei der Weinprobe haben sich R und V über den Kauf von zehn Flaschen Westhofener Bergkloster (1992) sowie fünf Flaschen St. Georgener Auslese (1993) geeinigt. Nach dem Willen der Vertragspartner sollte R die zu liefernden Flaschen aus seinem Vorrat auswählen, der je Sorte mehr als fünfzig Flaschen umfasste. Es handelt sich also um einen Gattungskauf (begrenzte Gattungsschuld = Vorratsschuld).

Demzufolge ist der Anspruch auf Zahlung des Kaufpreises nach § 433 Abs. 2 zunächst entstanden. Fraglich ist, ob der Anspruch entfallen ist.

II. Entfallen des Anspruchs infolge wirksamer Anfechtung? (§ 142 Abs. 1)

Der Kaufvertrag und mit ihm der Anspruch aus § 433 Abs. 2 könnten nach § 142 Abs. 1 von Anfang an (ex tunc) entfallen sein. Dazu müsste V seine Annahmeerklärung[1], mit der die kaufvertragliche Einigung zustande kam, wirksam angefochten haben.

1. Anfechtungserklärung (§ 143)

Die erforderliche Anfechtungserklärung (§ 143 Abs. 1) ist gemäß § 143 Abs. 2 Satz 1 gegenüber dem Vertragspartner abzugeben. Die Erklärung des V, er sei an den Vertrag nicht mehr gebunden, enthält sinngemäß die Anfechtungserklärung[2]. Diese hat V gegenüber dem S, der zumindest (Empfangs-)Bote des R ist, abgegeben, so dass sie dem R wenig später zugegangen ist (§ 130 Abs. 1)[3].

---

[1] Es wäre demgegenüber ungenau, wenn man von der Anfechtung des Kaufvertrages sprechen würde. Denn Gegenstand des Gestaltungsrechts Anfechtung kann nur die eigene, mit Mängeln behaftete Willenserklärung sein. Sie ist das anfechtbare Rechtsgeschäft im Sinne des § 142 Abs. 1. Freilich lässt ihre wirksame Anfechtung den vertraglichen Konsens insgesamt entfallen.

[2] Vgl. hierzu Schapp, Grundlagen, S. 178 (Rdnr. 375)

[3] Würde man den S als Empfangsvertreter im Sinne des § 164 Abs. 3 ansehen, wäre die Erklärung unmittelbar mit der Äußerung gegenüber S auch dem Vertretenen R zugegangen. Wenn man von einer Empfangsbotenschaft ausgeht, geht die Erklärung dem R zu, wenn sie in dessen Machtbereich

2. Anfechtungsgrund (hier: Eigenschaftsirrtum nach § 119 Abs. 2)
Ferner müsste es sich bei der Annahmeerklärung des V um ein anfechtbares Rechtsgeschäft handeln. Dazu müsste einer der im Gesetz abschließend aufgezählten Anfechtungsgründe erfüllt sein. In Betracht kommt hier ein Irrtum über eine verkehrswesentliche Eigenschaft[4], der nach § 119 Abs. 2 als Irrtum über den Inhalt der Erklärung gilt.

a. Freiheit von Glykol als verkehrswesentliche Eigenschaft
Zwar ist bei Weinen die Freiheit von Glykol eine verkehrswesentliche Eigenschaft im Sinne des § 119 Abs. 2. Laut Sachverhalt waren nur Burgenlandweine der jüngeren Jahrgänge 1999 bis 2001 von den Verunreinigungen betroffen, nicht aber die hier verkauften und angelieferten Burgenlandweine des Jahrgangs 1993 oder die rheinhessischen Bergklosterweine. Dies hat die Expertise eines unabhängigen Sachverständigen bestätigt. Die 15 verkauften und angelieferten Weinflaschen entsprachen insoweit dem Verkehrswesentlichen.

b. Verkaufsfähigkeit der Sache
Unter besonderen Voraussetzungen kann die Aufhebung der Verkaufsfähigkeit das Fehlen einer verkehrswesentlichen Eigenschaft bedeuten. Der BGH hat in einem Fall, in dem der Verdacht eines Salmonellenbefalls von Gefrierhasen bestand, entschieden, dass beim Kauf zum Weiterverkauf die praktische Unverkäuflichkeit der Ware nicht lediglich auf allgemeine Markteinflüsse zurückzuführen sei[5], sondern in der gelieferten Ware, jedenfalls aber in den für ihre Wertschätzung maßgebenden sachbedingten Verhältnissen begründet sei[6]. Indessen kommt hier auch unter diesem Gesichtspunkt ein relevanter Eigenschaftsirrtum nach § 119 Abs. 2 schon deswegen nicht in Betracht, weil V den Wein als Privatmann für den Eigenverbrauch gekauft hat. Im Übrigen ist allein aufgrund der kurzen und undifferenzierten Zeitungsnotiz von einer Aufhebung der Verkaufsfähigkeit nicht auszugehen.

c. Verdacht einer gesundheitsschädlichen Beschaffenheit
Allerdings wird bei Nahrungsmitteln nicht nur der Extremfall einer praktischen Unverkäuflichkeit, sondern auch bereits der graduell darunter anzusiedelnde Verdacht einer möglichen gesundheitsschädlichen Verunreinigung als eine der Sache anhaftende verkehrswesentliche Eigenschaft angesehen, wenn dieser Verdacht nicht kurzfristig auszuräumen ist. In Bezug auf den deutschen Wein aus Rheinhessen bestand schon keinerlei Verdacht. Allein im Hinblick auf den österreichischen Burgenlandwein bestanden gewisse Verdachtsmomente. Sie wären aber leicht auszuräumen gewesen. Schon durch eine schnelle telefonische Nachfrage hätte man die vergleichsweise knappen und unkonkreten Angaben des Zeitungsartikels im Hinblick auf die hier in Rede stehenden Weine bzw. Jahrgänge entkräften können.

---

gelangt und R nach dem gewöhnlichen Lauf der Dinge auch die Möglichkeit der Kenntnisnahme hatte. Die Weiterleitung der Erklärung durch S an R wäre, nebenbei bemerkt, nur erforderlich, wenn S lediglich Erklärungsbote des V wäre, was hier aber nicht anzunehmen ist. Vgl. dazu Schapp, Grundlagen, S. 168/169 (Rdnr. 148)

[4] Die dogmatische Einordnung dieses Irrtums ist, was Ihnen bekannt sein sollte, umstritten. Vgl. zu dem Kern des Streits instruktiv Schapp, Grundlagen, S. 182/183 (Rdnr. 385)

[5] Vgl. dazu MünchKomm/Kramer, § 199 Rdnr. 129 und 130

[6] BGHZ 52, 51 (54)

3. Zwischenergebnis
Somit ist die kaufvertragliche Annahmeerklärung des V nicht anfechtbar. Der wirksam zustande gekommene Kaufvertrag kann also nicht nach § 142 Abs. 1 rückwirkend vernichtet werden.

III. Wegfall des Anspruchs auf die Gegenleistung nach § 326 Abs. 1?

Der Anspruch auf Zahlung des Kaufpreises könnte aber gemäß § 326 Abs. 1 Satz 1 entfallen sein.

1. Schicksal der Gegenleistung nach § 326 Abs. 1 Satz 1 (Grundsatz)
Nach § 326 Abs. 1 Satz 1 entfällt der Anspruch auf die Gegenleistung, also auf die Zahlung des Kaufpreises, wenn der Schuldner – hier also der Verkäufer R - nach § 275 Abs. 1 bis 3 nicht zu leisten braucht. Zu prüfen ist also, ob R von seiner Pflicht aus § 433 Abs. 1, dem V das Eigentum an den als begrenzte Gattungsschuld verkauften 15 Weinflaschen zu verschaffen, nach § 275 Abs. 1 bis 3 frei geworden ist. Nach § 275 Abs. 1 ist das der Fall, wenn die Leistung für den Schuldner (subjektiv) oder jedermann (objektiv) unmöglich geworden ist.

In Betracht kommt hier eine objektive Unmöglichkeit. Dazu müsste sich erstens die Schuld auf die angelieferten 15 Flaschen beschränkt (konkretisiert) haben. Durch eine solche Konzentration der Leistung auf bestimmte Stücke der Gattung wird die Gattungsschuld zur Stückschuld.

Zweitens müsste nach dieser Konkretisierung die Leistung der geschuldeten Stücke unmöglich geworden sein.

a. Konkretisierung nach § 243[7]
Nach § 243 Abs. 2 beschränkt (konkretisiert) sich das Schuldverhältnis auf bestimmte Sachen, wenn der Schuldner das zur Leistung seinerseits Erforderliche getan hat.

aa. Sachen mittlerer Art und Güte (§ 243 Abs. 1)
Konkretisierung setzt dabei nach § 243 Abs. 1 zunächst voraus, dass es sich bei den 15 angebotenen Flaschen um Sachen von mittlerer Art und Güte gehandelt hat. R müsste also Weinflaschen ausgewählt haben, die der Durchschnittsqualität der (beschränkten) Gattung entsprechen[8]. Laut Sachverhalt steht nach der zutreffenden Expertise eines unabhängigen Sachverständigen fest, dass sämtliche der angebotenen 15 Flaschen nachweislich nicht mit Glykol verunreinigt sein konnten. Sie entsprachen also mittlerer Art und Güte der Gattung.

Allenfalls könnte der in dem Zeitungsartikel undifferenziert geäußerte Verdacht der Annahme durchschnittlicher Qualität entgegenstehen. Indes waren die zum Teil bestehenden vagen Verdachtsmomente, wie erwähnt, leicht ausräumbar. Auch unter diesem Blickwinkel wich der angebotene Wein demzufolge nicht von der mittleren Art und Güte der Gattung ab.

---

[7] Die allgemeinen Grundsätze der Konkretisierung der Gattungsschuld bleiben, was den Fortbestand und das Entfallen der Erfüllungspflicht angeht, von der Abschaffung des § 279 BGB a. F. unberührt, vgl. Anwaltkommentar/Dauner-Lieb, § 276 Rdnr. 24
[8] Römer, Privatrecht, S. 128/129

bb. Das zur Leistung seinerseits Erforderliche (§ 243 Abs. 2)
Konkretisierung tritt nach § 243 Abs. 2 ein, wenn der Schuldner das „zur Leistung seinerseits Erforderliche" getan hat. Was darunter zu verstehen ist, hängt von der Art der Schuld und damit vom Inhalt der vertraglichen Vereinbarungen ab[9]. Bei einer Holschuld reicht es aus, eine Sache mittlerer Art und Güte auszusondern und den Gläubiger zum Abholen aufzufordern (vgl. § 295 Satz 2). Bei einer Schickschuld tritt Konzentration nicht erst mit dem tatsächlichen Angebot, sondern schon mit der Auslieferung der Sache an die zur Versendung sorgfältig ausgewählte Person ein (vgl. § 447). Bei der Bringschuld schließlich ist erforderlich, dass der Schuldner eine Sache mittlerer Art und Güte zum Gläubiger gebracht und dort tatsächlich angeboten hat (vgl. § 294). Vorliegend haben R und V eine Bringschuld vereinbart. R ließ die 15 Weinflaschen von S zum V bringen und diesem anbieten. Somit ist Konkretisierung eingetreten.

b. Ausschluss der Leistungspflicht nach § 275 Abs. 1 (Unmöglichkeit)
Ferner müsste die Leistung nach Eintritt der Konkretisierung unmöglich geworden sein. Hier sind die zur Stückschuld gewordenen 15 Weinflaschen auf dem Rückweg zu Bruch gegangen. Damit ist die Leistung nach Konkretisierung objektiv unmöglich geworden. Diese 15 zerbrochenen Flaschen vermag niemand mehr zu übergeben und zu übereignen.

Somit sind die Voraussetzungen des § 326 Abs. 1 Satz 1 erfüllt, so dass der Anspruch auf die Gegenleistung (Kaufpreis) grundsätzlich entfällt.

Dieser Grundsatz „Wer nicht leistet, erhält auch kein Entgelt" erfährt jedoch Einschränkungen.

2. Ausnahmen vom Grundsatz der entfallenden Gegenleistung (§ 326 Abs. 2)
Gemäß § 326 Abs. 2 behält der Schuldner (ausnahmsweise) den Anspruch auf die Gegenleistung, wenn der Gläubiger für den Umstand, auf Grund dessen der Schuldner nach § 275 Abs. 1 bis 3 nicht zu leisten braucht, allein oder weit überwiegend verantwortlich ist (1. Ausnahme, § 326 Abs. 2 Satz 1, 1. Alt.) oder wenn der von dem Schuldner nicht zu vertretende Umstand zu einer Zeit eintritt, zu welcher der Gläubiger im Verzug der Annahme ist (2. Ausnahme, § 326 Abs. 2 Satz 1, 2. Alt.).

a. Alleinige oder weit überwiegende Verantwortlichkeit des Gläubigers (§ 326 Abs. 2 Satz 1, 1. Alt.)
Nach § 326 Abs. 2 Satz 1, 1. Alt. behält der Schuldner, wie erwähnt, den Anspruch auf die Gegenleistung, wenn der Gläubiger für den Umstand auf Grund dessen der Schuldner nicht zu leisten braucht, allein oder weit überwiegend verantwortlich ist. Was der Gläubiger im Einzelnen zu verantworten hat, wird auch im neuen Schuldrecht nicht gesetzlich geregelt. Vielmehr ist nach wie vor nur allgemein die Verantwortlichkeit des Schuldners im § 276 gesetzlich umrissen. Zu der Frage, was der Gläubiger zu vertreten hat, ist demzufolge auf die Rechtsprechung und das Schrifttum zu § 324 Abs. 1 BGB a. F. zurückzugreifen[10]. Mit der neuen Formulierung von der „weit überwiegenden Verantwortlichkeit" wird der Grad der

---

[9] Vgl. hierzu Albrecht/Frings, Studienbuch Wirtschaftsrecht, S. 54-56 sowie S. 434; Römer, Privatrecht, S. 129/130
[10] So Dauner-Lieb in Anwaltkommentar, § 326 Rdnr. 10; Haas/Medicus, Das neue Schuldrecht, S. 98

Mitverantwortung des Gläubigers umschrieben, bei dem nach § 254 auch ein Schadensersatzanspruch des Gläubigers gegen den Schuldner ausgeschlossen wäre[11].

Vorliegend bestehen keinerlei Anhaltspunkte dafür, dass den Gläubiger V an dem Zu-Bruch-Gehen der Weinflaschen auf der Rückfahrt irgendeine Mitverantwortlichkeit trifft. Demzufolge scheidet erst recht eine weit überwiegende oder gar alleinige Verantwortlichkeit des V im Sinne der Ausnahmebestimmung des § 326 Abs. 2 Satz 1, 1. Alt. aus. Insoweit bleibt es also bei dem grundsätzlichen Entfallen des Anspruchs auf die Gegenleistung nach § 326 Abs. 1 Satz 1.

b. Ausnahmetatbestand des § 326 Abs. 2 Satz 1, 2. Alt.

Etwas anderes könnte sich hier aber aus § 326 Abs. 2 Satz 1, 2. Alt. ergeben. Danach behält der Schuldner den Anspruch auf die Gegenleistung, wenn der Umstand, aufgrund dessen er nach § 275 nicht zu leisten braucht, zu einer Zeit eintritt, zu welcher der Gläubiger im Verzug der Annahme ist und der Schuldner diesen Umstand nicht zu vertreten hat.

aa. Vom Schuldner nicht zu vertretender Umstand (Haftungsmilderung des § 300 Abs. 1)

Fraglich ist, ob R die zur Unmöglichkeit führenden Umstände (vergleichsweise forsche Fahrweise des S trotz vereinzelter Schlaglöcher auf dem Feldweg) zu vertreten hat.

R hat sich zur Erfüllung der mit V vereinbarten Bringschuld des S bedient und muss sich somit nach § 278 Satz 1 ein Verschulden des S wie eigenes Verschulden zurechnen lassen[12]. S hat sich mit der zerbrechlichen Weinlieferung auf einen, wenn auch weitgehend asphaltierten Feldweg begeben. Indem er dort mit für derartige Wegeverhältnisse zu hoher Geschwindigkeit (über 80 km/h) gefahren ist, hat er die verkehrsübliche Sorgfalt außer Acht gelassen und mithin fahrlässig im Sinne von § 276 Abs. 2 gehandelt.

Allerdings liegen laut Sachverhalt nur ein „normales“ Versehen und eine kurze Unachtsamkeit vor, so dass zweifelhaft erscheint, ob das Verhalten des S bereits als grob fahrlässig eingestuft werden kann. Nach ständiger Rechtsprechung soll grobe Fahrlässigkeit vorliegen, wenn die im Verkehr erforderliche Sorgfalt in ungewöhnlich hohem Maße verletzt und dasjenige unbeachtet geblieben ist, was im gegebenen Fall jedem hätte einleuchten müssen[13]. Stellt man vorliegend in Rechnung, dass der Feldweg weitgehend asphaltiert war und nur vereinzelt Schlaglöcher aufwies, so wird man ein grob fahrlässiges Verhalten des S verneinen müssen[14].

---

[11] Hass/Medicus, Das neue Schuldrecht, S. 98; vgl. hierzu ferner Anwaltkommentar/Dauner-Lieb, § 326 Rdnr. 9

[12] **Nebenbei bemerkt:** Sie wissen sicherlich, dass § 278 eine Zurechnungsnorm ist, wohingegen § 831 eine eigenständige deliktische Anspruchsgrundlage darstellt. Sind Ihnen die übrigen Unterschiede der beiden Normen präsent?

[13] Vgl. zu den Nachweisen und zur Kritik an der Formel der Rechtsprechung Erman/Battes, § 276 Rndr. 26

[14] **Zur Klausurtaktik**: Grobe Fahrlässigkeit wäre zum Beispiel anzunehmen, wenn der Feldweg von einer Vielzahl von Schlaglöchern übersät gewesen wäre. **Denken Sie stets klausurtaktisch**. Versuchen Sie sich also **in den Aufgabensteller hineinzuversetzen**. Die Wortwahl des Sachverhalts, in dem von einem „normalen“ Versehen sowie einer kurzen Unaufmerksamkeit und einem weitgehend asphaltierten Feldweg die Rede ist, lässt es als dringend ratsam erscheinen, hier noch keine grobe Fahrlässigkeit anzunehmen.

Zwar hat der Schuldner nach § 276 Abs. 1 grundsätzlich jede, also auch leichte Fahrlässigkeit zu vertreten. Hier könnte aber die Haftungsmilderung des § 300 Abs. 1 eingreifen. Nach dieser Vorschrift ist das Vertretenmüssen des Schuldners R und gleichfalls das für seinen Erfüllungsgehilfen S (vgl. § 278 Satz 1: „... in gleichem Umfange zu vertreten, wie eigenes Verschulden".) während des Annahmeverzugs auf Vorsatz und grobe Fahrlässigkeit beschränkt. Zu prüfen ist somit, ob V sich in Annahmeverzug befand, als die Weinflaschen zu Bruch gingen.

Nach § 293 kommt der Gläubiger in Verzug, wenn er die ihm angebotene Leistung nicht annimmt. Die Leistung muss gemäß § 294 grundsätzlich so, wie sie zu bewirken ist, tatsächlich angeboten werden. R hat durch S dem V die Ware angeboten und war nach § 297 zur Zeit des Angebots zur Leistung bereit und imstande. Indem V die angebotene einwandfreie Ware grundlos nicht angenommen hat, geriet er ab diesem Zeitpunkt in Annahmeverzug. R hat mithin nach der eingreifenden Haftungsmilderung des § 300 Abs. 1 den Umstand, der die spätere Unmöglichkeit herbeigeführt hat, nicht zu vertreten, denn grobe Fahrlässigkeit lag hier, wie dargelegt, nicht vor.

bb. Eintritt des Umstandes während des Annahmeverzugs

Schließlich müsste der Umstand zu einer Zeit eingetreten sein, zu welcher der Gläubiger im Verzuge der Annahme war. V befand sich, wie soeben gezeigt, ab dem Zeitpunkt der grundlos verweigerten Annahme der Weinflaschen in Annahmeverzug. Erst danach, auf der Rückfahrt, trat der die Unmöglichkeit herbeiführende Umstand ein. Somit sind die Voraussetzungen des Ausnahmetatbestandes des § 326 Abs. 2 Satz 1, 2. Alt. erfüllt. R behält also den Anspruch auf die Gegenleistung.

B. Ergebnis

R hat damit gegen V einen Anspruch auf Zahlung des Kaufpreises von 175 EUR aus § 433 Abs. 2.

Fragen und Antworten zur Festigung und Abrundung des Wissens (Fall 5)

Frage 1:

Ist § 326 Abs. 1 auf die Rückgabepflicht des Mieters aus § 546 anwendbar? Skizzieren Sie bei Ihrer Antwort ausgehend von dem Grundgedanken des § 326 den Anwendungsbereich der Vorschrift.

Frage 2:

In welchen Fällen behält der Schuldner in Ausnahme von dem Grundsatz des § 326 Abs. 1 den Anspruch auf die Gegenleistung?

Frage 3:

Gilt § 326 Abs. 1 Satz 1 auch für Fälle der Teilunmöglichkeit?

Frage 4:

Warum soll nach § 326 Abs. 1 Satz 2 ausgerechnet derjenige Schuldner, der nicht vertragsgemäß geleistet hat und auch nicht nachzuerfüllen braucht, den Anspruch auf die Gegenleistung behalten?

Frage 5:

V überlegt im Fall 5, wie er doch noch von der Zahlungspflicht loskommen kann. Könnte sich V durch einen Rücktritt nach § 326 Abs. 5 von seiner Verpflichtung zur Gegenleistung befreien?

Antworten auf die Fragen zu Fall 5

zu Frage 1:

In der Regelung des § 326 Abs. 1 Satz 1 kommt der Grundsatz zum Ausdruck: „Ohne Leistung keinen Anspruch auf die Gegenleistung". Dementsprechend ist § 326 auf gegenseitige Austauschverträge zugeschnitten, was auch seine systematische Stellung im 2. Titel (Gegenseitiger Vertrag §§ 320 -327) zeigt. Bei Austauschverträgen stehen sich Leistung und Gegenleistung in der Weise gegenüber, dass die Leistung um der Gegenleistung willen erbracht wird („do ut des"[15]). So findet § 326 beispielsweise auf die Pflicht des Entleihers, die geliehene Sache gemäß § 604 Abs. 1 zurückzugeben, schon deswegen keine Anwendung, weil die Leihe kein Austauschvertrag ist, sondern zu den sog. unvollkommen zweiseitigen Verträgen gehört. § 326 Abs. 1 findet überhaupt nur auf die im Gegenseitigkeitsverhältnis stehenden Pflichten Anwendung. Demzufolge passt § 326 Abs. 1 nicht auf die Rückgabepflicht des Mieters aus § 546 Abs. 1. Denn diese Nebenleistungspflicht steht nicht im mietvertraglichen Austauschverhältnis. Der Vermieter vermietet eine Sache nicht um deren Rückgabe willen, sondern damit er die Miete als Gegenleistung erhält. Entsprechendes gilt für die Verpflichtung nach § 488 Abs. 1 Satz 2 a. E., wonach ein zur Verfügung gestelltes Darlehen zurückzuerstatten ist, denn der Darlehensgeber vergibt das Darlehen, um den Darlehenszins zu erzielen.

zu Frage 2:

Der Anspruch auf die Gegenleistung bleibt nach § 326 Abs. 2 Satz 1 bestehen, wenn der Gläubiger für den Grund der Unmöglichkeit allein oder weit überwiegend verantwortlich ist oder wenn die Unmöglichkeit während des Annahmeverzugs des Gläubigers wegen eines Umstands eintritt, den der Schuldner nicht zu vertreten hat. Über diese beiden Ausnahmen hinaus, die im Fall 5 ausführlich behandelt wurden, bleibt der Anspruch auf die Gegenleistung wie bisher bestehen, wenn besondere Gefahrtragungsregeln wie die §§ 446, 447 eingreifen[16]. Beispiel: V hat dem K ein bestimmtes Fahrrad unter Eigentumsvorbehalt (vgl. § 449) verkauft und übergeben. Infolge eines Unfalls wird das Fahrrad zerstört, woran weder V noch K irgendein Verschulden trifft. Hier könnte der nach § 433 Abs. 2 entstandene Kaufpreisanspruch nach § 326 Abs. 1 Satz 1 untergegangen sein, denn dem V ist es unmöglich, dem K das Eigentum an dem zerstörten Fahrrad (Spezieskauf) zu verschaffen. Die Ausnahmen des § 326 Abs. 2 greifen ersichtlich nicht ein. Weder hat K das alleinige oder überwiegende Verschulden am Untergang des Fahrrads, noch befindet er sich in Annahmeverzug. Da jedoch V dem K das Fahrrad bereits übergeben hatte, ist gemäß § 446 Satz 1 die Preisgefahr (= Gegenleistungsgefahr) auf den K übergegangen. Darunter versteht man die Gefahr, die Gegenleistung erbringen zu müssen, ohne die Leistung (Eigentum an dem Fahrrad) zu erhalten. K muss also zahlen.

---

[15] Lat.: Ich gebe, damit Du gibst.

[16] Dauner-Lieb/Heidel, Das Neue Schuldrecht, S. 113/114, Rdnr. 77

zu Frage 3:

Im Falle der Teilunmöglichkeit, wenn sich also das Leistungshindernis nur auf einen Teil der geschuldeten (teilbaren) Leistung bezieht, sieht § 326 Abs. 1 Satz 1, 2. HS. die entsprechende Anwendung des § 441 Abs. 3 vor. Der Gläubiger des Leistungsanspruchs wird danach teilweise von der Gegenleistungspflicht frei. Dazu werden die Vorschriften über die Minderung als entsprechend anwendbar erklärt[17].

zu Frage 4:

Die irreparable Schlechtleistung soll nach § 326 Abs. 1 Satz 2 nicht automatisch (ipso jure) zu einer Reduzierung der Gegenleistung kraft Gesetzes führen[18]. Eine solche „Minderung kraft Gesetzes“ wäre nur schwer damit zu vereinbaren, dass im reformierten Kauf- und Werkvertragsrecht die Minderung als Gestaltungsrecht konstruiert ist. Der Gläubiger der Leistung wird also auf ein Vorgehen nach § 326 Abs. 5 verwiesen, um sich ganz (beachte dazu § 323 Abs. 5 Satz 2) oder teilweise seiner Gegenleistungsverpflichtung zu entledigen. Damit stellt § 326 Abs. 1 Satz 2 klar, dass die irreparable Schlechtleistung nicht als eine Art von Teilunmöglichkeit im Sinne des § 326 Abs. 1 Satz 1 verstanden wird[19].

zu Frage 5:

Zwar liegen nach § 326 Abs. 5, 1. HS. die Voraussetzungen für einen Rücktritt vor, wenn der Schuldner nach § 275 Abs. 1 bis 3 nicht zu leisten braucht. Allerdings findet nach § 326 Abs. 5, 2. HS. auf den Rücktritt § 323 mit der Maßgabe entsprechende Anwendung, dass die Fristsetzung entbehrlich ist. Damit greift der in § 323 Abs. 6 geregelte Rücktrittsausschluss ein. Nach dieser parallel zu § 326 Abs. 2 konzipierten Vorschrift ist der Rücktritt ausgeschlossen, wenn der Gläubiger für den Umstand, der ihn zum Rücktritt berechtigen würde, allein oder weit überwiegend verantwortlich ist oder wenn der vom Schuldner nicht zu vertretende Umstand zu einer Zeit eintritt, zu welcher der Gläubiger in Verzug der Annahme ist. Vorliegend ist die 2. Alt. des § 323 Abs. 6 erfüllt. V kann sich also von seiner Pflicht zur Kaufpreiszahlung nicht durch einen Rücktritt befreien[20].

---

[17] Dauner-Lieb/Heidel, Das Neue Schuldrecht, S. 112, Rdnr. 74

[18] Schwab/Witt, Einführung, S. 117

[19] Vgl. Haas/Medicus, Das neue Schuldrecht, S. 98; Anwaltkommentar/Dauner-Lieb, § 326 Rdnr. 7

[20] Vgl. hierzu Rauda/Zenthöfer, 55 Fälle, S. 23 (Fall 16)

Fall 6: „Geldsorgen eines Jurastudenten“

Sachverhalt:

Jurastudent Wilhelm (W) hat Geldsorgen. Deshalb wandte er sich Anfang Juli an seinen Kommilitonen Richard (R) mit der Bitte, ihm bis zum Beginn des nächsten Monats 1.000 EUR zu „leihen“. R kam dieser Bitte nach. Bereits wenige Tage später benötigte R seinerseits dringend einen größeren Geldbetrag, da er seinen New Beetle wegen eines plötzlich aufgetretenen Defekts zur Reparatur in die Werkstatt bringen musste. Er rief deshalb seinen Freund E an und vereinbarte mit diesem, er, der E, solle ihm, R, kurzfristig 1.000 EUR geben. Am Anfang des kommenden Monats könne E sich dafür 1.000 EUR von W zurückgeben lassen, da er, R, dem W Anfang Juli einen entsprechenden Geldbetrag „geliehen“ habe. Hierzu übertrage er dem E also die Rückerstattungsforderung. E ist damit einverstanden und gibt dem R 1.000 EUR.

Als R seinen Beetle Ende Juli in der Werkstatt abholen will, stellt sich heraus, dass die Reparatur doch erheblich kostspieliger gewesen ist, als zunächst angenommen. Deswegen begibt sich R am Morgen des 1. August zu W und lässt sich von diesem 1.000 EUR zurückzahlen, noch bevor E sich bei W meldet. Von der mit E getroffenen Vereinbarung erwähnt R dabei nichts. Als E kurze Zeit später bei W auftaucht, erfährt er, was geschehen ist. W verweigert die Zahlung an E und beruft sich darauf, ahnungslos bereits an R gezahlt zu haben.

Wie ist die Rechtslage?

Unterstellen Sie bei der Lösung des Ausgangsfalles, dass R von W zwei 500-EUR-Scheine erhalten hat und diese noch bei R vorhanden sind.

1. Abwandlung zu Fall 6:

Wie wirkt es sich auf die Herausgabeansprüche des E gegen R aus, wenn R wahrheitsgemäß erklärt, dass er die von W an ihn gezahlten beiden 500-EUR-Scheine doch nicht für die Autoreparatur verwendet, sondern inzwischen für eine anderenfalls nicht unternommene Luxusurlaubsreise im Reisebüro des X ausgegeben habe und sie demnach nicht mehr herausgeben könne? Zwar habe er sich darum bemüht, die Scheine von X zurück zu bekommen. X habe dies aber definitiv abgelehnt, da er als passionierter Geldscheinsammler die beiden bankfrischen Scheine bereits in seine Sammlung eingefügt habe.

2. Abwandlung zu Fall 6:

Hat W gegen R einen Anspruch wegen ungerechtfertigter Bereicherung, wenn er anders als im Ausgangsfall an E zahlt, obwohl er bereits kurz zuvor an R gezahlt hat?

<u>Bearbeitungshinweis:</u> Ansprüche aus Eigentümer-Besitzer-Verhältnis sind nicht zu prüfen.

Prüfungsschemata zu Fall 6: „Geldsorgen… " (Ausgangsfall)

- Ansprüche E gegen W -

A. Zahlung von 1.000 EUR aus abgetretenem Recht nach §§ 488 Abs. 1 Satz 2 i. V. m. § 398

I. Voraussetzungen der wirksamen Abtretung

1. **Darlehensvertrag zwischen R und W (§ 488 Abs. 1)**
2. **Abtretung der Rückerstattungsforderung an E (§ 398)**

II. Erlöschen der Rückerstattungsforderung durch Leistung (§ 362 Abs. 1)?

III. Rechtshandlungen gegenüber dem bisherigen Gläubiger (§ 407 Abs. 1)

B. Ergebnis

- Ansprüche E gegen R -

- Ansprüche auf Schadensersatz-

A. Anspruch auf Schadensersatz nach § 280 Abs. 1

I. Voraussetzungen des § 280 Abs. 1

1. **Wirksames Schuldverhältnis (hier: Forderungskauf)**
2. **Pflichtverletzung**
   a. **Keine Verletzung der kaufvertraglichen Hauptleistungspflicht**

b. **Verletzung der sog. allgemeinen Leistungstreuepflicht (§ 241 Abs. 2)**

3. **Vertretenmüssen (wird nach § 280 Abs. 1 Satz 2 vermutet)**

4. **Kausaler Schaden**

II. Rechtsfolge des § 280 Abs. 1

1. **Ersatz des „einfachen“ Schadens**

2. **Schadensersatz in Geld nach § 251 Abs. 1**

B. Anspruch auf Schadensersatz aus Geschäftsanmaßung nach §§ 687 Abs. 2 Satz 1, 678

I. Führen eines fremden Geschäfts als sein eigenes

II. Anmaßung der Fremdgeschäftsführung

III. Ergebnis

C. Anspruch auf Schadensersatz nach § 826

D. Anspruch auf Schadensersatz nach § 823 Abs. 2 i. V. m. § 263 StGB

- Ansprüche auf Herausgabe des Erlangten -

A. Herausgabeanspruch aus Geschäftsanmaßung nach §§ 687 Abs. 2 Satz 1, 681 Satz 2, 667

B. Anspruch auf Herausgabe des Erlangten nach § 816 Abs. 2

I. Voraussetzungen

1. Leistung
2. An einen Nichtberechtigten
3. Wirksamkeit der Leistung gegenüber dem Berechtigten

II. Ergebnis

C. Herausgabeanspruch nach § 812 Abs. 1 Satz 1, 2. Alt.?

Lösung zu Fall 6: „Geldsorgen eines Jurastudenten“ (Ausgangsfall)

(Rückerstattungsforderung aus Darlehen (§ 488 Abs. 1 Satz 2); Abtretung (§ 398); Erlöschen durch Leistung (§ 362 Abs. 1); Leistung an den bisherigen Gläubiger (§ 407 Abs. 1); unberechtigter Einzug einer fremden Forderung; Schadensersatz wegen Verletzung der Leistungstreuepflicht nach § 280 Abs. 1; Grundsatz der Naturalrestitution (§ 249 Satz 1); Schadensersatz in Geld (hier: § 251); Anspruch aus § 826; Anspruch aus § 823 Abs. 2 i. V. m. § 263 StGB; Ansprüche aus Geschäftanmaßung nach §§ 687 Abs. 2 Satz 1, 678 (Schadensersatz) sowie nach §§ 687 Abs. 2 Satz 1, 681 Satz 2, 667 (Herausgabe); Herausgabeanspruch bei wirksamer Leistung an Nichtberechtigten nach § 816 Abs. 2)

Zwar spricht der Aufbau grundsätzlich für sich. Dennoch veranlasst der Fall „Geldsorgen“ ausnahmsweise zu folgenden **Vorbemerkungen**:

Auszugehen ist von der Fallfrage. Diese fragt hier (allgemein) nach der Rechtslage. Deswegen sind zunächst **mögliche Anspruchsbeziehungen (Zweipersonenverhältnisse)** zu bilden. Dazu bedarf es gewissermaßen einer ökonomischen Analyse der Ausgangssituation. Diese stellt sich wie folgt dar:

R hat 1.000 EUR zuviel „eingestrichen“, denn er hat nicht nur die dem W „geliehenen“ 1.000 EUR später von W zurückbekommen, sondern zusätzlich 1.000 EUR von E erhalten. R wird also keine Ansprüche geltend machen. W hat 1.000 EUR an R zurückgezahlt. Seine Bilanz ist „ausgeglichen“. Er wird ebenfalls von niemandem etwas fordern. Indessen sieht dies bei E anders aus. E hat nämlich den R gegebenen Betrag von 1.000 EUR weder von R noch von W zurückerhalten. E wird also Ansprüche stellen. Es sind demnach die **Zweipersonenverhältnisse E gegen W** sowie **E gegen R** zu erörtern. Zu überlegen ist also, **was** (Rückzahlung des Darlehens, Schadensersatz, Herausgabe der beiden 500-EUR-Scheine) E **von wem** (W oder R) **woraus** (aufgrund welcher Anspruchsgrundlage) verlangen kann[1]. Bei komplexen Sachverhalten ist es ratsam, eine Skizze zu fertigen, um die Rechtsbeziehungen optisch zu veranschaulichen.

Es empfiehlt sich zunächst, etwaige Ansprüche des E gegen W aus abgetretenem Recht zu erörtern. Denn die anschließende Prüfung der Ansprüche E gegen R setzt zum Beispiel bei dem Merkmal der Pflichtverletzung sowie bei der Feststellung eines kausalen Schadens die Beantwortung der Frage nach der wirksamen Abtretung der Rückerstattungsforderung des R an den E voraus. Mit der an den Anfang gestellten Prüfung der Anspruchsbeziehung E gegen W vermeidet man also eine allzu verschachtelte Darstellung, die das Verständnis erschweren würde **(Maxime der Verständlichkeit!)**. Den Schwerpunkt bildet aber die Prüfung der Ansprüche des E gegen R. Denn R hat unberechtigt 1.000 EUR „gewonnen“ und E hat umgekehrt einen solchen Betrag „verloren“. **Innerhalb der Zweierbeziehung E gegen R** bietet sich, **ausgehend von der Rechtsfolgenseite,** eine **Gruppierung nach Ansprüchen auf Schadensersatz und auf Herausgabe** an. Auch die Herausgabeansprüche sind hier insoweit faktisch auf Zahlung gerichtet, als zwei 500-EUR Scheine herauszugeben sind.

[1] Vgl. dazu etwa Armbrüster/Leske, JA 2002, 130 (130/131)

- Ansprüche E gegen W -

A. E könnte gegen W einen Anspruch auf Zahlung von 1.000 EUR aus abgetretenem Recht nach § 488 Abs. 1 Satz 2 i. V. m. § 398 haben.

Dies setzt voraus, dass E im Wege der Abtretung von R eine entsprechende Rückerstattungsforderung aus Darlehen erworben hat.

I. Voraussetzungen der wirksamen Abtretung

Dazu müsste R seinerseits Inhaber einer Forderung auf Rückerstattung eines Darlehens nach § 488 Abs. 1 Satz 2 gegen W gewesen sein und diese wirksam an E abgetreten haben.

1. Darlehensvertrag zwischen R und W (§ 488 Abs. 1)

Die im Sachverhalt bezeichnete Vereinbarung zwischen R und W von Anfang Juli, derzufolge R dem W 1.000 EUR „leihen" sollte, ist rechtlich als ein Darlehensvertrag im Sinne des § 488 zu qualifizieren. Es handelt sich um ein zinsloses Darlehen[2]. Bereits aufgrund dieser Vereinbarung ist der Rückerstattungsanspruch im Sinne des § 488 Abs. 1 Satz 2 entstanden. Denn das reformierte Schuldrecht hat die Frage, ob das Darlehen ein Real- oder ein Konsensualvertrag ist, im Sinne der Konsensualvertragstheorie entschieden[3].

2. Abtretung der Rückerstattungsforderung an E (§ 398)

Ferner müsste R seine Rückerstattungsforderung gegen W an E abgetreten haben. Dies setzt nach § 398 Satz 1 eine wirksame Einigung über die Abtretung voraus. Die Abrede, wonach E sein Geld nicht von R, sondern von W zurückerhalten sollte, ist nur so zu verstehen, dass R die Erstattungsforderung an den E abgetreten hat. Zudem hat R bekundet, dass er die Forderung an den W übertrage. Damit liegt hier eine wirksame Abtretung vor. E ist infolgedessen nach § 398 Satz 2 als neuer Gläubiger an die Stelle des bisherigen Gläubigers R getreten.

II. Erlöschen der Rückerstattungsforderung durch Leistung (§ 362 Abs. 1)?

Allerdings könnte die Rückerstattungsforderung nach § 362 Abs. 1 erloschen sein. Dies setzt voraus, dass die geschuldete Leistung an den Gläubiger bewirkt wurde. Zwar hat der Schuldner W den Darlehensbetrag am 1. August an R zurückgezahlt. Jedoch war R infolge der zwischenzeitlichen Abtretung zu diesem Zeitpunkt nicht mehr Inhaber der Forderung. Damit ist die Leistung am 1. August nicht an den Gläubiger bewirkt worden. Das

---

[2] Ein Leihvertrag kommt hier ersichtlich nicht in Frage, da R nicht <u>die</u> an W gegebenen Geldscheine zurück haben wollte.

[3] Aufgrund der in § 607 Abs. 1 BGB a. F. enthaltenen Formulierung „als Darlehen empfangen hat", wurde das Darlehen seinem Wesen nach im Anschluss an die gemeinrechtliche Lehre vielfach als Realvertrag angesehen. Demgemäß sah man das Darlehensverhältnis erst als zustande gekommen an, wenn zusätzlich zu der Einigung der Parteien über die Begründung eines Darlehensvertrages die Darlehensvaluta hingegeben worden waren (Realakt). Vgl. Anwaltkommentar/Reif, § 488 Rdnr. 2

Schuldverhältnis (Rückerstattungsforderung = Schuldverhältnis im engeren Sinne) ist also nicht nach § 362 Abs. 1 erloschen.

III. Rechtshandlungen gegenüber dem bisherigen Gläubiger (§ 407 Abs. 1)

Nach § 407 Abs. 1 muss der neue Gläubiger u. a. eine Leistung, die der Schuldner nach der Abtretung an den bisherigen Gläubiger bewirkt, grundsätzlich gegen sich gelten lassen, es sei denn, dass der Schuldner die Abtretung bei der Leistung kennt. Vorliegend hat der Schuldner W nach der Abtretung am 1. August an den bisherigen Gläubiger R gezahlt. Bei dieser Leistung hatte W keine Kenntnis von der Abtretung, denn R ließ die mit E zwischenzeitlich getroffene Abtretungsvereinbarung (geflissentlich) unerwähnt.

E muss demzufolge nach § 407 Abs. 1 die Zahlung des W an R gegen sich gelten lassen. Da E sich auf diesen Schuldnerschutz auch berufen hat, kann W keine Zahlung aus abgetretenem Recht verlangen.

B. Ergebnis

Da weitere Ansprüche E gegen W nicht ersichtlich sind, kann E von W keine Zahlung beanspruchen.

- Ansprüche des E gegen R -

- Ansprüche auf Schadensersatz -

A. E könnte gegen R einen Anspruch auf Zahlung von 1.000 EUR Schadensersatz nach § 280 Abs. 1 haben.

I. Voraussetzungen des § 280 Abs. 1

Dazu müsste R nach § 280 Abs. 1 Satz 1 eine Pflicht aus einem Schuldverhältnis verletzt haben. Nach § 280 Abs. 1 Satz 2 tritt die Schadensersatzhaftung nicht ein, wenn der Schuldner die Pflichtverletzung nicht zu vertreten hat.

1. Wirksames Schuldverhältnis (hier: Forderungskauf)

Nach dem Sachverhalt war die Abtretung der Rückerstattungsforderung, die R gegen W hatte, an E als Gegenleistung („dafür“) für die Hingabe der 1.000 EUR an den R gedacht. Zudem sollte dem E die Forderung gegen W anstelle einer gegen R gerichteten Erstattungsforderung eingeräumt werden. Demzufolge ist zwischen R und E ein Forderungskauf (§§ 433, 453) zustande gekommen.

2. Pflichtverletzung
Ferner müsste R eine ihn aus diesem Schuldverhältnis treffende Pflicht verletzt haben.

a. Keine Verletzung der kaufvertraglichen Hauptleistungspflicht
Die Hauptleistungspflicht des R aus dem Kaufvertrag bestand in der Verschaffung des verkauften Rechts. Dieser Verpflichtung ist R nachgekommen, indem er seine Darlehenserstattungsforderung gegen W in Erfüllung des Forderungskaufs an den E wirksam abgetreten hat[4]. Da zu dem Zeitpunkt dieser Verfügung die Erstattungsforderung noch bestand, ist E, wie gezeigt, auch tatsächlich neuer Gläubiger geworden. Seine kaufvertragliche Hauptpflicht hat R also nicht verletzt.

b. Verletzung der sog. allgemeinen Leistungstreuepflicht (§ 241 Abs. 2)
Der in § 280 Abs. 1 Satz 1 verwendete Oberbegriff der Pflichtverletzung bezeichnet ganz allgemein das objektive Zurückbleiben hinter dem Pflichtenprogramm des Schuldverhältnisses. Damit werden nicht nur die Hauptleistungspflichten, sondern auch sämtliche Nebenpflichten erfasst[5]. Insbesondere kann das Schuldverhältnis gemäß § 241 Abs. 2 nach seinem Inhalt jeden Teil zur Rücksicht auf die Rechte, Rechtsgüter und Interessen des anderen Teils verpflichten. Diese Pflicht zur Rücksichtnahme enthält entsprechend dem Grundsatz von Treu und Glauben (§ 242) die Pflicht zur Leistungstreue. Der Schuldner hat demzufolge auch nach der Erfüllung alles zu unterlassen, was den Vertragszweck gefährdet. Vorliegend hat R dem Vertragszweck zuwider gehandelt, indem er am Morgen des 1. August die 1.000 EUR bei W einzog, ohne die mit E getroffene Vereinbarung zu erwähnen. Damit hat er seine Pflicht zur Leistungstreue verletzt.

Somit ist § 280 Abs. 1 Satz 1 erfüllt.

3. Vertretenmüssen (wird nach § 280 Abs. 1 Satz 2 vermutet)
Der Gläubiger kann nach § 280 Abs. 1 Satz 1 Ersatz des hierdurch entstandenen Schadens verlangen, was allerdings nach § 280 Abs. 1 Satz 2 nicht gilt, wenn der Schuldner die Pflichtverletzung nicht zu vertreten hat. Nach § 276 Abs. 1 Satz 1 hat der Schuldner Vorsatz und Fahrlässigkeit zu vertreten. Vorsatz setzt dabei ein bewußtes und gewolltes rechtsverletzendes Handeln voraus. R kannte alle Umstände und Folgen seines Handelns. Er handelte also vorsätzlich.

4. Kausaler Schaden
Wegen des Forderungseinzugs des R beruft sich W gegenüber E berechtigterweise auf § 407 Abs. 1. Aufgrund dessen kann E von W die Rückzahlung nicht mehr fordern (s. o.), was bei E einen entsprechenden Schaden verursacht hat.

---

[4] **Wichtig:** Obwohl die Abtretung im Schuldrecht geregelt ist, stellt sie eine Verfügung dar. Zur Erfüllung des zugrunde liegenden Verpflichtungsgeschäfts (hier: Forderungskauf) wird die Forderung abgetreten. Dadurch tritt unmittelbar eine Änderung der Rechtslage ein, da die Forderung nach § 398 Satz 2 ihren Inhaber wechselt.

[5] Anwaltkommentar/Dauner-Lieb, § 280 Rdnr. 58; vgl. hierzu ausführlich Fall 1, S. 6/7

II. Rechtsfolge des § 280 Abs. 1

1. Ersatz des „einfachen" Schadens

Aus der Erfüllung der Grundnorm des § 280 Abs. 1 resultiert ein Anspruch auf Ersatz sog. einfacher Schäden. Von diesem Begriff werden alle Schäden erfasst, die weder Schäden statt der Leistung[6], noch Verzögerungsschäden[7] sind. Vorliegend ist bei E infolge der Leistungstreuepflichtverletzung durch R ein Schaden in Höhe von 1.000 EUR entstanden. R hatte seine Erstattungsforderung gegen W in Erfüllung des Forderungskaufs wirksam an E abgetreten und somit ordnungsgemäß geleistet. Es wird hier also kein Schadensersatz statt der Leistung geltend gemacht. Ein Verzögerungsschaden liegt ebenfalls ersichtlich nicht vor. Demzufolge handelt es sich um einen „einfachen" Schaden, der ohne zusätzliche Voraussetzungen (vgl. dazu § 280 Abs. 2 und 3) schon nach der Grundnorm des § 280 Abs. 1 zu ersetzen ist[8].

2. Schadensersatz in Geld nach § 251 Abs. 1

Wer zum Schadensersatz verpflichtet ist, hat entsprechend dem Grundsatz des § 249 Satz 1 den Zustand herzustellen, der bestehen würde, wenn der zum Ersatz verpflichtende Umstand nicht eingetreten wäre (Grundsatz der Naturalrestitution).

Nur ausnahmsweise kann Schadensersatz in Geld verlangt werden. Insbesondere kann nach § 249 Satz 2 wegen Verletzung einer Person oder wegen Beschädigung einer Sache der Gläubiger statt der Herstellung (Naturalrestitution) den dazu erforderlichen Geldbetrag verlangen[9]. Diese Ausnahmen des § 249 Satz 2 greifen ersichtlich nicht ein.

Nach § 251 Abs. 1 hat der Ersatzpflichtige den Gläubiger ferner in Geld zu entschädigen, soweit die Herstellung nicht möglich oder zur Entschädigung des Gläubigers nicht genügend ist.

Die Naturalrestitution würde hier die Mitwirkung (Zahlung) des W erfordern. Dazu hätte W sich nicht gegenüber dem E nach § 407 Abs. 1 auf die erbrachte Leistung an den bisherigen Gläubiger R berufen dürfen. Aus dem Gedanken des Schuldnerschutzes folgt aber, dass W wählen konnte, ob er sich dem Zessionar E gegenüber auf die befreiende Wirkung des § 407 Abs. 1 beruft oder nicht. Ein nochmaliges Zahlen[10] kann von W nicht verlangt werden. Infolgedessen ist dem R Naturalrestitution hier aus Rechtsgründen nicht möglich. Damit kann E entsprechend § 251 Abs. 1, 1. Alt. Schadensersatz in Geld verlangen.

R ist wegen der Verletzung der Leistungstreuepflicht nach § 280 Abs. 1 zum Ersatz des Schadens in Höhe von 1.000 EUR verpflichtet.

---

[6] Vgl. dazu Fall 1, S. 8/9

[7] Vgl. dazu Fall 9, S. 153

[8] Dem entspricht es, dass dieser Schaden nach bisherigem Recht nicht nach den §§ 325, 326 als Schadensersatz wegen Nichterfüllung, sondern auf der Grundlage einer p. V. V. des Forderungs(ver-)kaufs zu ersetzen war.

[9] Vgl. dazu Däubler, JuS 2002, 625 (629), der darauf hinweist, dass die Naturalrestitution in der Praxis zu vernachlässigen ist.

[10] Würde W unter Verzicht auf den Schutz des § 407 Abs. 1 ein zweites Mal – also auch an E – zahlen, müsste man einen Kondiktionsanspruch des W gegen den Zedenten R erwägen. Vgl. dazu die 2. Abwandlung des Falles 6, S. 95 und 96

B. E könnte gegen R ferner einen Anspruch auf Schadensersatz wegen Geschäftsanmaßung nach den §§ 687 Abs. 2 Satz 1, 678 haben.

Nach § 687 Abs. 2 Satz 1 ist derjenige, der ein fremdes Geschäft als sein eigenes behandelt, nach § 678 dem Geschäftsherrn zum Schadensersatz verpflichtet, wenn er weiß, dass er zu der Fremdgeschäftsführung nicht berechtigt war, sich diese also angemaßt hat.

I. Führen eines fremden Geschäfts als sein eigenes

Indem R am 1. August die Rückerstattungsforderung bei W eingezogen hat, könnte er ein fremdes Geschäft als sein eigenes geführt haben. Geschäftsführung erfasst jedes tatsächliche und rechtsgeschäftliche Handeln[11], also auch den Forderungseinzug. Fremd ist das Geschäft, wenn es zum Rechts- oder Interessenkreis eines anderen gehört[12]. Im Zeitpunkt der Einziehung war nicht mehr R, sondern E Inhaber der Forderung. R hat also ein fremdes Geschäft als sein eigenes geführt.

II. Anmaßung der Fremdgeschäftsführung

R hat in dem Bewusstsein gehandelt, zur Führung des Geschäfts nicht berechtigt zu sein. Demnach hat er sich die Führung des fremden Geschäfts im Sinne des § 687 Abs. 2 Satz 1 angemaßt.

III. Ergebnis

Aufgrund der Verweisung des § 687 Abs. 2 Satz 1 auf die Rechtsfolge des § 678 kann E hier den aus der Geschäftsanmaßung entstandenen Schaden ersetzt verlangen. Dieser ist der Art nach, wie dargelegt, nach § 251 Abs. 1, 1. Alt in Geld zu leisten und beläuft sich auf 1.000 EUR.

C. Dem E könnte gegen R ein Anspruch auf Schadensersatz nach § 826 zustehen[13].

Gemäß § 826 ist derjenige, der einem anderen in einer gegen die guten Sitten verstoßenden Weise Schaden zufügt, zum Ersatz des Schadens verpflichtet.

Durch die unberechtigte Einziehung der Rückerstattungsforderung hat R dem E einen Vermögensschaden[14] von 1.000 EUR zugefügt. Er müsste dabei in einer gegen die guten

---

[11] Palandt/Sprau, § 677 Rdnr. 2

[12] Palandt/Sprau, § 677 Rdnr. 4

[13] Hat der Geschäftsführer durch die unberechtigte Geschäftsanmaßung einen Deliktstatbestand verwirklicht, so kann der Geschäftsherr Schadensersatzansprüche konkurrierend auf die §§ 823 ff. stützen.

[14] **Wichtig:** Schapp, Grundlagen, S. 109 (Rdnr. 222), legt wie folgt treffend dar: **„Das Vermögen im zivilrechtlichen Sinne**... umfasst im Wesentlichen die vermögenswerten absoluten und relativen Rechte. Es ist selbst aber kein Recht und damit auch **kein absolutes Recht im Sinne des § 823 Abs. 1**. Zwar wird gelegentlich davon gesprochen, das Vermögen sei durch §§ 823 Abs. 2, 826 geschützt. Diese Redeweise ist aber ungenau. §§ 823 Abs. 2 und 826 qualifizieren nur einzelne Handlungen als unerlaubt, die jemanden im Hinblick auf sein Vermögen schädigen. Gedanklicher Ansatz ist

Sitten verstoßenden Art und Weise gehandelt haben. Dies ist der Fall, wenn R mit seinem Verhalten nicht nur gegen die Leistungstreuepflicht verstoßen hat, sondern zugleich auch gegen das Anstandsgefühl aller billig und gerecht Denkenden[15]. Dafür spricht hier, dass R die Unkenntnis des A bewusst ausgenutzt hat, um unberechtigterweise den längst abgetretenen Rückerstattungsanspruch einzuziehen. Diese Vorgehensweise ist insgesamt schon als derartig verwerflich und missbilligenswert zu beurteilen, dass hier ein Verstoß gegen die guten Sitten anzunehmen ist. Damit kann E seinen Schadensersatzanspruch auch auf § 826 stützen.

D. E könnte gegen R einen Anspruch auf Schadensersatz aus § 823 Abs. 2 i. V. m. der Verletzung eines Schutzgesetzes haben.

Als Schutzgesetz kommt hier das Vermögensdelikt des Betrugs nach § 263 Strafgesetzbuch (StGB) in Frage. Schutzgesetze sind Normen, die gezielt den Schutz von Individualrechtsgütern bezwecken[16]. § 263 StGB schützt das Vermögen des Einzelnen und stellt somit ein Schutzgesetz dar[17].

Der R hat vorliegend den Straftatbestand des Betruges nach § 263 StGB erfüllt, indem er vorsätzlich den W durch die unterlassene Mitteilung der zwischenzeitlichen Abtretung über seine Berechtigung getäuscht hat, um sich zu bereichern. W hat sich infolgedessen über die vermeintlich fortbestehende Forderungsinhaberschaft des R geirrt und nahm daraufhin eine Vermögensverfügung vor, indem er an R zahlte. Die Tat war auch rechtswidrig und schuldhaft. Damit ist ein Betrug gegenüber W zu Lasten des E gegeben und mithin ein Schutzgesetz im Sinne des § 823 Abs. 2 verletzt.

Entsprechend der materiell-rechtlichen Anspruchsgrundlagenkonkurrenz kann E somit seinen Schadensersatzanspruch auch auf § 823 Abs. 2 in Verbindung mit der Verletzung des Betrugstatbestandes (§ 263 StGB) stützen.

-Ansprüche auf Herausgabe des Erlangten -

A. E könnte gegen R einen Anspruch auf Herausgabe der erlangten beiden 500-EUR-Scheine aus Geschäftsanmaßung nach §§ 687 Abs. 2 Satz 1, 681 Satz 2, 667 haben.

Nach § 687 Abs. 2 Satz 1 kann der Geschäftsherr im Falle der Geschäftsanmaßung nicht nur den im Vorhergehenden bejahten Schadensersatzanspruch nach § 678 geltend machen.

Vielmehr verweist § 687 Abs. 2 Satz 1 ferner auf § 681 Satz 2, der wiederum auf die den Beauftragten treffende Herausgabepflicht des § 667 Bezug nimmt. Nach dieser Verweisungskette ist derjenige, der eine Geschäftsanmaßung begeht, ebenso wie ein

dabei also nicht ein irgendwie konturiertes Vermögen als Schutzgegenstand, sondern nur eine bestimmt qualifizierte Handlung."

[15] Palandt/Sprau, § 826 Rdnr. 2 sowie Palandt/Heinrichs, § 138 Rdnr. 2

[16] Palandt/Thomas, § 823 Rdnr. 141

[17] Palandt/Thomas, § 823 Rdnr. 149; instruktiv dazu Schapp, Grundlagen, S. 109/110 (Rdnr. 222)

Beauftragter nach § 667 verpflichtet, das aus der Geschäftsanmaßung Erlangte an den „Geschäftsherrn" herauszugeben.

Demgemäß kann E vom R die aus der unberechtigten Einziehung der Forderung erlangten beiden 500-EUR-Scheine herausverlangen, was freilich voraussetzt, dass sich die erlangten Scheine noch bei R befinden. Dies ist laut Ausgangssachverhalt der Fall.

B. Ferner könnte E gegen R einen Anspruch auf Herausgabe der beiden erlangten 500-EUR-Scheine nach § 816 Abs. 2 haben[18].

I. Voraussetzungen

Dies setzt eine Leistung an einen Nichtberechtigten voraus, die dem Berechtigten gegenüber wirksam ist.

1. Leistung

Die Zahlung des W an R erfolgte solvendi causa[19]. Sie ist als eine zweckgerichtete Mehrung fremden Vermögens und somit als Leistung im Sinne des § 816 Abs. 2 zu qualifizieren.

2. An einen Nichtberechtigten

Als W am 1. August an den R 1.000 EUR zur Darlehenstilgung zahlte, war der R Nichtberechtigter, da er infolge der Abtretung an E nicht mehr Forderungsinhaber war.

3. Wirksamkeit der Leistung gegenüber dem Berechtigten

Schließlich ist diese Leistung gegenüber dem Berechtigten E, dem die Forderung zu diesem Zeitpunkt zustand, auch wirksam, da er sie, wie dargelegt, als neuer Gläubiger nach § 407 Abs. 1 gegen sich gelten lassen muss.

II. Ergebnis

Damit kann E seinen Anspruch auf Herausgabe der beiden 500-EUR-Scheine ferner auf § 816 Abs. 2 stützen.

C. Ein Anspruch auf Herausgabe aus einer Eingriffskondiktion nach § 812 Abs. 1 Satz 1, 2. Alt. kommt hier schon deswegen nicht in Frage, weil § 816 nach allgemeiner Ansicht zumindest gegenüber der allgemeinen Eingriffskondiktion die speziellere Regelung darstellt[20].

---

[18] Neben Ansprüchen wegen Geschäftsanmaßung können Ansprüche aus Bereicherungsrecht und dabei insbesondere aus § 816 in Betracht kommen, vgl. Palandt/Sprau, § 816 Rdnr. 5

[19] Lat.: Zur Erfüllung eines Kausalgeschäfts

[20] Vgl. Palandt /Sprau, § 816 Rdnr. 5

Prüfungsschemata zur 1. Abwandlung von Fall 6 („Geldsorgen… “)

A. Schadensersatz statt der Leistung nach §§ 280 Abs. 1 und 3, 283

I. Voraussetzungen der Grundnorm des § 280 Abs. 1

1. Wirksames Schuldverhältnis (hier: Geschäftsanmaßung)
2. Pflichtverletzung (Nichterfüllung der Herausgabepflicht des § 667)
3. Vertretenmüssen (§ 280 Abs. 1 Satz 2)
4. Kausaler Schaden

II. Ersatzfähigkeit der Schäden nach § 280 Abs. 1?

III. Zusätzliche Voraussetzungen (§ 280 Abs. 3) des § 283

1. Nachträgliche Unmöglichkeit (§ 275 Abs. 1)
2. Zurückverweisung auf § 280 Abs. 1
   (Exkulpation in Bezug auf den die Unmöglichkeit herbeiführenden Umstand)

IV. Rechtsfolge des § 283 (Schadensersatz statt der (unmöglichen) Leistung)

B. Anspruch nach §§ 816 Abs. 2, 818 Abs. 2 auf Wertersatz?

I. Voraussetzungen des § 816 Abs. 2

II. Rechtsfolge

1. Wertersatz nach § 818 Abs. 2
2. Einwand der Entreicherung (§ 818 Abs. 3)
3. Verschärfte Haftung nach §§ 819 Abs. 1, 818 Abs. 4

Lösung zur 1. Abwandlung von Fall 6 („Geldsorgen eines Jurastudenten")

(Schadensersatz statt der Leistung nach § 280 Abs. 1 und 3 i. V. m. § 283 wegen Unmöglichkeit der Herausgabe der aus der Geschäftsanmaßung erlangten 500-EUR Scheine; Wertersatz nach §§ 816 Abs. 2, 818 Abs. 2; Einwand der Entreicherung (§ 818 Abs. 3; verschärfte Haftung nach §§ 819 Abs. 1, 818 Abs. 4)

Zu prüfen ist in der 1. Abwandlung, wie sich das Ausgeben der beiden 500 Euro-Scheine auf das rechtliche Schicksal der Herausgabeansprüche auswirkt. Da jetzt die Herausgabe der von W erlangten Scheine dem R nicht mehr möglich ist, könnten sich die Herausgabeansprüche in Schadens- oder Wertersatzansprüche verwandelt haben.

A. E könnte gegen R einen Anspruch auf Zahlung von 1.000 EUR Schadensersatz statt der (Herausgabe-)Leistung nach §§ 280 Abs. 1 und 3, 283 haben.

Indem R die beiden 500 Euro-Scheine in dem Reisebüro des X für seinen Urlaub ausgegeben hat, könnte er sich gegenüber dem W schadensersatzpflichtig gemacht haben.

I. Voraussetzungen der Grundnorm des § 280 Abs. 1

Dazu müsste R nach § 280 Abs. 1 Satz 1 eine Pflicht aus dem Schuldverhältnis verletzt haben. Nach § 280 Abs. 1 Satz 2 tritt die Schadensersatzpflicht nicht ein, wenn der Schuldner die Pflichtverletzung nicht zu vertreten hat.

1. Wirksames Schuldverhältnis (hier: Geschäftsanmaßung)

§ 280 Abs. 1 setzt ein Schuldverhältnis voraus. Die Geschäftsanmaßung beruht nicht auf einem Vertrag, sondern begründet ein Schuldverhältnis kraft Gesetzesvorgabe (gesetzliches Schuldverhältnis), dessen Voraussetzungen und Rechtsfolgen in den §§ 687 Abs. 2, 677 ff. geregelt sind. Mit dem Begriff des Schuldverhältnisses in § 280 Abs. 1 sind nach allgemeiner Auffassung nicht nur vertragliche Schuldverhältnisse gemeint. Vielmehr genügt ein gesetzliches Schuldverhältnis[21].

2. Pflichtverletzung (Nichterfüllung der Herausgabepflicht des § 667)

Ferner müsste R eine Pflicht aus diesem gesetzlichen Schuldverhältnis verletzt haben. R war nach §§ 687 Abs. 2, 681 Satz 2, 667 zur Herausgabe des aus der Geschäftsanmaßung Erlangten, hier also der beiden 500-EUR-Scheine verpflichtet. Diese Verpflichtung hat er nicht erfüllt und somit verletzt.

3. Vertretenmüssen (§ 280 Abs. 1 Satz 2)

Schadensersatz kann nach § 280 Abs. 1 Satz 2 nicht gefordert werden, wenn der Schuldner die Pflichtverletzung nicht zu vertreten hat. Nach § 276 Abs. 1 Satz 1 hat der Schuldner Vorsatz und Fahrlässigkeit zu vertreten. R hat die beiden Geldscheine bewußt und gewollt

---

[21] Münch, Jura 2002, 361 (363); Senne, JA 2002, 424 (425); Palandt/Heinrichs, § 280 Rdnr. 9; Anwaltkommentar/Dauner-Lieb, § 280 Rdnr. 57; so auch die Gesetzesbegründung zu § 280, BT-Drucks. 14/6040, S. 135

nicht an E herausgegeben und damit vorsätzlich gehandelt. Eine Exkulpation kommt hier also nicht in Frage.

4. Kausaler Schaden

Freilich ist durch die bloße Nichtrückgabe noch kein Schaden entstanden. Dennoch ist die Nichtrückgabe conditio sine qua non und damit kausal im Sinne der Äquivalenztheorie für die später eingetretene Unmöglichkeit der Herausgabe und den durch sie verursachten Schaden. Denn hätte der R die erlangten 500-EUR-Scheine entsprechend der sofortigen Fälligkeit (vgl. § 271 Abs. 1) an E herausgegeben, hätte er sie nicht mehr im Reisebüro ausgeben können.

II. Ersatzfähigkeit der Schäden nach § 280 Abs. 1?

Damit ist die Grundnorm des § 280 Abs. 1 für einen Schadensersatzanspruch wegen Pflichtverletzung vorliegend erfüllt. Es entsteht nach § 280 Abs. 1 ein Anspruch auf Ersatz sog. einfacher Schäden. Vorliegend steht indessen der Ersatz desjenigen Schadens in Rede (1.000 EUR), der an die Stelle der Herausgabe der beiden 500-EUR-Scheine tritt. Es handelt sich also um Schadensersatz statt der „Herausgabeleistung“[22]. Den Ersatz dieses Schadens kann der Gläubiger nach § 280 Abs. 3 nur unter den zusätzlichen Voraussetzungen der §§ 281 bis 283 beanspruchen.

III. Zusätzliche Voraussetzungen (§ 280 Abs. 3) des § 283

Vorliegend kommt ein Schadensersatz statt der Leistung bei Ausschluss der Leistung nach § 283 im Hinblick auf die Herausgabeverpflichtung der §§ 687 Abs. 2, 681 Satz 2, 667 in Betracht.

Nach § 283 kann der Gläubiger unter den Voraussetzungen des § 280 Abs. 1 Schadensersatz statt der Leistung verlangen, wenn der Schuldner nach § 275 Abs. 1 bis 3 nicht zu leisten braucht. Hier kommt eine Befreiung von der Herausgabepflicht nach § 275 Abs. 1 in Betracht, da die Scheine von X in eine Sammlung eingefügt wurden.

1. Nachträgliche Unmöglichkeit (§ 275 Abs. 1)

Nach § 275 Abs. 1 ist der Anspruch auf die Leistung ausgeschlossen, soweit diese für den Schuldner (subjektiv) oder für jedermann (objektiv) unmöglich ist. Die Erfüllung der Herausgabepflicht aus § 667 ist dem R nachträglich unmöglich geworden, da R die beiden Geldscheine im Reisebüro des X ausgegeben hat. Die erlangten Scheine kann R auch nicht wiederbeschaffen, da der neue Eigentümer X definitiv zu einer Rückübertragung der Scheine an R nicht bereit ist[23]. Es ist also ein Unvermögen zu bejahen[24], das nach § 275 Abs. 1 zum Ausschluss des Herausgabeanspruchs aus § 667 führt.

---

[22] Vgl. dazu Anwaltkommentar/Dauner-Lieb, § 283 Rdnr. 4

[23] Zu der Frage, inwieweit Beschaffungs- und Wiederbeschaffungsmöglichkeiten das Unvermögen von vornherein ausschließen vgl. Anwaltkommentar/Dauner-Lieb, § 275 Rdnr. 12; vgl. dazu auch Frage 2 zu Fall 6, S. 98/99

[24] In diesem Unvermögen liegt die „zusätzliche Voraussetzung“ im Sinne des § 280 Abs. 3, vgl. dazu Fall 4, S. 48/49

§ 283 setzt ein nachträgliches Unvermögen voraus. Dies ergibt sich daraus, dass in Fällen anfänglichen Unvermögens ausschließlich § 311 a Abs. 2 als Anspruchsgrundlage eingreift, was wiederum aus § 311 a Abs. 1 a. E. folgt. Hier ist das Unvermögen des R nachträglich eingetreten.

2. Zurückverweisung auf § 280 Abs. 1
(Exkulpation in Bezug auf den die Unmöglichkeit herbeiführenden Umstand)

Entsprechend der Zurückverweisung des § 283 auf § 280 Abs. 1 ist das Kriterium des vermuteten Verschuldens diesmal in Bezug auf den Eintritt der Unmöglichkeit zu prüfen (§ 280 Abs. 1 Satz 2). Demzufolge entsteht im Falle der nachträglichen Unmöglichkeit kein Anspruch auf Schadensersatz statt der Leistung, wenn sich der Schuldner im Hinblick auf den Umstand zu entlasten vermag, der die nachträgliche Unmöglichkeit verursacht hat. Nach § 276 Abs. 1 Satz 1 hat der Schuldner grundsätzlich Vorsatz und Fahrlässigkeit zu vertreten. R hat durch das Ausgeben der erlangten 500-EUR-Scheine den zu seinem Unvermögen führenden Umstand vorsätzlich herbeigeführt. Eine Exkulpation kommt demzufolge nicht in Betracht.

IV. Rechtsfolge des § 283 (Schadensersatz statt der (unmöglichen) Leistung)

V kann somit nach § 280 Abs. 1 und 3 unter den zusätzlichen Voraussetzungen des § 283 Schadensersatz statt der Leistung beanspruchen. Dabei läuft hier der Schadensersatz auf einen Ersatz des Wertes der herauszugebenden Geldscheine, also auf Zahlung von 1.000 EUR, hinaus[25].

B. E könnte gegen R einen Anspruch auf Wertersatz in Höhe von 1.000 EUR gemäß § 816 Abs. 2 i. V. m. § 818 Abs. 2 haben.

I. Voraussetzungen des § 816 Abs. 2

Wie im Ausgangsfall bejaht, hat E gegen R nach § 816 Abs. 2 einen bereicherungsrechtlichen Anspruch auf Herausgabe der von W an R geleisteten beiden 500-EUR-Scheine.

II. Rechtsfolge

Da er die Geldscheine ausgegeben hat, ist ihm die Herausgabe (vgl. § 818 Abs. 1) nicht mehr möglich[26].

---

[25] So in etwas anderem Kontext Dauner-Lieb im Anwaltkommentar, § 281 Rdnr. 9

[26] **Wichtig:** Der Bereicherungsschuldner ist nach § 812 Abs. 1 grundsätzlich zur Herausgabe des Erlangten verpflichtet. Ist ihm dies wie hier unmöglich geworden, so finden **anders als bei § 667 nicht die §§ 280 Abs. 1 und 3, 283 Anwendung, sondern es gilt vielmehr § 818 Abs. 2 als eine Sonderregel**. Dies hat zur Folge, dass der Schuldner **Wertersatz (keinen Schadensersatz!)** zu leisten hat, unabhängig davon, ob er den zur Unmöglichkeit führenden Umstand zu vertreten hat. Schadenseratzansprüche kommen nur bei verschärfter Haftung nach § 818 Abs. 4 (§ 819 Abs. 1) in Betracht.

1. Wertersatz nach § 818 Abs. 2

Nach der speziellen Regelung des § 818 Abs. 2 hat der Empfänger den Wert zu ersetzen, wenn die Herausgabe wegen der Beschaffenheit des Erlangten nicht möglich oder der Empfänger aus einem anderen Grunde zur Herausgabe außerstande ist. Letzteres ist bei R der Fall. Demzufolge ist R (grundsätzlich) zum Wertersatz und damit zur Zahlung von 1.000 EUR verpflichtet.

2. Einwand der Entreicherung (§ 818 Abs. 3)

Die Verpflichtung zum Ersatz des Wertes ist gemäß § 818 Abs. 3 aber ausgeschlossen, soweit der Empfänger nicht mehr bereichert ist. Eine solche Entreicherung ist gegeben, wenn der Bereicherte keine Aufwendungen erspart hat. R hätte die Luxusreise nicht unternommen, wenn er nicht zuvor von W die beiden 500-EUR-Scheine erlangt hätte. Er hat demnach keine Aufwendungen erspart. Somit ist R entreichert.

Allerdings kann R den Einwand der Entreicherung nur erheben, wenn er nicht verschärft im Sinne der §§ 819 Abs. 1, 818 Abs. 4 haftet.

3. Verschärfte Haftung nach §§ 819 Abs. 1, 818 Abs. 4.

Da R den Mangel des rechtlichen Grundes von Anfang an kannte, haftet er nach den §§ 819 Abs. 1, 818 Abs. 4 verschärft nach den allgemeinen Vorschriften[27]. Es bestand also von vornherein kein Anlass zur Gewährung besonderer bereicherungsrechtlicher Haftungsmilderungen. Insbesondere kann R sich nicht auf das Privileg der Entreicherung berufen.

---

[27] Zu der Frage, inwieweit einem Minderjährigen die Kenntnis des mangelnden rechtlichen Grundes anzulasten ist und damit Zahlung trotz Wegfalls der Bereicherung wegen §§ 819 Abs. 1, 818 Abs. 4 verlangt werden kann, vgl. Hadding, JuS 2003, 154 (157)

Prüfungsschema zur 2. Abwandlung von Fall 6 („Geldsorgen… “)

A. Herausgabeanspruch W gegen R nach § 812 Abs. 1 Satz 1, 1. Alt.

I. Etwas erlangt

II. Durch Leistung des W

III. Ohne rechtlichen Grund

1. **Die Rückerstattungsforderung aus § 488 Abs. 1 Satz 2 als Rechtsgrund?**
2. **§ 407 Abs. 1 als Rechtsgrund?**

B. Ergebnis

Lösung zur 2. Abwandlung von Fall 6: „Geldsorgen… “)

(Herausgabeanspruch W gegen R nach § 812 Abs. 1 Satz 1, 1. Alt. (Leistungskondiktion); § 407 als Rechtsgrund?)

A. W könnte gegen R einen Anspruch auf Herausgabe der erlangten 1.000 EUR aus § 812 Abs. 1 Satz 1, 1. Alt. (Leistungskondiktion) haben.

Dazu müsste R etwas durch die Leistung des W ohne rechtlichen Grund erlangt haben.

I. Etwas erlangt

R hat hier Besitz und Eigentum an den zur Begleichung des Darlehens ausgehändigten beiden 500-EUR-Geldscheinen erlangt.

II. Durch Leistung des W

Dies geschah auch durch die Leistung des W, denn W wußte nichts von der zwischenzeitlichen Abtretung der Rückerstattungsforderung an E und zahlte demnach solvendi causa.

III. Ohne rechtlichen Grund

Problematisch erscheint allein, ob die Leistung gegenüber R ohne Rechtsgrund erfolgte.

1. Die Rückerstattungsforderung aus § 488 Abs. 1 Satz 2 als Rechtsgrund?
Angesichts der Abtretung an E kommt der Anspruch auf Rückerstattung des Darlehens gemäß § 488 Abs. 1 Satz 2 im Verhältnis von W zu R nicht mehr als Rechtsgrund in Frage.

2. § 407 Abs. 1 als Rechtsgrund?
Ein Rechtsgrund für das Behaltendürfen der 1.000 EUR zugunsten des R könnte allenfalls aus § 407 Abs. 1 hergeleitet werden. Insofern könnte man argumentieren, R habe damit rechnen können, nicht von W, sondern – wie im Ausgangsfall – von E in Anspruch genommen zu werden, denn W hätte entsprechend der schuldnerschützenden Wirkung des § 407 Abs. 1 gegenüber E die Leistung verweigern können.

Indessen hat W sich diesmal gegenüber E nicht auf den § 407 Abs. 1 berufen, sondern im Gegenteil auf den Schuldnerschutz konkludent verzichtet, indem er an E zahlte, obwohl er zuvor bereits an den R gezahlt hatte. Eine solche Wahlmöglichkeit, entweder dem Zessionar nach § 407 Abs. 1 die wirksame Leistung an den bisherigen Gläubiger entgegenzuhalten (wie im Ausgangsfall), oder aber wie hier unter Verzicht auf den Schutz des § 407 Abs. 1 doch an den Zessionar (E) zu leisten, um dann beim Zedenten (R) eine ungerechtfertigte Bereicherung zu kondizieren, steht dem Schuldner schon nach dem Wortlaut des § 407 zu. Sie ist zudem materiell gerechtfertigt. Wenn etwa der Zessionar (also hier E) in Insolvenz geraten wäre und sich der Schuldner gegenüber dem Zessionar im Wege der Aufrechnung befriedigen kann, so erscheint es in dieser Konstellation sinnvoll, sich dem Zessionar gegenüber nicht auf den

Schuldnerschutz des § 407 Abs. 1 zu berufen, und die (vorangegangene) Leistung beim Zedenten (hier also R) zu kondizieren.

Gegen eine solche Wahlmöglichkeit könnte allenfalls die daraus für den Zedenten resultierende Unsicherheit sprechen. Denn der Zedent – hier R - weiß nicht, ob er den zu Unrecht vom Schuldner empfangenen Betrag an den Neugläubiger (so im Ausgangsfall) oder aber an den Darlehensschuldner herauszugeben hat. Indessen hat er diese Situation durch sein treuwidriges Verhalten selbst herbeigeführt. Wer aber eine Forderung unberechtigt einzieht, muss mit der dargelegten Unsicherheit rechnen[28].

W konnte somit auf den Schuldnerschutz des § 407 Abs. 1 verzichten, so dass diese Vorschrift im Verhältnis W zu R nicht als ein Rechtsgrund für das Behaltendürfen fungieren kann. R hat damit die Leistung des W sine causa[29] erlangt.

B. Ergebnis

Demzufolge kann W von R nach § 812 Abs. 1 Satz 1, 1. Alt. die an R gezahlten 1.000 EUR kondizieren.

[28] BGHZ 83,188
[29] Lat.: Ohne Rechtsgrund

Fragen und Antworten zur Festigung und Abrundung des Wissens (Fall 6)

Frage 1:
Welche Formen der Unmöglichkeit werden von § 275 Abs. 1 erfasst?

Frage 2:
Würde in der 1. Abwandlung auch dann noch ein Unvermögen zur Herausgabe der Geldscheine im Sinne des § 275 Abs. 1 vorliegen, wenn R sich nicht mehr daran erinnert, wo er während seiner Luxusreise die beiden 500-EUR-Scheine ausgegeben hat und deren Wiederbeschaffung deshalb praktisch aussichtslos ist?

Frage 3:
Welche Pflichten sind mit dem Begriff der „Pflicht aus dem Schuldverhältnis“ in § 280 Abs. 1 Satz 1 gekennzeichnet?

Frage 4:
Greift § 283 auch in den Fällen anfänglicher Unmöglichkeit ein?

Frage 5:
Ist § 283 auf synallagmatische Ansprüche beschränkt?

Antworten auf die Fragen zu Fall 6

zu Frage 1:

Die Neufassung des § 275 Abs. 1 erfasst alle Formen von Unmöglichkeit mit Ausnahme der sog. vorübergehenden Unmöglichkeit[30], bei der die geschuldete Leistung während eines bestimmten Zeitraumes nicht erbracht werden kann[31]. Demnach regelt § 275 Abs. 1 die

objektive und subjektive (Unvermögen),
anfängliche und nachträgliche sowie die
teilweise und vollständige Unmöglichkeit[32].

Für den Ausschluss der Primärpflicht (vgl. § 275 Abs. 4) kommt es – wie bisher - auf ein Vertretenmüssen nicht an[33].

zu Frage 2:

Das Gesetz sagt in § 275 Abs. 1 nichts dazu, ob ein Unvermögen bereits vorliegt, wenn dem Schuldner die unmittelbare Verfügungsmöglichkeit über den Leistungsgegenstand fehlt, oder ob Beschaffungs- und Wiederbeschaffungsmöglichkeiten ein Unvermögen im Sinne des § 275 Abs. 1 von vornherein ausschließen[34].

Der Umkehrschluss aus § 275 Abs. 2 legt es nahe, ein Unvermögen im strengen Sinne des § 275 Abs. 1 nur dann anzunehmen, wenn der Schuldner das Leistungshindernis nicht einmal theoretisch, also „um keinen Preis" beseitigen kann[35]. Diese Voraussetzung ist im Falle einer Stückschuld erfüllt, wenn der vom Schuldner personenverschiedene Verfügungsbefugte „um keinen Preis" bereit ist, den Leistungsgegenstand dem Schuldner zur Verfügung zu stellen[36]. So verhält es sich in der 1. Abwandlung zu Fall 6.

Die Frage, welche Anstrengungen der Schuldner zur (Wieder-)Erlangung unternehmen muss, ist dementsprechend nach den Kriterien des § 275 Abs. 2 zu entscheiden. Danach kann der Schuldner die Leistung verweigern (Einrederecht), soweit diese einen Aufwand erfordert, der in einem groben Missverhältnis zu dem Leistungsinteresse des Gläubigers steht.

---

[30] Vgl. dazu etwa Olzen/Wank, Die Schuldrechtsreform, S. 23-25; vgl. ferner Schwab/Witt, Einführung, S. 112/113, der darauf hinweist, dass bei der endgültigen Fassung des § 275 die Passage „und solange" herausgenommen wurde. Ein vorübergehendes Leistungshindernis bleibt damit ohne Auswirkungen auf die Primärleistungen.

[31] Albrecht/Frings, Studienbuch Wirtschaftsrecht, S. 75; Haas/Medicus, Das neue Schuldrecht, S. 90

[32] Anwaltkommentar/Dauner-Lieb, § 275 Rdnr. 9

[33] Demzufolge regelt § 275 Abs. 1 gewissermaßen die nicht zu vertretende sowie die zu vertretende Unmöglichkeit, vgl. hierzu Olzen/Wank, Die Schuldrechtsreform, S. 23; allerdings ist in Fällen des Leistungsverweigerungsrechts nach § 275 Abs. 2 Satz 2 bei der Bestimmung der dem Schuldner zuzumutenden Anstrengungen zu berücksichtigen, ob der Schuldner das Leistungshindernis zu vertreten hat. Vgl. Löhnig, JA 2002, 126 (127)

[34] BT-Drucks. 14/6040, S. 129; Anwaltkommentar/Dauner-Lieb, § 275 Rdnr. 12

[35] Schwarze, Jura 2002, 73 (76); Löhnig, JA 2002, 126 (127)

[36] Otto, Jura 2002, 1 (3)

Hier hat R – anders als in der 1. Abwandlung - die Scheine auf der Urlaubsreise ausgegeben. Die Wiederbeschaffung ist demzufolge rein theoretisch möglich. Dies könnte dafür sprechen, dass noch kein Unvermögen im Sinne von § 275 Abs. 1 vorliegt und der Schuldner mithin nur ein Leistungsverweigerungsrecht nach § 275 Abs. 2 hat[37]. Erst die Erhebung dieser Einrede würde zur Befreiung von der Primärleistungspflicht führen.

Andererseits sind die Schwierigkeiten einer Wiederbeschaffung hier praktisch unüberwindlich. Man könnte also durchaus argumentieren, dass eine Wiederbeschaffung derart aussichtslos ist, dass bereits ein Unvermögen nach § 275 Abs. 1 anzunehmen ist und es zu einer Befreiung von der primären Leistungspflicht kraft Gesetzes kommt[38] (von Amts wegen zu berücksichtigende Einwendung).

In diesem Sinne legt sich Medicus fest. In Abweichung von der eingangs dargestellten Meinung will Medicus einen Teilbereich der sog. faktischen Unmöglichkeit schon unter den Abs. 1 des § 275 fassen[39]. Zur Abgrenzung im Einzelfall schlägt er vor, danach zu fragen, ob ein vernünftiger Schuldner die Überwindung des Leistungshindernisses erwägen würde. Nur wenn das zu bejahen ist, passe Abs. 2. Diese Frage wird man vorliegend indessen verneinen müssen, sodass jedenfalls nach Medicus bereits ein Fall des § 275 Abs. 1 anzunehmen ist. Diese Differenzierung erscheint realitätsnah und demzufolge vorzugswürdig[40].

zu Frage 3:

§ 280 Abs. 1 betrifft zum einen vertragliche Pflichten. Damit ist die Gesamtheit von Pflichten einer schuldrechtlichen Beziehung (Schuldverhältnis im weiteren Sinne) aufgrund eines Vertrages gekennzeichnet. Nicht mehr unterschieden wird also, welche Art von Pflicht (Haupt- oder Nebenpflichten[41]) verletzt ist. Demnach ist vor allem auch die Nichtleistung trotz Fälligkeit gewissermaßen als Basisverletzung der Leistungspflichten erfasst[42].

Pflichten aus dem Schuldverhältnis nach § 280 Abs. 1 sind gleichfalls vorvertragliche Pflichten (vgl. § 311 Abs. 2 „Ein Schuldverhältnis ... entsteht auch") sowie solche aus Vertrauensbeziehungen (vgl. § 311 Abs. 3 „Ein Schuldverhältnis... kann auch ... entstehen"), wie die in Parenthese zitierten Vorschriften klarstellen. Damit sind die früheren c. i. c.-Fälle der Vertragsanbahnung sowie der sog. Sachwalterhaftung erfasst[43].

---

[37] So Löhnig, JA 2002, 126 (127), wonach selbst bei dem berühmten Ring auf dem Meeresgrund § 275 Abs. 1 nicht eingreife; zustimmend Anwaltkommentar/Dauner-Lieb, § 280 Rdnr. 12; Zimmer, NJW 2002, 1 (2/3); in diesem Sinne wohl auch Fingerhuth/Kroh, Das neue Schuldrecht in der Unternehmenspraxis, S. 37

[38] In diesem Sinne Schwarze, Jura 2002, 73 (76), der den Fall der wegen Diebstahls aussichtslosen Wiederbeschaffung unter § 275 Abs. 1 fasst.

[39] Hass/Medicus, Das neue Schuldrecht, S. 91

[40] So im Ergebnis auch Olzen/Wank, Die Schuldrechtsreform, S. 28/29

[41] Bei den Nebenpflichten unterscheidet man zwischen leistungsbezogenen und leistungsbegleitenden Nebenpflichten. Die letztgenannten schützen das Integritätsinteresse (allgemeine Schutzpflichten aus § 241 Abs. 2) des Gläubigers, wohingegen die leistungsbezogenen das Erfüllungsinteresse schützen. Vgl. zu weiteren Einzelheiten Coester-Waltjen, Jura 2002, 534 (535-539)

[42] Wenn zu dieser Nichtleistung noch die Unmöglichkeit als „zusätzliche Voraussetzung" (vgl. § 280 Abs. 3) nachträglich hinzutritt, kann sich aus §§ 280 Abs. 1 und 3, 283 ein Anspruch auf Schadensersatz wegen Unmöglichkeit ergeben. Vgl. eingehend dazu Fall 4, S. 60/61

[43] Vgl. Löhnig, JA 2002, 291 (291); Münch, Jura 2002, 36 (38) spricht insoweit von Schuldverhältnissen kraft Gesetzesvorgabe bzw. von einem gesetzlichen Schutzpflichtverhältnis.

Schließlich betrifft § 280 Abs. 1 auch gesetzliche Schuldverhältnisse. Darunter fallen etwa das Eigentümer-Besitzer-Verhältnis sowie das Eltern-Kind-Verhältnis[44]. Ein gesetzliches Schuldverhältnis entsteht auch, wie im Fall 6, bei der Geschäftsanmaßung, deren Voraussetzungen und Rechtsfolgen das Gesetz in den §§ 687 Abs. 2, 677 ff. regelt.

zu Frage 4:

§ 283 greift nur in den Fällen ein, in denen gemäß § 275 Abs. 1 die primäre Leistungspflicht durch eine nach Vertragsschluss eingetretene Unmöglichkeit ausgeschlossen ist. In den Fällen anfänglicher Unmöglichkeit findet ausschließlich § 311 a Anwendung[45].

zu Frage 5:

Die Pflicht, von der der Schuldner nach § 275 Abs. 1 bis 3 befreit wird, muss bei § 283 keine synallagmatische sein[46]. Hier liegt ein wesentlicher Unterschied zur bisherigen Gesetzeslage. Während bei nachträglicher Unmöglichkeit einer synallagmatischen (Hauptleistungs-)Pflicht § 325 BGB a. F. eingriff, war bei nachträglicher Unmöglichkeit sonstiger (Nebenleistungs-) Pflichten ausschließlich § 280 BGB a. F. einschlägig[47].

---

[44] Löhnig, JA 2002, 291 (291)
[45] Löhnig, JA 2002, 126 (129); Senne, JA 2002, 424 (431); Otto, Jura 2002, 1 (5)
[46] Anwaltkommentar/Dauner-Lieb, § 283 Rdnr. 5
[47] Vgl. dazu Fall 4, S. 50

Fall 7: „Der gestohlene Jollenkreuzer“

Sachverhalt:

R ist begeisterter Binnensegler und wieder einmal zieht es ihn an das Steinhuder Meer. Diesmal entschließt er sich, ein Boot zu kaufen. Nach einigem Aussuchen kauft er bei dem Bootshändler A einen nostalgischen Jollenkreuzer zum Barpreis von 15.000 EUR.

Aufgrund polizeilicher Ermittlungen stellt sich später heraus, dass es sich bei dem Jollenkreuzer um das Boot des X handelt, dem es vor kurzem gestohlen worden war. Dies hatte A nicht erkennen können, da man ihm beim Ankauf des Jollenkreuzers geschickt gefälschte Bootspapiere ausgehändigt hatte.

Als X von dem Verbleib seines Bootes Kenntnis erhält, verlangt er von R sofortige Herausgabe. Er habe an dem alten Erbstück seines Großvaters immer sehr gehangen und werde sich niemals davon trennen. Sollte R das Boot nicht unverzüglich herausgeben, werde er ihn kostenpflichtig verklagen. R, der den Diebstahl ebensowenig hatte erkennen können, wie A, will es auf eine Auseinandersetzung mit X nicht ankommen lassen. So sticht er ein letztes Mal mit dem Jollenkreuzer in See und übergibt ihn im Hafen von Steinhude an X.

R erklärt daraufhin dem A, er trete von dem Kaufvertrag zurück und verlange Rückzahlung des Kaufpreises. A weigert sich, da R ihm nicht im Gegenzug das Boot zurückgeben könne. Mindestens müsse R ihm Zug um Zug den Wert des Bootes ersetzen. Zudem sei für ihn ebenfalls nicht erkennbar gewesen, dass das Boot zuvor gestohlen worden war.

Ist R´s Forderung gegen A auf Rückzahlung des Kaufpreises begründet?

Prüfungsschema zu Fall 7: "Der gestohlene Jollenkreuzer"

A. Anspruch des R gegen A auf Rückzahlung des Kaufpreises nach § 346 Abs. 1

I. Voraussetzungen des Rücktritts (§§ 349, 346 Abs. 1)

1. **Wirksamer Vertrag**
2. **Rücktrittserklärung (§ 349)**
3. **Rücktrittsgrund (§§ 437 Nr. 2, 1. Alt., 326 Abs. 5)**
   a. **Wirksamer Vertrag**
   b. **Mangelhaftigkeit der Kaufsache (hier: Rechtsmangel nach § 435)**
   c. **Rücktrittsrecht nach § 326 Abs. 5**
   d. **Rücktritt nach Maßgabe des § 323 (§ 326 Abs. 5, 2. HS.)**

II. Ausschluss des Rücktritts?

1. **Ausschluss nach § 323 Abs. 5 Satz 2**
2. **Ausschluss nach § 323 Abs. 6**
3. **Ausschlussgrund des § 442 Abs. 1**

III. Wirkungen des Rücktritts

1. **Rückgewähr Zug um Zug (§§ 348, 320 Satz 1)**
2. **Wertersatz nach § 346 Abs. 2?**
3. **Entfallen des Wertersatzes nach § 346 Abs. 3**

B. Ergebnis

Lösung zu Fall 7: „Der gestohlene Jollenkreuzer“

(Gesetzliches Rücktrittsrecht aus §§ 437 Nr. 2, 1. Alt., 326 Abs. 5; Rechtsmangel nach § 435; Anwendbarkeit des § 326 Abs. 5 in Fällen „qualitativer Unmöglichkeit“ (unbehebbarer Mangel); entsprechende Anwendung des § 323 über § 326 Abs. 5, 2. HS.; Ausschluss des Rücktritts nach § 323 Abs. 5 Satz 2 sowie § 323 Abs. 6, 442 Abs. 1; Rückgewähr Zug um Zug (§§ 348, 320 Abs. 1 Satz 1); Wertersatz nach § 346 Abs. 2; Entfallen des Wertersatzes nach § 346 Abs. 3)

A. R könnte gegen A einen Anspruch auf Rückzahlung des Kaufpreises nach § 346 Abs. 1 BGB haben[1].

I. Voraussetzungen des Rücktritts (§§ 349, 346 Abs. 1)

Dazu müsste zwischen A und R ein wirksamer Vertrag geschlossen worden sein, von dem R zurückgetreten ist.

1. Wirksamer Vertrag

R und A haben einen Kaufvertrag über den nostalgischen Jollenkreuzer (Spezieskauf) geschlossen. Nach § 311 a Abs. 1 steht es der Wirksamkeit des Vertrages nicht entgegen, dass der Schuldner nach § 275 Abs. 1 bis 3 nicht zu leisten braucht und das Leistungshindernis schon bei Vertragsschluss vorlag. Selbst wenn es für A infolge des Diebstahls schon anfänglich unmöglich gewesen sein sollte, dem R das Eigentum an dem Boot zu verschaffen (s. u.), kommt es für die Wirksamkeit des Vertrages darauf nicht an.

Von dem Kaufvertrag könnte R zurückgetreten sein. Dies setzt nach § 349 eine Rücktrittserklärung gegenüber dem anderen Teil sowie einen Rücktrittsgrund voraus.

2. Rücktrittserklärung (§ 349)

R hat gegenüber A erklärt, er trete von dem Kaufvertrag zurück und verlange Rückzahlung des Kaufpreises.

3. Rücktrittsgrund[2] (§§ 437 Nr. 2, 1. Alt., 326 Abs. 5)

Allerdings tritt die Verpflichtung zur Rückgewähr des Kaufpreises nach § 346 Abs. 1 nur ein, wenn die zurücktretende Vertragspartei sich entweder den Rücktritt vertraglich vorbehalten hat (vertragliches Rücktrittsrecht) oder ihr ein gesetzliches Rücktrittsrecht zusteht.

Hier kommt ein gesetzliches Rücktrittsrecht aufgrund der gewährleistungsrechtlichen Mängelansprüche des Käufers nach § 437 Nr. 2 in Betracht, der auf Vorschriften des allgemeinen Leistungsstörungsrechts verweist[3]. A hat das Boot in Erfüllung des Kaufvertrags

---

[1] Anspruchsgrundlage für die Rückgewähr des Kaufpreises ist § 346 Abs. 1. Es wäre falsch, stattdessen die Norm, die das gesetzliche Rücktrittsrecht enthält, also vorliegend § 326 Abs. 5 zu zitieren, denn darin ist die begehrte Rechtsfolge „Rückgewähr des Kaufpreises“ nicht angeordnet.

[2] Die Begriffe Rücktrittsgrund und Rücktrittsrecht werden synonym verwendet.

[3] Man spricht deswegen auch von einem an das allgemeine Leistungsstörungsrecht angebundenen kaufrechtlichen Gewährleistungsrecht, vgl. Dauner-Lieb/Dötsch, DB 2001, 2535 (2539)

an R übergeben. Aufgrund des damit erfolgten Gefahrübergangs (vgl. § 446 Satz 1) greift das kaufrechtliche Gewährleistungsrecht ein[4]. In Frage kommt über die Verweisung in § 437 Nr. 2 ein gesetzliches Rücktrittsrecht nach § 323 oder § 326 Abs. 5.

§ 437 Nr. 2 setzt einen wirksamen Kaufvertrag und die Mangelhaftigkeit der Kaufsache voraus.

a. Wirksamer Vertrag

R und A haben, wie eingangs erwähnt, einen wirksamen Spezieskauf geschlossen.

b. Mangelhaftigkeit der Kaufsache (hier: Rechtsmangel nach § 435)

Gemäß § 433 Abs. 1 Satz 2 hat der Verkäufer die Sache frei von Sach- und Rechtsmängeln zu verschaffen. Wegen des Diebstahls könnte ein Rechtsmangel im Sinne des § 435 Satz 1 vorliegen. Nach dieser Vorschrift ist die Sache frei von Rechtsmängeln, wenn Dritte in Bezug auf die Sache keine oder nur die im Kaufvertrag übernommenen Rechte gegen den Käufer geltend machen können. Hier hat A dem R nur den Besitz[5], nicht jedoch das Eigentum verschafft[6]. Ein Eigentumserwerb nach § 929 Satz 1[7] ist an A's fehlender Berechtigung gescheitert. Ein gutgläubiger Eigentumserwerb vom Nichtberechtigten gemäß § 932 Abs. 1 Satz 1 ist nach § 935 Abs. 1 Satz 1 bei gestohlenen Sachen ausgeschlossen. Demzufolge hatte weder zuvor A das Eigentum an dem Boot gutgläubig erworben, noch hat der R seinerseits von dem Nichtberechtigen A Eigentum gutgläubig erwerben können. Da A dem R das Eigentum an dem Boot also nicht verschafft hat, kann der Eigentümer X von R nach § 985 die Herausgabe des Bootes verlangen. Dieser hier von X geltend gemachte Anspruch begründet einen Rechtsmangel[8]. Das Boot ist somit mangelhaft.

Ferner müsste eine der „folgenden Vorschriften", auf die § 437 Nr. 2 verweist, erfüllt sein. Dogmatisch ist das Rücktrittsrecht aus § 326 Abs. 5 (Rücktritt bei Ausschluss der Leistungspflicht) lex specialis und somit gegenüber dem „allgemeinen" Rücktrittsrecht des § 323 vorrangig. Angesichts des Diebstahls könnte hier § 326 Abs. 5 eingreifen.

---

[4] Die Kaufsache muss nach den §§ 434, 435 im Zeitpunkt des Gefahrübergangs die Soll-Beschaffenheit aufweisen.

[5] Vgl. § 854 Abs. 1: „Der Besitz einer Sache wird durch die Erlangung der tatsächlichen Gewalt über die Sache erworben."

[6] Hier ist Urteilsstil angezeigt, da klar ist, dass wegen § 935 Abs. 1 Satz 1 an gestohlenen Sachen ein Gutglaubenserwerb nicht möglich ist.

[7] Nach § 929 Satz 1 ist erforderlich, „dass der Eigentümer" die Sache dem Erwerber übergibt und beide darüber einig sind, dass das Eigentum übergehen soll.

[8] **Wichtig:** Es kann vorkommen, dass eine Sache **sowohl** mit einem **Rechtsmangel als auch** mit einem **Sachmangel** behaftet ist. Man denke nur daran, dass das verkaufte Auto gestohlen und **zugleich** ein Unfallwagen ist. In diesem Falle kann der Käufer grundsätzlich wegen beider Mängel Rechte herleiten. So wird er sich im Hinblick auf einen Folgeschaden, den der Sachmangel an anderen Rechtsgütern verursacht hat, auf den insoweit allein kausalen Sachmangel berufen (§§ 437 Nr. 3, 434, 280 Abs. 1). Andererseits wird er etwa die Rückzahlung des Kaufpreises als Schadensersatz statt der (ganzen) Leistung auf den Rechtsmangel sowie auf den Sachmangel (§§ 437 Nr. 3, 434, 435, 281 Abs. 1 Satz 1 und 3) stützen. In einem Gutachten sind stets sämtliche Mängel zu erörtern, denn in einem späteren Rechtsstreit können möglicherweise nicht alle Sachmängel bewiesen werden. Ferner kann der Rechtsmangel unbehebbar (§ 283 als lex specialis zu § 281) und der Sachmangel behebbar (§ 281) sein oder umgekehrt.

c. Rücktrittsrecht nach § 326 Abs. 5

§ 326 Abs. 5 setzt voraus, dass der Schuldner nach § 275 Abs. 1 bis 3 nicht zu leisten braucht. Dabei ist es anders als beim Schadensersatz unerheblich, ob das Leistungshindernis schon bei Vertragsschluss vorlag oder erst später eingetreten ist[9].

Hier könnte die Erfüllung der in § 433 Abs. 1 Satz 2 normierten Pflicht, die Kaufsache frei von Sach- und Rechtsmängeln zu verschaffen, nach § 275 Abs. 1 unmöglich sein. Der Eigentümer X hat deutlich zu erkennen gegeben, dass er sich von dem Boot, das ein altes Erbstück ist, auf keinen Fall trennen will. Eine Übertragung des Eigentums durch A unter Zustimmung des X nach § 185 Abs. 1 erscheint somit ebenso ausgeschlossen, wie eine Übereignung des Bootes von X an den Verkäufer A. Die Eigentumsverschaffung ist dem A hier also unmöglich. Eine Nacherfüllung nach § 439 scheidet ebenfalls aus. Weder ist eine Nachbesserung vorstellbar, noch kommt bei dem vorliegenden Spezieskauf eine Ersatzlieferung in Betracht[10]. Demnach sind die Voraussetzungen des § 326 Abs. 5 erfüllt. Insbesondere erfasst § 326 Abs. 5 auch Situationen der „irreparablen Schlechtleistung", in denen – wie hier – die Nacherfüllung unmöglich ist[11]. Es handelt sich dabei um eine „qualitative Unmöglichkeit", bei der gewissermaßen Unmöglichkeit in Bezug auf die Mangelfreiheit der Sache vorliegt[12]. Zwar ist im Zuge der Neuformulierung in der letzten Phase des Gesetzgebungsverfahrens der sprachliche Bezug des § 326 Abs. 5 zur Schlechtleistung aufgegeben worden. Dass die allgemeine Fassung alle Fälle der Unmöglichkeit und somit auch den der qualitativen Unmöglichkeit abdeckt, bestätigt aber die Regelung in § 326 Abs. 1 Satz 2[13].

Nach alledem steht R gemäß § 326 Abs. 5 Satz 1 ein gesetzliches Rücktrittsrecht zu.

d. Rücktritt nach Maßgabe des § 323 (§ 326 Abs. 5, 2. HS.)

Nach § 326 Abs. 5, 2. HS. findet auf dieses Rücktrittsrecht § 323 mit der Maßgabe entsprechende Anwendung, dass es einer Fristsetzung nicht bedarf. Eine solche wäre angesichts der unmöglichen Nacherfüllung auch sinnlos[14].

Ebenso wie das Rücktrittsrecht nach § 323 ist das speziellere Rücktrittsrecht in § 326 Abs. 5 verschuldensunabhängig ausgestaltet[15]. Der Einwand des A, er habe angesichts der geschickt gefälschten Bootspapiere von dem Diebstahl und mithin von dem Rechtsmangel nichts gewußt, geht somit ins Leere.

Die entsprechende Anwendung des § 323 kann aber im Hinblick auf etwaige Ausschluss-Gründe relevant werden.

---

[9] Anwaltkommentar/Dauner-Lieb, § 326 Rdnr. 18

[10] Vgl. hierzu Fall 2, S. 21

[11] Anwaltkommentar/Dauner-Lieb, § 326 Rdnr. 16

[12] Vgl. hierzu auch bereits Fall 2, S. 21

[13] **Wichtig:** Für den Fall, dass die Leistungspflicht des Schuldners nach § 275 Abs. 1 bis 3 insgesamt entfällt, ordnet § 326 Abs. 1 Satz 1 ein ipso-iure-Erlöschen des Anspruchs auf die Gegenleistung an. Demgegenüber gilt dies bei der „qualitativen" Unmöglichkeit nach § 326 Abs. 1 Satz 2 nicht. In diesem Fall kann und muss (!) der Gläubiger gemäß §§ 437 Nr. 2, 326 Abs. 5 zurücktreten, um den Vertrag in ein Rückgewährschuldverhältnis zu verwandeln. Demnach ist das Rücktrittsrecht des § 326 Abs. 5 gerade für diesen Fall konzipiert. Vgl. dazu Anwaltkommentar/Dauner-Lieb, § 326 Rdnr. 3 und 16; ausführlich dazu auch Frage 4 zu Fall 5, S. 76

[14] BT-Drucks. 14/6040, S. 189

[15] Vgl. auch Frage 1 zu Fall 7, S. 111

II. Ausschluss des Rücktritts?

1. Ausschluss nach § 323 Abs. 5 Satz 2

Nach § 323 Abs. 5 Satz 2 kann der Gläubiger, wenn der Schuldner die Leistung nicht vertragsgemäß bewirkt, vom Vertrag nicht zurücktreten, wenn die Pflichtverletzung, hier also der Mangel, unerheblich ist. A hat hier die Leistung mit dem schwerwiegenden Rechtsmangel des fehlenden Eigentums erbracht. Der Rücktritt ist folglich ersichtlich nicht nach § 323 Abs. 5 Satz 2 ausgeschlossen.

2. Ausschluss nach § 323 Abs. 6

Nach § 323 Abs. 6, 1. Alt. ist der Rücktritt ausgeschlossen, wenn der Gläubiger für den Umstand, der ihn zum Rücktritt berechtigen würde, allein oder weit überwiegend verantwortlich ist. R hat mit dem Diebstahl und dem daraus resultierenden Rechtsmangel nichts zu tun. Der Ausschlussgrund des § 323 Abs. 6 greift demnach ebenfalls nicht ein.

3. Ausschlussgrund des § 442 Abs. 1

Nach § 442 sind die Rechte des Käufers wegen eines Mangels ausgeschlossen, wenn er bei Vertragsschluss den Mangel kennt (§ 442 Abs. 1 Satz 1) oder wenn dem Käufer der Mangel infolge grober Fahrlässigkeit unbekannt geblieben ist und der Verkäufer den Mangel arglistig verschwiegen hat oder eine Garantie für die Beschaffenheit der Sache übernommen hat (§ 442 Abs. 1 Satz 2). Da R aufgrund der geschickt gefälschten Bootspapiere von dem Diebstahl und mithin von dem Rechtsmangel ebensowenig wie A Kenntnis oder grobfahrlässige Unkenntnis hatte[16], ist das Rücktrittsrecht schließlich auch nach § 442 Abs. 1 nicht ausgeschlossen.

III. Wirkungen des Rücktritts

Nachdem Rücktrittserklärung und Rücktrittsgrund bejaht und Ausschlussgründe verneint wurden, sind nach § 346 Abs. 1 die Vertragsparteien grundsätzlich verpflichtet, die empfangenen Leistungen zurückzugewähren. Es entsteht also ein Rückgewährschuldverhältnis. Demnach wäre der Kaufpreis an R zurückzugewähren.

1. Rückgewähr Zug um Zug (§§ 348, 320 Satz 1)

Allerdings sind die Rückgewährpflichten der Parteien nach § 348 Satz 1 Zug um Zug zu erfüllen. Insofern könnte dem Anspruch des R hier die „Zug um Zug" - Einrede des § 320 Abs. 1 Satz 1 entgegenstehen, die nach § 348 Satz 2 entsprechend anzuwenden ist. Laut Sachverhalt hat A diese Einrede erhoben.

Zwar ist dem R infolge der Herausgabe an den Eigentümer X die Rückgabe des Bootes nicht mehr möglich.

R könnte aber statt der Rückgewähr der empfangenen Sache Zug um Zug Wertersatz nach § 346 Abs. 2 zu leisten haben.

---

[16] Da dies auf der Hand liegt, ist an dieser Stelle Urteilsstil nicht nur erlaubt, sondern geradezu geboten. Der ängstliche Klausurkandidat mag die Wörter „da" oder „weil" vermeiden.

2. Wertersatz nach § 346 Abs. 2?

Nach § 346 Abs. 2 Satz 1 Nr. 3 hat der Schuldner Wertersatz zu leisten, soweit der empfangene Gegenstand sich verschlechtert hat oder untergegangen ist. Dem Wortlaut nach ist im Gegensatz zum alten Recht die anderweitige Unmöglichkeit und namentlich der hier vorliegende Fall des Unvermögens zur Rückgabe der Sache nicht geregelt. § 346 Abs. 2 Satz 1 Nr. 3 ist aber als Auffangvorschrift zu verstehen, die auf die Fälle anderweitiger Unmöglichkeit[17] entsprechend anzuwenden ist. Die Struktur des § 346 Abs. 2 Satz 1 als Gefahrtragungsregel erfordere ein solches Verständnis. Der Gesetzgeber habe diese Fälle offensichtlich übersehen. Die für die Analogie notwendige planwidrige Regelungslücke liege damit vor[18]. Dieses Verständnis entspricht im Übrigen der Konzeption des § 351 BGB a. F., der neben der Verschlechterung und den Untergang ausdrücklich auch die anderweitige Unmöglichkeit der Herausgabe des empfangenen Gegenstandes nannte[19].

3. Entfallen des Wertersatzes nach § 346 Abs. 3

Allerdings entfällt die Verpflichtung zum Wertersatz nach § 346 Abs. 3 Satz 1 Nr. 3, wenn im Falle des gesetzlichen Rücktrittsrechts die Verschlechterung oder der Untergang beim Berechtigten eingetreten ist, obwohl dieser diejenige Sorgfalt beobachtet hat, die er in eigenen Angelegenheiten anzuwenden pflegt (sog. diligentia quam in suis rebus habere solet[20]). Dem Wortlaut nach wird das hier gegebene Unvermögen, die Sache zurückzugeben, von § 346 Abs. 3 Satz 1 Nr. 3 nicht erfasst. Allerdings sieht man parallel zur Auslegung des § 346 Abs. 2 Satz 1 Nr. 3 den Wortlaut wiederum als zu eng an. Es sei kein Grund ersichtlich, die Norm auf die beiden von ihr ausdrücklich benannten Modalitäten zu beschränken. Vielmehr habe der Gesetzgeber den Rücktrittsberechtigten durch diese Vorschrift generell privilegieren wollen. Demgemäß sei § 346 Abs. 3 Satz 1 Nr. 3 auf den Verbrauch der Sache und auf sonstige Fälle der Unmöglichkeit der Herausgabe entsprechend anzuwenden[21].

Das Unvermögen müsste eingetreten sein, obwohl R die Sorgfalt quam in suis rebus beobachtet hat. Vorliegend hat der Eigentümer X die unverzügliche Herausgabe seines Jollenkreuzers gefordert und drohte anderenfalls mit der Herausgabeklage. Angesichts der insofern eindeutigen Sach- und Rechtslage wäre dieser Klage auf der Grundlage des § 985 stattgegeben worden. Indem R die gestohlene Sache an den Eigentümer X zurückgegeben hat, hat er die Sorgfalt in eigenen Angelegenheiten nicht verletzt[22].

Somit entfällt nach § 346 Abs. 3 Satz 1 Nr. 3 die Pflicht zum Wertersatz.

---

[17] Zu denken ist zudem an Fallgestaltungen wie das Verlieren des Gegenstandes, den Diebstahl, eine Enteignung etc.

[18] Anwaltkommentar/Hager, § 346 Rdnr. 37

[19] Aus § 346 Abs. 2 Satz 1 ergibt sich, dass sich der Rückgewähranspruch in einen Anspruch auf Wertersatz wandelt. Dies zeigt, dass der Rücktritt in den Fällen des § 346 Abs. 2 nicht mehr ausgeschlossen ist, sondern (modifiziert) durchgeführt werden kann. Darin liegt ein wesentlicher Unterschied zum bisherigen Recht. Denn nach § 351 BGB a. F. war der Rücktritt ausgeschlossen, wenn der Berechtigte eine wesentliche Verschlechterung, den Untergang oder die anderweitige Unmöglichkeit der Herausgabe des empfangenen Gegenstandes verschuldet hatte. Vgl. dazu Richter, BGB Schuldrecht AT, S. 62

[20] vgl. dazu auch § 277

[21] Anwaltkommentar/Hager, § 346 Rdnr. 51

[22] Anwaltkommentar/Hager, § 346 Rdnr. 52

B. Ergebnis

R kann die Rückgewähr des Kaufpreises fordern, ohne dass dagegen die von A erhobene Einrede nach §§ 348 Satz 2, 320 Abs. 1 Satz 1, Zug um Zug Wertersatz zu leisten, ein Leistungsverweigerungsrecht begründet.

Fragen und Antworten zur Festigung und Abrundung des Wissens (Fall 7)

Frage 1:
Welche Voraussetzungen müssen für einen Rücktritt nach § 323 erfüllt sein?

Frage 2:
Kann der Gläubiger, nachdem er den Rücktritt vom Vertrag erklärt hat, noch zur Geltendmachung von Schadensersatz übergehen?

Frage 3:
Ein von E beauftragte Maler M führt zwar die von ihm übernommenen Malerarbeiten ordentlich aus, beschädigt jedoch auf dem Weg zu den zu streichenden Räumen immer wieder schuldhaft wertvolle Einrichtungsgegenstände des E[23]. Kann E, nachdem er den M wegen der folgenschweren Unachtsamkeiten mehrfach schriftlich abgemahnt hat, von dem Vertrag zurücktreten?

Frage 4:
Welche Verhaltensweisen des Rücktrittsberechtigten stellen beispielhaft einen Verstoß gegen die Sorgfalt in eigenen Angelegenheiten im Sinne des § 346 Abs. 3 Satz 1 Nr. 3 dar?

Frage 5:
Worin liegt der Grund dafür, die in § 346 Abs. 2 Satz 1 Nr. 3 angeordnete Haftung auf Wertersatz nach § 346 Abs. 3 Satz 1 Nr. 3 erst bei einem Verstoß gegen die eigenübliche Sorgfalt entfallen zu lassen?

---

[23] Vgl. Zu diesem Beispiel die Gesetzesbegründung BT-Drucks. 14/6040, S. 141

Antworten auf die Fragen zu Fall 7

zu Frage 1:

Für einen Rücktritt nach § 323 müssen folgende Tatbestandsmerkmale erfüllt sein[24]:

1. Vorliegen eines gegenseitigen Vertrages
2. Fällige und durchsetzbare (mögliche) Leistung (sofern nicht Fall des § 323 Abs. 4)
3. Keine oder nicht vertragsgemäße Leistung
4. Setzen einer angemessenen Frist zur Leistung oder Nacherfüllung (sofern Fristsetzung nicht nach § 323 Abs. 2 entbehrlich)
5. Erfolgloses Verstreichen der Frist
6. Kein Ausschluss des Rücktritts gemäß § 323 Abs. 5 und Abs. 6

Erläuterung: Der Rücktritt setzt anders als nach § 326 Abs. 1 Satz 1 BGB a. F. keinen Verzug i. S. v. § 286 mehr voraus und ist somit verschuldensunabhängig ausgestaltet[25]. Ferner ist eine Erklärung des Gläubigers, dass er nach Ablauf der Frist die Annahme der Leistung ablehnen werde (sog. Ablehnungsandrohung) abweichend von § 326 Abs. 1 Satz 1 a. E. BGB a. F. nicht mehr erforderlich[26]. Die Ablehnungsandrohung habe sich - so die Gesetzesbegründung - immer wieder als unberechtigtes Hindernis für den vertragstreuen Gläubiger erwiesen[27].

zu Frage 2:

Bisher war nach Erklärung des rechtsgestaltenden Rücktritts ein Übergang auf Schadensersatz nicht mehr möglich. Als Folge mussten die Gerichte immer wieder (mühsam) versuchen, die Rücktrittserklärung doch noch als ein Schadensersatzverlangen auszulegen. Solche „Umdeutungen" sind nun entbehrlich[28]. Denn nach der Neuregelung in § 325 wird das Recht, bei einem gegenseitigen Vertrag Schadensersatz zu verlangen, durch den Rücktritt nicht mehr ausgeschlossen. Die damit beseitigte Alternativität von Rücktritt und Schadensersatz ist ein zentrales Merkmal des modernisierten Schuldrechts. Dementsprechend sind die Voraussetzungen für den Rücktritt gemäß § 323 und den Schadensersatz statt der Leistung gemäß § 281 im Wesentlichen inhaltlich und sprachlich angeglichen worden[29]. Allerdings setzt das Recht auf Schadensersatz anders als das Rücktrittsrecht voraus, dass der Schuldner die Pflichtverletzung zu vertreten hat, was nach §§ 281 Abs. 1 Satz 1, 280 Abs. 1 Satz 2 vermutet wird.

---

[24] Vgl. zu den Tatbestandsvoraussetzungen des § 323 im Einzelnen Senne, JA 2002, 424 (432)
[25] Anwaltkommentar/Dauner-Lieb, § 323 Rdnr. 4
[26] Vgl. hierzu eingehend Zimmer, NJW 2002, 1 (5)
[27] BT-Drucks. 14/6040, S. 184
[28] Anwaltkommentar/Dauner-Lieb, § 325 Rdnr. 1
[29] Anwaltkommentar/Dauner-Lieb, § 323 Rdnr. 4; Kaiser, Basiswissen, S. 175

zu Frage 3:

Nach § 323 Abs. 1 besteht ein gesetzliches Rücktrittsrecht, wenn die Partei eines gegenseitigen Vertrages eine fällige Leistung nicht oder nicht vertragsgemäß erbringt. Darunter fallen auch die Verletzung von Nebenleistungspflichten, etwa die Nichterbringung einer zur Unterstützung der Hauptleistungspflicht geschuldeten Nebenleistung (Lieferung einer Gerätebeschreibung, Erteilung einer Auskunft)[30]. In den letztgenannten Fällen dürfte der Ausschlussregelung in § 323 Abs. 5 Satz 2 besondere Aufmerksamkeit geschuldet sein.

Allerdings kann der Gläubiger gemäß § 324 auch bei der Verletzung von Leistungsbegleitenden Nebenpflichten nach § 241 Abs. 2 von einem gegenseitigen Vertrag zurücktreten, wenn ihm ein Festhalten am Vertrag nicht mehr zuzumuten ist. Gemäß § 241 Abs. 2 kann das Schuldverhältnis nach seinem Inhalt jeden Teil zur Rücksicht auf die Rechte, Rechtsgüter und Interessen des anderen Teils verpflichten (sog. leistungsbegleitende Schutzpflichten). Indem M anlässlich der Leistungserbringung wiederholt absolute Rechtsgüter des E geschädigt hat, hat er eine Schutzpflicht i. S. d. § 241 Abs. 2 verletzt. Darüber hinaus müsste dem E ein Festhalten an dem Vertrag nicht mehr zumutbar sein. E hat den M mehrfach schriftlich abgemahnt. Dennoch hat M sein unachtsames Verhalten nicht abgestellt. Demzufolge ist dem E das Festhalten am Vertrag unzumutbar[31].

zu Frage 4:

Nach § 346 Abs. 3 Satz 1 Nr. 3 entfällt die Pflicht des Berechtigten, wegen der untergegangenen oder verschlechterten Sache Wertersatz zu leisten, wenn dieser „diejenige Sorgfalt beobachtet hat, die er in eigenen Angelegenheiten anzuwenden pflegt“ (vgl. § 277). Demzufolge ist ein herabgesetzter Haftungsmaßstab zugrunde zu legen. Gegen diese Privilegierung wird allerdings verstoßen, wenn der gesetzlich Rücktrittsberechtigte etwa die Sache einfach wegwirft oder beispielsweise ein Fahrrad in einer belebten Großstadt unverschlossen zurücklässt. Ferner ist ein Verstoß gegen die diligentia quam in suis rebus in einem Fall angenommen worden, in dem der Rücktrittsberechtigte Vieh auf eine hochwassergefährdete Wiese getrieben hat[32].

---

[30] Zimmer NJW 2002, 1 (6)

[31] Vgl. hierzu m. w. N. Zimmer, NJW 2002, 1 (6)

[32] Zu diesen und weiteren Beispielen vgl. Anwaltkommentar/Hager, § 346 Rdnr. 52

zu Frage 5:

Das Privileg, im Rahmen des § 346 Abs. 3 Satz 1 Nr. 3 nur für die eigenübliche Sorgfalt zu haften, gilt ausweislich des Wortlauts in den Fällen gesetzlicher Rücktrittsrechte zu Gunsten des Rücktrittsberechtigten. Denn der Berechtigte wird sein gesetzliches Rücktrittsrecht (zunächst) nicht kennen und daher davon ausgehen dürfen, dass er die Sache endgültig behält. Andererseits darf der Rücktrittsgegner, der nicht ordnungsgemäß geleistet hat, nicht darauf vertrauen, dass der Gefahrübergang (§ 446) auf den Berechtigten endgültig ist[33]. Sobald der Berechtigte sein gesetzliches Rücktrittsrecht aber kennt, entfällt das Privileg. Der Berechtigte haftet ab diesem Zeitpunkt für jede Fahrlässigkeit (sog. teleologische Reduktion des § 346 Abs. 3 Satz 1 Nr. 3)[34].

[33] Anwaltkommentar/Hager, § 346 Rdnr. 49; Schwab, JuS 2002, 630 (635); Haas/Medicus, Das neue Schuldrecht, S. 147-149

[34] Vgl. dazu Schwab, JuS 2002, 630 (635) sowie Schwab/Witt, Einführung, S. 201/202

Fall 8: „Die undichte Bauernmilchkanne"

Sachverhalt:

K kauft bei V, der einen Second-Hand Laden kleineren Zuschnitts betreibt, eine gebrauchte Bauernmilchkanne zum Preis von 80 EUR. Auf die Frage, ob die Kanne noch dicht sei und als Vase verwendet werden könne, antwortet V: „Die Kanne ist dicht. Bisher haben wir mit solchen Kannen noch keine Schwierigkeiten gehabt". Dabei schaut V sich die Kanne in seinem halbdunklen Verkaufsraum flüchtig an. V trägt auf dem von ihm standardmäßig verwendeten Kaufvertragsformulars „Bauernmilchkanne, Preis: 80 EUR" ein und weist auf die umseitigen Geschäftsbedingungen hin. K unterschreibt das Formular, bezahlt den Kaufpreis und erhält die Kanne.

K benutzt die Kanne als Bodenvase. Nach einigen Tagen stellt er fest, dass durch einen feinen, aber sichtbaren Riss am Boden, der schon bei Vertragsschluss vorhanden war, Wasser ausgetreten ist. Die auf dem Parkettboden entstandenen Wasserflecken lässt K entfernen, wodurch Reinigungskosten in Höhe von 50 EUR entstehen.

Unter Rückgabe der Kanne erklärt K dem V, dass diese undicht und als Vase unbrauchbar sei. Er nehme deshalb von dem Vertrag Abstand und verlange von V den Kaufpreis zurück sowie die Reinigungskosten ersetzt. V bietet dem K demgegenüber an, die Kanne abzudichten, was technisch möglich ist, verweigert aber die Rückzahlung des Kaufpreises. Die Reinigungskosten will V ebenfalls nicht zahlen. Vielmehr hält er K die auf der Rückseite des Kaufvertragformulars abgedruckten Geschäftsbedingungen vor. Darin heißt es unter anderem: "Gebrauchte Gegenstände werden unter Ausschluss von Schadensersatzansprüchen verkauft".

K verlangt von V Rückzahlung des Kaufpreises (80 EUR) sowie Ersatz der 50 EUR Reinigungskosten. Zu Recht?

Abwandlung zu Fall 8:

Wie wäre die Frage nach dem Ersatz der 50 EUR Reinigungskosten zu entscheiden, wenn sich das Folgende abgespielt hätte. V erklärt beim Verkauf, er verbürge sich dafür, dass die Kanne dicht sei. Dafür übernehme er die volle Verantwortung. Sodann vermerkt er auf dem Kaufvertragsformulars, das diesmal keine rückseitigen Geschäftsbedingungen enthält, „Ein Jahr Garantie". K benutzt die Kanne zunächst nur für trockene Zweige. Erst sieben Monate nach Übergabe der Kanne füllt er sie zum ersten Mal mit Wasser. Da die Kanne nicht dicht ist, kommt es zu Wasserflecken auf dem Parkettboden, was zu Reinigungskosten von 50 EUR führt. Es kann nicht mehr festgestellt werden, ob der haarfeine Riss, der diesmal optisch bis zum Austritt des Wassers nicht zu erkennen war, bereits bei Übergabe vorlag. V erklärt kurzerhand, er könne sich den Riss nur als Resultat einer unsachgemäßen Behandlung durch K erklären.

Prüfungsschemata zu Fall 8: „Die undichte Bauernmilchkanne“

A. Anspruch auf Rückzahlung des Kaufpreises nach § 346 Abs. 1?

I. Voraussetzungen des Rücktritts

1. **Wirksamer Vertrag**
2. **Rücktrittserklärung (§ 349)**
3. **Rücktrittsrecht (§ 437 Nr. 2)**
   a. **Wirksamer Kaufvertrag (s. o)**
   b. **Sachmangel (§ 434 Abs. 1)**
   c. **§ 326 Abs. 5 (lex specialis)**
   d. **§ 323 (lex generalis)**

II. Ergebnis

B. Rückzahlung des Kaufpreises als Schadensersatz statt der ganzen Leistung nach §§ 437 Nr. 3, 280 Abs. 1 und 3, 281 Abs. 1?

C. Herausgabe des Kaufpreises nach § 812 Abs. 1 Satz 1, 1. Alt.

I. Etwas erlangt

II. Durch Leistung

III. Ohne rechtlichen Grund?

1. **Anfechtungserklärung (§ 143)**
2. **Anfechtungsgrund (hier: § 119 Abs. 2)**
3. **Verhältnis der Mängelansprüche zum Anfechtungsrecht des § 119 Abs. 2**
4. **Ergebnis**

D. Anspruch auf Schadensersatz nach §§ 437 Nr. 3, 280 Abs. 1 (50 EUR Reinigungskosten)

I. Wirksamer Kaufvertrag (§ 433)

II. Gewährleistungsgrund (§ 434 Abs. 1)

III. Grundnorm des § 280 Abs. 1 (Schadensersatz wegen Pflichtverletzung)

1. **Wirksames Schuldverhältnis**
2. **Pflichtverletzung**
   a. **Verletzung vorvertraglicher Pflichten (§ 311 Abs. 2)**
   b. **Verletzung einer integritätsbezogenen Schutzpflicht (§ 241 Abs. 2)**
3. **Vertretenmüssen (wird nach § 280 Abs. 1 Satz 2 vermutet)**
4. **Kausaler Schaden**

IV. Rechtsfolge: Ersatz „einfacher" Schäden

V. Wirksamer Gewährleistungsausschluss?

1. **Sonderregelung beim Verbrauchsgüterkauf**
   a. **Verbrauchsgüterkauf (§ 474)**
   b. **Abweichende Vereinbarungen nach § 475?**
2. **Wirksamkeit der Geschäftsbedingungen**
   a. **Anwendbarkeit der §§ 305 ff.**
   b. **Einbeziehung der AGB in den Vertrag (§ 305 Abs. 2)**
   c. **Unwirksamkeit der Klausel nach den §§ 307-309**
3. **Zusammenfassung**

VI. Gewährleistungsausschluss nach § 442?

VII. Ergebnis

Lösung zu Fall 8: „Die undichte Bauernmilchkanne“ (Ausgangsfall)

(Rückgewährschuldverhältnis nach §§ 346 ff.; Rücktrittsrecht nach §§ 437 Nr. 2, 1. Alt., 323 (behebbarer Mangel); Sachmangel nach § 434 Abs. 1 Satz 1; Vorrang der Nacherfüllung (§ 439); Frist zur Nacherfüllung nach § 323 Abs. 1; Entbehrlichkeit der Fristsetzung (§§ 323 Abs. 2, 440); Verhältnis der Mängelansprüche (§ 437) zur Anfechtung wegen Eigenschaftsirrtums (§ 119 Abs. 2); Ersatz der Mangelfolgeschäden nach §§ 437 Nr. 3, 280 Abs. 1; Lieferung einer gefahrträchtigen Sache als Pflichtverletzung nach §§ 280 Abs. 1, 241 Abs. 2; Verbrauchsgüterkauf (§ 474); Gewährleistungsausschluss beim Verbrauchsgüterkauf (§ 475); Wirksamkeit von AGB (§§ 305, 307-309))

A. K könnte gegen V einen Anspruch auf Rückzahlung des Kaufpreises (80 EUR) nach § 346 Abs. 1 haben.

Nach § 346 Abs. 1 sind im Falle des Rücktritts von einem Vertrag die empfangenen Leistungen zurück zu gewähren[1], wenn sich eine Vertragspartei den Rücktritt vorbehalten hat oder ihr ein gesetzliches Rücktrittsrecht zusteht.

I. Voraussetzungen des Rücktritts

1. Wirksamer Vertrag

Vorliegend ist zwischen K und V ein Kaufvertrag über die gebrauchte Bauernmilchkanne geschlossen worden[2].

Der wirksame Rücktritt des K von diesem Vertrag erfordert eine Rücktrittserklärung sowie einen Rücktrittsgrund.

2. Rücktrittserklärung (§ 349)

K hat erklärt, dass er von dem Vertrag Abstand nehme und den Kaufpreis zurück verlange. Darin liegt sinngemäß eine Rücktrittserklärung.

---

[1] Aufgrund des Rücktritts wird der Vertrag in ein Rückgewährschuldverhältnis umgestaltet. Es handelt sich also um ein Gestaltungsrecht.

[2] **Wichtig:** Zwar könnte man bereits bei der Wirksamkeit des Kaufvertrages eine Anfechtung wegen Eigenschaftsirrtums nach § 119 Abs. 2 thematisieren. Dies erscheint indessen prüfungstechnisch nicht besonders geschickt. Denn die Prüfung der Anfechtung wirft die Frage auf, ob der Käufer die Besonderheiten der Mängelansprüche (Setzen einer (Nach-)Erfüllungsfrist vor Rücktritt und Schadensersatz, Verjährung nach § 438) mit Hilfe einer Anfechtung „aushebeln“ darf. Es sollte also zunächst der geltend gemachte gewährleistungsrechtliche Rücktritt nach den §§ 346 Abs. 1, 437 Nr. 2 1. Alt, 323 Abs. 1 vorangestellt werden. Anschließend ist bei der Prüfung der Leistungskondiktion (§ 812 Abs. 1 Satz 1, 1. Alt.) der (rückwirkende) Wegfall des Rechtsgrunds Kaufvertrag infolge einer Anfechtung nach §§ 142 Abs. 1, 119 Abs. 2 zu erörtern. Hierbei ist herauszustellen, dass die Voraussetzungen des Rücktrittsrechts nicht via Anfechtung (nachträglich) umgangen werden dürfen. Dazu kann man anschaulich auf die vorangestellten Ausführungen verweisen. Im Übrigen vermeidet man so eine allzu sehr verschachtelte Prüfung, was der Verständlichkeit nur zuträglich sein kann.

3. Rücktrittsrecht[3] (§ 437 Nr. 2)
K und V haben kein vertragliches Rücktrittsrecht vereinbart. Mithin kommt nur ein gesetzliches Recht zum Rücktritt in Betracht.

Vorliegend ist die Bauernmilchkanne dem K übergeben worden. Aufgrund des damit erfolgten Gefahrübergangs (vgl. § 446 Satz 1) greifen die kaufrechtlichen Mängelrechte ein[4]. In Betracht kommt hier ein Rücktrittsrecht nach § 437 Nr. 2, 1. Alt. Danach kann der Käufer von dem Kaufvertrag zurücktreten, wenn die Sache mangelhaft ist und die Voraussetzungen der „folgenden Vorschriften" des § 323 oder des § 326 Abs. 5, auf die § 437 Nr. 2, 1. Alt. verweist, erfüllt sind.

a. Wirksamer Kaufvertrag (s. o.)
Ein wirksamer Kaufvertrag liegt vor.

b. Sachmangel (§ 434 Abs. 1)
Gemäß § 433 Abs. 1 Satz 2 hat der Verkäufer die Sache frei von Sach- und Rechtsmängeln zu verschaffen. Der sichtbare Riss am Boden der Kanne könnte einen Sachmangel nach § 434 darstellen. Die Sache ist nach § 434 Abs. 1 Satz 1 frei von Sachmängeln, wenn sie bei Gefahrübergang die vereinbarte Beschaffenheit hat. Hier hat K nachgefragt, ob er die Kanne als Vase verwenden kann. Dies hat V bejaht, indem er erklärte, die Kanne sei dicht. Demgemäß haben V und K vereinbart, dass die Kanne zur Aufnahme von Wasser geeignet ist. Von dieser vereinbarten Soll-Beschaffenheit weicht die Ist-Beschaffenheit der Bauernmilchkanne negativ ab (subjektiver Fehlerbegriff). Damit liegt ein Sachmangel schon nach § 434 Abs. 1 Satz 1 vor[5]. Der Riss (Sachmangel) war schließlich laut Sachverhalt bereits vor Vertragsschluss und demnach bei Übergabe, also im Zeitpunkt des Gefahrübergangs (§ 446 Satz 1), vorhanden.

Damit sind die Voraussetzungen der §§ 437 Nr. 2, 434 Abs. 1 Satz 1 erfüllt.

Zu prüfen bleibt also, ob die „folgende Vorschrift" des § 323 oder die des § 326 Abs. 5 einschlägig ist.

c. § 326 Abs. 5 (lex specialis)
Die Regelung des § 326 Abs. 5 ermöglicht es dem Käufer, ohne Nachfristsetzung vom Vertrag zurückzutreten (vgl. § 326 Abs. 5, 2. HS.). Eine solche wäre bei § 326 Abs. 5 auch

---

[3] Die Begriffe Rücktrittsgrund und Rücktrittsrecht werden synonym verwendet.
[4] Nach § 434 Abs. 1 muss die Kaufsache im Zeitpunkt des Gefahrübergangs frei von Sachmängeln sein.
[5] § 434 Abs. 1 Satz 2 Nr. 1, der als Auffangtatbestand zum Abs. 1 Satz 1 zu verstehen ist, ist nicht weiter zu prüfen, denn er setzt das Fehlen einer Beschaffenheitsvereinbarung voraus. Vgl. zum Verhältnis des § 434 Abs. 1 Satz 1 und Satz 2 Nr. 1 Anwaltkommentar/Büdenbender, § 434 Rdnr. 7, wonach die Regelung in Satz 2 Nr. 1 Fälle subjektiver Beschaffenheitsäußerungen betrifft, die nicht die Wirkung vertraglicher Verbindlichkeit erreichen, jedoch für den Verkäufer erkennbar bestanden und damit von ihm berücksichtigt werden mussten. Das wäre etwa der Fall, wenn K lediglich im Kaufgespräch bekundet hätte, die Kanne als Vase nutzen zu wollen, ohne indes eine Antwort von V zu bekommen.

nicht sinnvoll, weil diese Vorschrift voraussetzt, dass der Schuldner nach § 275 Abs. 1 bis 3 nicht zu leisten braucht[6].

Ein solcher Leistungsausschluss nach § 275 Abs. 1 bis 3 ist hier nicht gegeben. Zwar ist bei der vereinbarten Stückschuld eine Nacherfüllung i. S. von § 439 Abs. 1 durch Ersatzlieferung begrifflich grundsätzlich nicht möglich, weil mit einer anderen Sache als der speziell geschuldeten nicht erfüllt werden kann[7]. V könnte hier aber durch Reparatur nacherfüllen. Diese ist laut Sachverhalt technisch machbar. Angesichts der Behebbarkeit des Mangels wird V nach § 275 Abs. 1 bis 3 von seiner Nacherfüllungspflicht nicht befreit. Die Voraussetzungen der lex specialis in § 326 Abs. 5 sind damit nicht erfüllt.

d. § 323 (lex generalis)

Nach § 323 Abs. 1 kann der Gläubiger, wenn der Schuldner bei einem gegenseitigen Vertrag eine fällige Leistung nicht oder nicht vertragsgemäß erbringt, vom Vertrag zurücktreten, nachdem er dem Schuldner erfolglos eine angemessene Frist zur Leistung oder Nacherfüllung bestimmt hat. Demzufolge setzt § 323 unausgesprochen voraus, dass die Vertragserfüllung durch Leistung oder Nacherfüllung möglich ist, da anderenfalls eine Fristsetzung sinnlos wäre.

Hier hat V mit der mangelhaften Bauernmilchkanne die fällige Leistung aus dem Kaufvertrag nicht vertragsgemäß erbracht. Der Sachmangel hätte aber durch Abdichten des Risses behoben werden können. K hätte dem V also grundsätzlich erst eine angemessene Frist zur Reparatur bestimmen müssen, um so dem Verkäufer ein „Recht zur zweiten Andienung[8]" einzuräumen[9]. Die Nacherfüllung hat gegenüber dem Rücktrittsrecht und dem Schadensersatz statt der Leistung grundsätzlich Vorrang[10]. K hat eine solche Frist nicht gesetzt. Mithin ist § 323 Abs. 1 nicht erfüllt.

Nur in den in § 323 Abs. 2 aufgezählten Ausnahmen oder nach der besonderen kaufrechtlichen Bestimmung des § 440, also insbesondere in Fällen der ernsthaft und endgültig verweigerten, der fehlgeschlagenen oder unzumutbaren Nacherfüllung, ist eine Fristsetzung entbehrlich. Hier hat V indessen das Abdichten der Kanne dem K ausdrücklich angeboten. Für eine Unzumutbarkeit der Nacherfüllung bestehen keine Anhaltspunkte. Sämtliche Ausnahmen der §§ 323 Abs. 2, 440 greifen (ersichtlich) nicht ein.

Ein Rücktrittsrecht stand K demnach nicht zu.

---

[6] Dabei ist es anders als beim Schadensersatz unerheblich, ob das Leistungshindernis schon bei Vertragsschluss vorlag oder erst später aufgetreten ist.

[7] Petersen, Jura 2002, 461 (462); Vgl. dazu Fall 2, S. 21 (vgl. auch Fn. 11 zu Fall 2)

[8] Lorenz, JZ 2001, 742 (744)

[9] **Wichtig:** Aufgrund der **eindeutigen Fallfrage**, darf hier die **Nacherfüllung nur innerhalb des Rückgewähranspruchs** geprüft werden. Es wäre demgegenüber ein **Fehler, zuerst die selbstständige Prüfung eines Anspruchs auf Nacherfüllung voranzustellen**. Eine solche Vorgehensweise würde dem Begehren des K zuwiderlaufen, der die Kanne zurückgibt und den Rücktritt vom Vertrag erklärt. Anders verhielte es sich freilich, wenn allgemein nach der Rechtslage gefragt wäre. Auch wird der Anwalt in der Praxis dem K sinnvollerweise empfehlen, zunächst eine Nacherfüllungsfrist zu setzen. **Dies entbindet Sie indessen nicht von der eindeutigen Fallfrage!**

[10] Albrecht/Flohr/Lange, Schuldrecht 2002, S. 43

II. Ergebnis

Im Ergebnis ist damit K`s Rücktrittserklärung wirkungslos. Es entsteht also kein Rückgewährschuldverhältnis. K kann den gezahlten Kaufpreis nicht nach § 346 Abs. 1 zurückverlangen.

B. Rückzahlung des Kaufpreises als Schadensersatz statt der ganzen Leistung nach §§ 437 Nr. 3, 280 Abs. 1 und 3, 281 Abs. 1?

Denkbar wäre noch, die konkludente Rücktrittserklärung großzügig zugleich als Schadensersatzverlangen zu deuten. Denn nach § 325 wird durch den Rücktritt das Recht, Schadensersatz zu verlangen, nicht (mehr) ausgeschlossen[11]. Den Kaufpreis könnte K als Schadensersatz statt der ganzen Leistung fordern. Dazu müssten allerdings neben der Grundnorm des § 280 Abs. 1 die „zusätzlichen" Voraussetzungen (§ 280 Abs. 3) des § 281 Abs. 1 erfüllt sein[12]. § 281 Abs. 1 setzt aber ebenso wie die parallel konstruierte Rücktrittsregelung des § 323 Abs. 1 das erfolglose Bestimmen einer angemessenen Frist zur Leistung oder Nacherfüllung voraus[13]. Eine solche Frist hat K, wie erwähnt, nicht gesetzt. Diese war auch nicht entbehrlich, da die in §§ 281 Abs. 2, 440 aufgeführten Ausnahmetatbestände ersichtlich nicht eingreifen. Der Kaufpreis kann demzufolge auch nicht als Schadensersatz statt der ganzen Leistung zurückgefordert werden[14].

C. Fraglich ist, ob K gegen V einen Anspruch auf Herausgabe des gezahlten Kaufpreises nach § 812 Abs. 1 Satz 1 hat[15].

Dazu müsste V etwas durch Leistung des K ohne rechtlichen Grund erlangt haben.

I. Etwas erlangt

V hat Besitz und Eigentum an dem gezahlten Geld erlangt.

II. Durch Leistung

Dies ist ferner zweckgerichtet zur Erfüllung des Kaufvertrages geschehen, also geleistet worden.

---

[11] Vgl. dazu Frage 2 zu Fall 7, S. 110

[12] Bei der Prüfung des Schadensersatzanspruchs kann ohne ausführliche Prüfung der Grundnorm des § 280 Abs. 1 unmittelbar auf § 281 Abs. 1 eingegangen und das Fehlen der erfolglosen Nacherfüllungsfrist festgestellt werden. Denn hier geht es um die zu § 323 Abs. 1 parallele Feststellung, dass eine Frist nicht gesetzt und auch nicht entbehrlich war.

[13] Anwaltkommentar/Dauner-Lieb, § 281 Rdnr. 5

[14] Hier wird erneut der Vorrang des Nacherfüllungsrechts aus den §§ 437 Nr. 1, 439 dokumentiert, vgl. dazu Albrecht/Flohr/Lange, Schuldrecht 2002, S. 43

[15] Ansprüche aus gesetzlichen Schuldverhältnissen, wie hier aus ungerechtfertigter Bereicherung, sind nach den vertraglichen Ansprüchen zu prüfen.

III. Ohne rechtlichen Grund?

Fraglich ist allein, ob der Kaufvertrag, der den Rechtsgrund für das Behaltendürfen des Kaufpreises bildet, infolge einer Anfechtung nach § 142 Abs. 1 rückwirkend entfallen ist[16]. Nach § 142 Abs. 1 ist ein anfechtbares Rechtsgeschäft, das angefochten wird, als von Anfang an nichtig anzusehen. K müsste also seine Willenserklärung, mit der die kaufvertragliche Einigung zustande kam, wirksam angefochten haben.

1. Anfechtungserklärung (§ 143)

Die Anfechtung ist sinngemäß in K`s Erklärung zu sehen, er nehme von dem Kaufvertrag Abstand. Sie wurde zudem gegenüber dem Vertragspartner als dem Anfechtungsgegner (§ 143 Abs. 1 und Abs. 2, 1. HS.) erklärt.

2. Anfechtungsgrund (hier: § 119 Abs. 2)

Ferner müsste das Rechtsgeschäft, hier also K`s Willenserklärung, anfechtbar sein. Dazu müsste einer der im Gesetz abschließend aufgezählten Anfechtungsgründe erfüllt sein. Vorliegend könnte § 119 Abs. 2 eingreifen. Danach gilt als Irrtum über den Inhalt der Erklärung auch der Irrtum über eine verkehrswesentliche Eigenschaft der Sache. K hat sich über die im Rechtsverkehr bedeutsame Eigenschaft der Bauernmilchkanne geirrt, keine undichten Stellen und Risse aufzuweisen.

3. Verhältnis der Mängelansprüche zum Anfechtungsrecht des § 119 Abs. 2

Damit stellt sich die Frage nach dem Verhältnis der Mängelansprüche zum Anfechtungsrecht. An der Rechtslage hinsichtlich der Konkurrenz zu anderen Normen aus Anlaß einer mangelhaften Lieferung habe sich, so ist durchweg zu lesen, durch die Novellierung des Kaufrechts nichts geändert[17]. Demgemäß kann der Käufer[18] nach dem Gefahrübergang entsprechend der zum bisherigen Recht vertretenen herrschenden Auffassung[19] das Rechtsgeschäft nicht mehr mit der Begründung anfechten, sich über das Nichtvorliegen eines Sachmangels geirrt zu haben. Dies wird im Wesentlichen damit begründet, dass anderenfalls vor allem das Erfordernis der Nacherfüllungsfrist beim Rücktritt in § 323 Abs. 1 sowie die zweijährige Verjährung der Kaufgewährleistungsansprüche nach § 438 Abs. 1 Nr. 3 umgangen werden könnten[20]. Denn die Anfechtung ist ohne Fristsetzung und ggfls. bis zu zehn Jahre

---

[16] **Wichtig ist,** dass die Anfechtung im Rahmen des Merkmals „ohne rechtlichen Grund" also innerhalb der Anspruchsgrundlage des § 812 Abs. 1 Satz 1 geprüft wird. Dabei ist mit der rechtlichen Wirkung (Rechtsfolge) der Anfechtung, die in § 142 Abs. 1 steht, zu beginnen. Es wäre demgegenüber ein schwerer Fehler, wenn man § 142 Abs. 1 an den Anfang der Prüfung des Rückzahlungsanspruchs als solchen setzen würde. Denn die **Anfechtung gewährt keinen Anspruch, sondern ist ein Gestaltungsrecht**. Demgemäß formuliert § 142 Abs. 1 als Wirkung der Anfechtung auch nicht (unmittelbar) den Anspruch auf Rückzahlung. Dieser ergibt sich vielmehr erst aus der **Anspruchsgrundlage des § 812 Abs. 1 Satz 1**. Lesen Sie unbedingt immer wieder sorgfältig nach, ob die von Ihnen als einschlägig angesehene Norm auch tatsächlich die begehrte Rechtsfolge formuliert!

[17] So Büdenbender, Das neue Schuldrecht, § 437 Rdnr. 26; Huber/Faust, Schuldrechtsmodernisierung, S. 381; Lorenz/Rhiem, Lehrbuch zum neuen Schuldrecht, S. 310/311

[18] Auch der Verkäufer kann grundsätzlich nicht nach § 119 Abs. 2 anfechten, da er sich sonst der Sachmängelhaftung entziehen könnte.

[19] BGHZ 34, 32 (34) m. w. N.

[20] zu weiteren Einzelheiten Huber/Faust, Schuldrechtsmodernisierung, S. 380-382

seit Abgabe der Willenserklärung möglich (vgl. § 121 Abs. 2)[21]. Damit stehen die §§ 434 ff. zu § 119 Abs. 2 jedenfalls für die Zeit nach dem Gefahrübergang zueinander im Spezialitätsverhältnis[22]. Eine Anfechtung des Käufers aufgrund der allgemeinen Vorschrift des § 119 Abs. 2 wegen Irrtums über eine verkehrswesentliche Eigenschaft, der sich wie hier auf einen Sachmangel bezieht, ist also ausgeschlossen[23].

4. Ergebnis
Demzufolge steht dem K ein Anfechtungsrecht nach § 119 Abs. 2 nicht zu. Andere Anfechtungsgründe liegen ersichtlich nicht vor. Mithin ist der wirksame Kaufvertrag, der den Rechtsgrund bildet, nicht im Wege der Anfechtung „kassiert" worden"[24].

Auch nach § 812 Abs. 1 Satz 1, 1. Alt kann K somit von V nicht die Rückzahlung des Kaufpreises verlangen.

D. K könnte gegen V einen Anspruch auf Ersatz der entstandenen Reinigungskosten in Höhe von 50 EUR nach §§ 437 Nr. 3, 280 Abs. 1 haben[25].

Gemäß § 437 Nr. 3 kann der Käufer, wenn die Sache mangelhaft ist, nach § 280 Schadensersatz verlangen. Dies setzt das Folgende voraus:

I. Wirksamer Kaufvertrag (§ 433)

K und V haben einen wirksamen Stückkauf über die Bauernmilchkanne geschlossen.

II. Gewährleistungsgrund (§ 434 Abs. 1)
Die Kanne wies schon bei Gefahrübergang den Sachmangel im Sinne des § 434 Abs. 1 Satz 1 auf (s. o.).

---

[21] **Beachte insoweit auch** die Regelung in § 438 Abs. 2, die den Beginn der Verjährung von Mängelansprüchen ausschließlich an objektive Umstände (Übergabe des Grundstücks, Ablieferung der Sache) knüpft. Demgegenüber hat die Anfechtung nach § 121 Abs. 1 zwar unverzüglich zu erfolgen, aber erst nachdem der Anfechtungsberechtige vom Anfechtungsgrund Kenntnis erlangt hat (subjektives Moment).

[22] Es dürfte ebenfalls zulässig sein, die Frage des Vorrangs der Mängelansprüche gegenüber § 119 Abs. 2 inhaltlich schon unter dem Gesichtspunkt der grundsätzlichen Anwendbarkeit des Anfechtungsrechts zu erörtern. Die Prüfung des Verhältnisses der Mängelansprüche zum Anfechtungsrecht müsste in diesem Falle zu Beginn des Merkmals „ohne rechtlichen Grund" auftauchen.

[23] **Wichtig:** Lorenz/Rhiem, Lehrbuch zum neuen Schuldrecht, S. 309; eine **Anfechtung aufgrund der §§ 119 Abs. 1, 123** ist freilich unabhängig von Konkurrenzerwägungen **stets möglich**. Diese Anfechtungsgründe liegen hier aber ersichtlich nicht vor.

[24] **Nebenbei bemerkt:** Die **Anfechtung kassiert, ohne zu reformieren**. Die **Auslegung reformiert, ohne zu kassieren.** Ergo wird die Auslegung eines Rechtsgeschäfts vor dessen Anfechtung geprüft, vgl. dazu Schapp, Grundlagen, S. 175-177

[25] Da die geltend gemachten Reinigungskosten hier infolge eines Mangels entstanden sind, ergibt sich der Schadensersatzanspruch über die §§ 437 Nr. 3, 434.

III. Grundnorm des § 280 Abs. 1 (Schadensersatz wegen Pflichtverletzung)

V müsste nach § 280 Abs. 1 Satz 1 eine Pflicht aus dem Schuldverhältnis verletzt haben. Nach § 280 Abs. 1 Satz 2 greift die Haftung nicht ein, wenn V die Pflichtverletzung nicht zu vertreten hat.

1. Wirksames Schuldverhältnis

Zwischen K und V besteht ein wirksamer Kaufvertrag (s. o.).

2. Pflichtverletzung

Ferner müsste V eine ihn aus diesem Schuldverhältnis treffende Pflicht verletzt haben.

a. Verletzung vorvertraglicher Pflichten (§ 311 Abs. 2)

V könnte vorliegend die Pflicht, sich im Stadium der Vertragsanbahnung über die Beschaffenheit der Kaufsache genau zu informieren und die Sache dazu sorgfältig zu untersuchen, verletzt haben. Laut Sachverhalt hat er bei der Vertragsanbahnung die Kanne im Halbdunkeln und nur mit einem flüchtigen Blick in Augenschein genommen. Dabei hat er den sichtbaren Riss am Boden übersehen. Darin liegt eine Verletzung der vorvertraglichen Untersuchungs- und Informationspflichten. Zweifelhaft erscheint, ob diese vorvertraglichen Pflichten überhaupt die Vermeidung von Mangelfolgeschäden (Kosten für die Reinigung des Parketts) bezwecken. Denn hätte V schon bei der Vertragsanbahnung die Kanne ordnungsgemäß untersucht und folglich sich und den Käufer K über den Riss im Boden der Kanne informiert, dann wäre der Vertrag gar nicht erst zustande gekommen. Ein Erfüllungsanspruch des K auf Verschaffung einer wasserdichten Kanne wäre niemals entstanden. Pflichtgemäßes Verhalten hätte hier also keine Mangelfolgeschäden, sondern den Vertragsschluss überhaupt verhindert. Es fehlt demnach zwischen dem Mangelfolgeschaden und der Verletzung der vorvertraglichen Untersuchungs- und Aufklärungspflicht der sog. Rechtswidrigkeitszusammenhang. Schon aus diesem Grunde kann an die Verletzung der vorvertraglichen Informations- und Untersuchungspflichten hier nicht angeknüpft werden[26].

Darüber hinaus wird eine parallele „c. i. c. - Informationshaftung" aus grundsätzlichen Erwägungen schon nicht als gerechtfertigt angesehen, soweit der Anwendungsbereich des Gewährleistungsrechts reicht[27]. Das Gewährleistungsrecht mit seinen höchst differenzierten und abgestuften Rechtsbehelfen und seiner speziellen Verjährung stelle eine komplexe gesetzgeberische Entscheidung zur Bewältigung der Interessenkonflikte bei einem Abweichen der Ist- von der Sollbeschaffenheit dar. Dieses System dürfe nicht durch die c. i. c. unterlaufen werden, zumal hierfür kein Bedürfnis bestehe. Vor allem sei die Schwäche der allzu kurzen Verjährung des § 477 BGB a. F. im reformierten Schuldrecht behoben[28].

---

[26] Vgl. hierzu Lorenz/Rhiem, Lehrbuch zum neuen Schuldrecht, S. 192/193

[27] Anwaltkommentar/Krebs, § 311 Rdnr. 33; vgl. zur Frage einer Informationshaftung bereits oben Fall 2, S. 26; Rauda/Zenthöfer, 55 Fälle, S. 65 halten **parallel zu den Gewährleistungsansprüchen** eine **c. i. c. - Informationshaftung** für vertretbar, **wenn der Verkäufer arglistig seine Aufklärungspflicht verletzt hat.**

[28] Anwaltkommentar/Krebs, § 311 Rdnr. 33

b. Verletzung einer integritätsbezogenen Schutzpflicht (§ 241 Abs. 2)
V hat vorliegend aber nicht nur die Aufklärungspflicht im Stadium der Vertragsanbahnung verletzt. Vielmehr hat er zudem die kaufvertragliche Pflicht aus § 433 Abs. 1 Satz 2 verletzt, indem er K die Bauernmilchkanne trotz Sachmangels ausgehändigt hat. Die Lieferung einer mangelhaften Sache stellt also in den Kategorien des neuen Rechts eine Verletzung der Leistungspflicht nach § 280 Abs. 1 Satz 1 dar[29].

Indessen erschöpft sich die Lieferung der mangelhaften Kaufsache nicht in der Verletzung der Leistungspflicht, sondern sie stellt zugleich die Verletzung einer Schutzpflicht nach § 241 Abs. 2 dar. Danach kann ein Schuldverhältnis nach seinem Inhalt jeden Teil zur Rücksicht auf die Rechte, Rechtsgüter und Interessen des anderen Teils verpflichten. V ist dementsprechend auch verpflichtet, keine Gefahrenquellen durch das Aushändigen einer mangelhaften Sache zu schaffen. Insoweit hat V nicht nur seine kaufvertragliche Leistungspflicht, sondern uno actu eine Schutzpflicht im Sinne des § 241 Abs. 2 verletzt[30], die das Integritätsinteresse des Käufers und damit vor allem die Vermeidung von Mangelfolgeschäden im Blick hat. Darin liegt im Hinblick auf die geltend gemachten Reinigungskosten die maßgebliche Pflichtverletzung im Sinne des § 280 Abs. 1[31].

3. Vertretenmüssen (wird nach § 280 Abs. 1 Satz 2 vermutet)
Demzufolge kann der Gläubiger Ersatz des hierdurch entstandenen Schadens verlangen. Allerdings gilt dies nach § 280 Abs. 1 Satz 2 nicht, wenn der Schuldner die Pflichtverletzung nicht zu vertreten hat.

Als maßgebliche Pflichtverletzung wurde soeben die Schaffung einer Gefahrenquelle durch Lieferung (Aushändigung) der mangelhaften Kaufsache ausgemacht. Das objektive Faktum dieser Pflichtverletzung bedeutet indes nicht, dass dem Käufer zugleich ein (subjektives) Vertretenmüssen anzulasten ist[32]. Allerdings müsste V wegen der negativen Fassung des § 280 Abs. 1 Satz 2 Umstände darlegen, aus denen sich ergibt, dass er die Lieferung der gefahrträchtigen mangelhaften Kaufsache, nicht zu vertreten hat. Zwar kann beim Verkauf industriell hergestellter Massenwaren nicht erwartet werden, dass der Verkäufer jede einzelne Ware auf Konstruktions- und Fertigungsmängel hin untersucht. So liegt der Fall hier aber nicht. Es war dem V gut zumutbar im Rahmen seines Second-Hand Ladens kleineren Zuschnitts, die gebrauchte Bauernkanne genau „unter die Lupe zu nehmen", bevor er sie dem K aushändigt und damit eine Gefahrenquelle in Umlauf bringt. Dies gilt umso mehr, als K sich ausdrücklich danach erkundigt hat, ob die Bauernmilchkanne noch wasserdicht sei. Dass es sich vorliegend um einen nur kleinen Riss handelt, vermag den V nicht zu entlasten, denn bei guten Lichtverhältnissen hätte er den Riss optisch erkennen können. Insoweit kann hier dahinstehen, ob V sogar verpflichtet gewesen wäre, die Kanne probeweise mit Wasser zu füllen. Im Ergebnis bleibt die Verschuldensvermutung des § 280 Abs. 1 Satz 2 vorliegend also unwiderlegt. V haftet demnach aufgrund vermuteten Verschuldens.

---

[29] Statt vieler, vgl. Schapp, JA 2003, 125 (128) sowie Petersen, Jura 2002, 461 (463)
[30] Dazu, dass **dasselbe Verhalten zugleich eine leistungsbezogene Nebenpflicht und eine integritätsbezogene Schutzpflicht verletzt**, vgl. oben Fall 1, S. 7
[31] Vgl. auch Fall 2, S. 25
[32] Darauf weist Petersen in Jura 2002, 461 (463) hin; ebenso Schubel, JuS 2002, 315 (318)

4. Kausaler Schaden
Dadurch, dass V die mit dem Sachmangel behaftete Bauernmilchkanne an K übergeben hat, konnte es zu den Wasserflecken kommen. Deren Beseitigung hat einen Vermögensschaden von 50 EUR verursacht.

Somit ist die Grundnorm des § 280 Abs. 1 für einen Schadensersatzanspruch wegen Pflichtverletzung erfüllt.

IV. Rechtsfolge des § 280 Abs. 1: Ersatz „einfacher" Schäden

Daraus resultiert ein Anspruch auf Ersatz sog. einfacher Schäden, worunter alle Schäden zu verstehen sind (Mangelfolgeschäden und Begleitschäden), die nicht an die Stelle der Leistung treten und keine Verzögerungsschäden sind[33]. Bei den von K geltend gemachten Reinigungskosten handelt es sich um Mangelfolgeschäden am Vermögen des K, die offenkundig nicht an die Stelle der kaufvertraglichen Leistungen (Übereignung der (reparierten) Bauernmilchkanne gegen Zahlung des Kaufpreises) treten[34]. Ferner stellen die Mangelfolgeschäden keine Verzögerungsschäden dar[35].

Es handelt sich demzufolge um Schäden, die nach der Grundnorm des § 280 Abs. 1 ohne zusätzliche Voraussetzungen ersatzfähig sind.

V. Wirksamer Gewährleistungsausschluss?

Der Schadensersatzanspruch nach den §§ 437 Nr. 3, 280 Abs. 1 könnte durch die auf der Rückseite des Kaufvertragformulars abgedruckten Geschäftsbedingungen ausgeschlossen sein.

1. Sonderregelung beim Verbrauchsgüterkauf
Der in diesen Bedingungen vereinbarte Ausschluss von Schadensersatzansprüchen könnte bereits wegen der Sonderregel in § 475 unwirksam sein. Nach Abs. 1 dieser Vorschrift kann sich ein Unternehmer sogar auf eine durch Individualabrede getroffene Vereinbarung, die vor Mitteilung eines Mangels an den Unternehmer zum Nachteil des Verbrauchers insbesondere von § 437 abweicht, nicht berufen. Erst recht ist demzufolge eine solche abweichende Vereinbarung formularmäßig unzulässig. Zu prüfen ist demnach, ob der Kaufvertrag zwischen K und V einen Verbrauchsgüterkauf im Sinne des § 474 betrifft, auf den § 475 anzuwenden ist[36].

---

[33] Der Begriff des einfachen Schadensersatzes umfasst alle Schäden, deren Ersatz nicht über § 280 Abs. 2 (Verzögerungsschaden) oder über § 280 Abs. 3 (Schadensersatz statt der Leistung) zusätzliche Voraussetzungen erfordern, vgl. dazu Fall 1, S. 9

[34] Zum Begriff des Schadensersatzes statt der Leistung, vgl. Fall 1, S. 8/9

[35] Vgl. dazu Anwaltkommentar/Dauner-Lieb, § 280 Rdnr. 48

[36] **Wichtig:** Erst wenn die auf besondere Erwägungen des Verbraucherschutzes beruhenden Sonderregeln der §§ 474 bis 479 ins Blickfeld geraten, ist im Gutachten zu prüfen, ob es sich um einen Verbrauchsgüterkauf im Sinne des § 474 Abs. 1 handelt. Demgegenüber erscheint es zumindest unnötig, schon bei der Prüfung der Vorschriften, die für Kaufverträge allgemein Geltung beanspruchen (z.B.: §§ 433, 434-37), der Frage nachzugehen, ob ein Verbrauchsgüterkauf vorliegt.

a. Verbrauchsgüterkauf (§ 474)

Ein Verbrauchsgüterkauf[37] liegt nach der Legaldefinition des § 474 Abs. 1 vor, wenn ein Verbraucher von einem Unternehmer eine bewegliche Sache kauft. Entgegen einer naheliegenden Deutung des Begriffs kommt es also nicht darauf an, ob die Kaufsache zum Verbrauch bestimmt ist. Verbraucher ist nach § 13 jede natürliche Person, die ein Rechtsgeschäft zu einem Zweck abschließt, der weder ihrer gewerblichen noch ihrer selbständigen beruflichen Tätigkeit zugerechnet werden kann. Dies ist bei K, der die Bauernmilchkanne für den privaten Gebrauch gekauft hat, der Fall. Unternehmer ist gemäß § 14 eine natürliche oder juristische Person, die bei Abschluss eines Rechtsgeschäfts in Ausübung ihrer gewerblichen oder selbständigen beruflichen Tätigkeit handelt. Diese Voraussetzungen treffen auf V zu, der den Kauf im Rahmen seines Second-Hand Ladens geschlossen hat. Kaufgegenstand war eine bewegliche Sache. Diese muss keine neuwertige sein. Vielmehr ist aus § 474 Abs. 1 Satz 2 zu entnehmen, dass grundsätzlich[38] auch gebrauchte bewegliche Sachen Gegenstand eines Verbrauchsgüterkaufs sein können[39]. Der vorliegende Kauf der gebrauchten Bauernmilchkanne ist somit als Verbrauchsgüterkauf zu qualifizieren.

b. Abweichende Vereinbarungen nach § 475?

Da mithin die Sonderregel des § 475 zu beachten ist, stellt sich die Frage, ob hier eine von § 475 Abs. 1 verbotene Abweichung vorliegt. Denn wenn auch das Kaufrecht grundsätzlich dispositiv ist, so verbietet § 475 Abs. 1 doch bestimmte Abweichungen aus Gründen des Verbraucherschutzes. Insoweit sind die Käuferrechte beim Verbrauchsgüterkauf also zwingend[40].

Hier ist zwar in den Geschäftsbedingungen zum Nachteil des Verbrauchers K von § 437 Nr. 3 abgewichen worden, indem Schadensersatzansprüche bei gebrauchten Sachen ausgeschlossen werden sollen. Allerdings nimmt § 475 Abs. 3 gerade den Ausschluss oder die Beschränkung des Schadensersatzes ausdrücklich von der Geltung des § 475 Abs. 1 aus[41].

Der vorliegende Ausschluss von Schadensersatzansprüchen verstößt also nicht gegen § 475 Abs. 1.

---

[37] **Wichtig:** Demzufolge fallen Kaufverträge zwischen (zwei) Unternehmern und zwischen (zwei) Verbrauchern **nicht unter den Begriff des Verbrauchsgüterkaufs**. Weiter sind Verträge, in denen der Verbraucher als Verkäufer und der Unternehmer als Käufer auftritt, keine Verbrauchsgüterkäufe, vgl. Anwaltkommentar/Büdenbender, § 474 Rdnr. 2 sowie Zimmer/Eckhold, Jura 2002, 145 (153)

[38] Käufe gebrauchter Sachen im Rahmen öffentlicher Versteigerung (Hauptfall: Fundsachen) sind ausgenommen.

[39] **Wichtig:** In sachlicher Hinsicht sind damit **Kaufverträge über bewegliche Sachen** erfasst. Demgegenüber unterfallen Verträge über Immobilien, Rechte und sonstige Gegenstände einschließlich der Strom- und Fernwärmelieferungsverträge nicht den §§ 474 ff., vgl. Anwaltkommentar/Büdenbender, § 474 Rdnr. 3

[40] Vgl. hierzu Anwaltkommentar/Büdenbender, § 475 Rdnr. 2, der erläutert, dass dies im wirtschaftlichen Ergebnis nicht anderes bedeute, als eine partielle Nichtigkeitsregel (entgegen § 139) unter Aufrechterhaltung des Kaufvertrages im Übrigen; Zimmer/Eckhold; Jura 2002, 145 (153) sprechen im Hinblick auf den Abs. 1, wonach nur Vereinbarungen zum Nachteil des Verbrauchers unwirksam sind, von „halb-zwingendem" Recht.

[41] Dies erklärt sich daraus, dass die Verbrauchsgüterkaufrichtlinie 1999/44/EG vom 25.05.1999 Schadensersatzansprüche nicht regelt und deren Ausgestaltung dem nationalen Gesetzgeber überläßt. Damit sind Verbraucher bei uns immer noch im Sinne einer Mindestsicherung insoweit geschützt, als der Anspruch auf Nacherfüllung sowie die Rechte zum Rücktritt und zur Minderung nicht abdingbar sind, vgl. Anwaltkommentar/Büdenbender, § 475 Rdnr. 2

2. Wirksamkeit der Geschäftsbedingungen
Fraglich ist, ob hier Schadensersatzansprüche durch Allgemeine Geschäftsbedingungen (AGB) ausgeschlossen sind. Dazu müssten AGB vorliegen, die der besonderen Inhaltskontrolle nach §§ 307 bis 309 unterliegen[42].

Um Interpretationsschwierigkeiten vorzubeugen, stellt § 475 Abs. 3 ausdrücklich fest, dass die §§ 307 bis 309 unbeschadet gelten[43].

Voraussetzung einer solchen Inhaltskontrolle ist nach § 307 Abs. 3, dass in AGB von Rechtsvorschriften abweichende Regelungen vorgesehen sind.

a. Anwendbarkeit der §§ 305 ff.
Laut Sachverhalt verwendet V die Formulare standardmäßig. Es ist also davon auszugehen, dass sie für eine Vielzahl von Verträgen vorformuliert sind und der V sie – wie auch im vorliegenden Fall geschehen – der anderen Vertragspartei bei Abschluss eines Vertrages einseitig stellt. Bei den Bedingungen auf der Rückseite des Formulars handelt es sich also um AGB im Sinne des § 305 Abs. 1 Satz 1.

Die hier in Rede stehende AGB weicht zudem von Rechtsvorschriften ab, da Schadensersatzansprüche nach den §§ 437 Nr. 3, 280, 281, 283, 311a generell ausgeschlossen werden.

b. Einbeziehung der AGB in den Vertrag (§ 305 Abs. 2)
Die AGB müssten ferner Bestandteil des Kaufvertrages geworden sein. Voraussetzung hierfür ist erstens, dass der Verwender bei Vertragsschluss die andere Vertragspartei ausdrücklich auf sie hinweist (§ 305 Abs. 2 Nr. 1), dass er ferner der anderen Vertragspartei die Möglichkeit verschafft, in zumutbarer Weise von ihrem Inhalt Kenntnis zu nehmen (§ 305 Abs. 2 Nr. 2), und dass die andere Partei drittens mit der Geltung dieser AGB einverstanden ist (§ 305 Abs. 2 a. E.). Vorliegend hat V den K auf die umseitig abgedruckten Geschäftsbedingungen ausdrücklich aufmerksam gemacht. Damit hat er darauf hingewiesen, dass der Vertrag unter Einbeziehung seiner AGB geschlossen werden soll. Dieser Hinweis durfte mündlich erfolgen[44]. K hätte sich in zumutbarer Weise Kenntnis von den AGB verschaffen können, denn sie waren auf der Rückseite der Vertragsurkunde abgedruckt[45]. Trotzdem hat K das Vertragsformular unterschrieben und sich dadurch mit den AGB einverstanden erklärt.

---

[42] Diese entsprechen den früheren Regelungen der §§ 8 bis 11 des Gesetzes zur Regelung des Rechts der Allgemeinen Geschäftsbedingungen (AGBG vom 9. Dezember 1976 (BGBl. I S. 3317)). Das AGBG ist eines von mehreren Verbraucherschutzgesetzen, die anlässlich der Schuldrechtsreform in das BGB Aufnahme gefunden haben. Zu den weiteren integrierten Verbraucherschutzgesetzen vgl. Lorenz/Rhiem, Lehrbuch zum neuen Schuldrecht, S. 63 ff.

[43] **Wichtig: Zur Prüfungsreihenfolge bei der Überprüfung von AGB auf ihre Wirksamkeit**

1. **Anwendbarkeit der §§ 305 ff.** (Liegen AGB vor, die von Rechtsvorschriften abweichen?)
2. **Einbeziehung der AGB in den Vertrag** (§ 305 Abs. 2)
2. **Unwirksamkeit der Klausel nach §§ 307 bis 309**
    a. § 309 (Klauselverbote ohne Wertungsmöglichkeit)
    b. § 308 (Klauselverbote mit Wertungsmöglichkeit)
    c. § 307 Abs. 1 und 2 (Generalklausel)

[44] Palandt/Heinrichs, § 305 Rdnr. 29

[45] Vgl. zu dieser Einbeziehungsvoraussetzung Palandt/Heinrichs, § 305 Rdnr. 54

c. Unwirksamkeit der AGB nach den §§ 307 bis 309
Die in den Kaufvertrag einbezogene AGB könnte hier gegen das Klauselverbot ohne Wertungsmöglichkeit des § 309 Nr. 7 b verstoßen und infolgedessen unwirksam sein[46]. Danach ist in AGB unter anderem unwirksam, ein Ausschluss oder eine Begrenzung der Haftung für sonstige Schäden, die auf einer grob fahrlässigen Pflichtverletzung des Verwenders beruhen. Demgemäß sind Freizeichnungsklauseln unwirksam, wenn sie generell jeglichen Schadensersatz, mithin also auch die Haftung für grob-fahrlässiges und vorsätzliches Handeln des Verwenders, ausschließen. Dies ist hier der Fall. Ferner stehen auch sonstige Schäden im Sinne des § 309 Nr. 7 b in Rede, denn darunter fallen in Abgrenzung zu dem Klauselverbot des § 309 Nr. 7 a alle Schäden, die nicht aus der Verletzung von Leben, Körper und Gesundheit entstehen. Schließlich handelt es sich um eine abstrakte Inhaltskontrolle, so dass unbeachtlich ist, ob V im konkret zu beurteilenden Fall bereits grob fahrlässig gehandelt hat[47]. Die von V verwendete AGB hält somit der besonderen Inhaltskontrolle nicht stand und ist unwirksam.

3. Zusammenfassung
Festzuhalten ist also, dass Schadensersatzansprüche zwar wegen § 475 Abs. 3 auch bei dem hier vorliegenden Verbrauchsgüterkauf grundsätzlich abbedungen werden können. Der formularmäßige generelle Ausschluss ist hier aber wegen Verstoßes gegen das Klauselverbot des § 309 Nr. 7 b unwirksam.

VI. Gewährleistungsausschluss nach § 442?

Die Rechte wegen eines Mangels könnten schließlich nach § 442 ausgeschlossen sein.

Nach § 442 Abs. 1 Satz 1 sind Rechte wegen eines Mangels ausgeschlossen, wenn der Käufer bei Vertragsschluss den Mangel kennt. Dies war hier nicht der Fall. Auch § 442 Abs. 1 Satz 2 ist nicht erfüllt. Danach kann der Käufer, dem ein Mangel infolge grober Fahrlässigkeit unbekannt geblieben ist, Rechte wegen dieses Mangels nur geltend machen, wenn der Verkäufer den Mangel arglistig verschwiegen oder eine Garantie für die Beschaffenheit der Sache übernommen hat. Es erscheint schon zweifelhaft, ob dem K hier grob fahrlässige Unkenntnis vorgeworfen werden kann. Dazu müsste sich dem K das Vorliegen eines Mangels bei Abschluss des Kaufvertrags aufgedrängt haben[48]. Hierzu hätte der Riss gewissermaßen dem K „ins Auge springen müssen". Davon kann im Hinblick auf den feinen Riss nicht die Rede sein.

---

[46] Ausführlich zu diesem Klauselverbot Graf v. Westphalen, NJW 2002, 12 (21)
[47] So Brors, JuS 2002, 355 (357) ; a. A. OLG München, NJW 1981, 1963 (1963). Das OLG hat eine umfassende Haftungsausschlussklausel („Der Drachenflugschüler haftet für die Folgen eines Sturzes selbst") lediglich im Umfang des Verstoßes gegen § 11 Nr. 7 AGB-Gesetz (Ausschluss der Haftung für grobe Fahrlässigkeit und Vorsatz) für unwirksam befunden, die Klausel im Übrigen (Haftungsausschluss für leichte Fahrlässigkeit) jedoch aufrechterhalten. Man wollte wohl - freilich unter Verbiegen des Gesetzeswortlauts - einer Drachenfliegerin im Ergebnis keinen Schadensersatz zusprechen.
[48] Anwaltkommentar/Büdenbender, § 442 Rdnr. 7

VII. Ergebnis

Nach alledem bleibt es bei dem entstandenen Schadensersatzanspruch. Dieser ist insbesondere wegen der nach § 309 Nr. 7 b unwirksamen AGB-Klausel nicht ausgeschlossen. V hat dem K also gemäß §§ 437 Nr. 3, 280 Abs. 1 die Reinigungskosten in Höhe von 50 EUR zu ersetzen.

Prüfungsschemata zu Fall 8: „Die undichte Bauernmilchkanne“ (Abwandlung)

A. Anspruch auf Schadensersatz nach den §§ 437 Nr. 3, 280 Abs. 1 (50 EUR Reinigungskosten)

I. Wirksamer Kaufvertrag (§ 433)

II. Gewährleistungsgrund (§ 434)

1. **Non-liquet-Situation und Beweislastverteilung**
2. **Beweislastumkehr beim Verbrauchsgüterkauf (§ 476)**
3. **Ergebnis**

B. Anspruch auf Schadensersatz aus Garantie (§ 443)

I. Beschaffenheits- oder Haltbarkeitsgarantie? (§ 443 Abs. 1)

II. Nichtbeachtung der formellen Vorgaben des § 477

III. Garantiefall (§ 443 Abs. 2)

IV. Rechte aus der Garantie

1. **Schadensersatz „ohne weiteres“?**
2. **Schadensersatz nur bei zugesicherter Eigenschaft**
3. **Ergebnis**

Lösung zu Fall 8: „Die undichte Bauernmilchkanne" (Abwandlung)

(Non-liquet-Situation in Bezug auf das Vorliegen eines Sachmangels im Zeitpunkt des Gefahrübergangs; Beweislastumkehr beim Verbrauchsgüterkauf nach § 476 1. HS.; Ausschluss der Beweislastumkehr nach § 476 2. HS.; Garantie nach § 443; Haltbarkeits- und Beschaffenheitsgarantie; formelle Vorgaben für die Garantie nach § 477; Garantiefall (§ 443 Abs. 2); Rechte aus der Garantie; Ersatz von Mangelfolgeschäden aus der Garantie nur bei gleichzeitiger Zusicherung)

A. K könnte gegen V einen Anspruch auf Ersatz der entstandenen Reinigungskosten (50 EUR) nach den §§ 437 Nr. 3, 280 Abs. 1 haben.

Gemäß § 437 Nr. 3 kann der Käufer, wenn die Sache mangelhaft ist, nach § 280 Schadensersatz verlangen. Dazu müssen folgende Voraussetzungen erfüllt sein.

I. Wirksamer Kaufvertrag (§ 433)

Wie festgestellt, haben K und V einen wirksamen Kaufvertrag über die gebrauchte Bauernmilchkanne geschlossen.

II. Gewährleistungsgrund (§ 434)

Nach § 434 Abs. 1 Satz 1 ist die Sache frei von Sachmängeln, wenn sie bei Gefahrübergang die vereinbarte Beschaffenheit hat. In der Abwandlung weist die Bauernmilchkanne einen Mangel auf, da sie anders als vereinbart nicht wasserdicht ist. Allerdings hat sich dies erst sieben Monate nach Übergabe herausgestellt. Nicht mehr festzustellen ist diesmal, ob der Sachmangel schon im Zeitpunkt des Gefahrübergangs, also bei Übergabe (§ 446), vorlag oder ob er erst später entstanden ist. Insoweit besteht eine non-liquet-Situation, die sich durch Beweiserhebung nicht mehr aufklären lässt.

1. Non-liquet-Situation[49] und Beweislastverteilung

Aufgrund dessen stellt sich die Frage nach der Verteilung der Beweislast. Nach allgemeinen Grundsätzen trifft denjenigen die Beweislast, der sich auf eine für ihn günstige Tatsache beruft. Danach trägt wie bisher grundsätzlich der Käufer die Beweislast dafür, dass der von ihm geltend gemachte Sachmangel zum maßgeblichen Zeitpunkt des Gefahrübergangs vorgelegen hat[50].

Von diesem Grundsatz lässt das Gesetz Ausnahmen zu.

---

[49] Die Gruppe der „Nichtlateiner" unter den Studierenden wächst. Deshalb sei folgender Hinweis gestattet, der früher allenfalls aus Gründen des Minderheitenschutzes zu rechtfertigen war: **Non liquet** heißt (in etwa): „Die Tatsache ist **nicht klar**".

[50] Vgl. dazu Anwaltkommentar/Büdenbender, § 476 Rdnr. 1; Henssler/v. Westphalen, Praxis der Schuldrechtsreform, § 476 Rdnr. 4

2. Beweislastumkehr beim Verbrauchsgüterkauf (§ 476)

So ergibt sich eine gewichtige Stärkung der Rechtsposition des Verbrauchers aus der speziell für den Verbrauchsgüterkauf geltenden Beweislastumkehr des § 476[51]. Nach dieser Vorschrift wird – freilich widerlegbar[52]- vermutet, dass die Sache bereits bei Gefahrübergang mangelhaft war, wenn sich ein Sachmangel innerhalb von sechs Monaten seit Gefahrübergang zeigt (1.HS.), es sei denn, diese Vermutung ist mit der Art der Sache[53] oder des Mangels[54] unvereinbar (2.HS.).

§ 476 hilft dem K hier aus doppeltem Grunde nicht.

Erstens setzt die Beweislastumkehr, wie erwähnt, voraus, dass der Sachmangel sich innerhalb einer Frist von sechs Monaten seit Gefahrübergang (Übergabe) gezeigt hat. Sich zeigen ist dabei gleichbedeutend mit erkennbar werden. Damit ist ausgedrückt, dass die Sachmängel, die erfasst werden sollen, zur Zeit des Gefahrübergangs noch nicht erkennbar oder noch nicht aufgetreten waren[55]. Hier ist die Undichtigkeit der Kanne infolge des Gebrauchs als Vase erst nach Ablauf von sieben Monate seit Gefahrübergang (Übergabe) zu Tage getreten. Der haarfeine Riss war bis dahin auch nicht optisch erkennbar. Somit hat der Sachmangel sich nicht innerhalb der Sechsmonatsfrist des § 476 1. HS. gezeigt.

Zweitens ist die Beweislastumkehr, selbst wenn die Frist eingehalten wäre, nach § 476 2. HS. bei gebrauchten Sachen ausgeschlossen. Gebrauchte Sachen weisen nämlich eine sehr unterschiedliche Abnutzung auf. Deswegen unterliegen sie anders als neue Sachen nach der Erfahrung einem weitaus größeren Risiko schon nach kürzester Zeit den Dienst aufgrund von Verschleißerscheinungen zu versagen[56]. Demzufolge ist die Vermutung des § 476 1. HS. mit der Art der gebrauchten Bauernmilchkanne unvereinbar[57].

3. Ergebnis

Da die Beweislastumkehr des § 476 hier nicht zugunsten des Verbrauchers K eingreift, bleibt dieser für den Sachmangel beweispflichtig. Demzufolge kann K aufgrund der zu seinen Lasten gehenden non-liquet-Situation Mängelansprüche aus dem gesetzlichen Gewähr-

---

[51] Damit wird die Vermutung aus Art. 5 Abs. 3 der Verbrauchsgüterkaufrichtlinie 1999/44/EG vom 25.05.1999 (ABlEG Nr. 171 vom 07.07.1999) umgesetzt.

[52] **Wichtig:** § 476 enthält keine Fiktion der Fehlerhaftigkeit der Sache bereits bei Gefahrübergang, sondern lediglich eine Vermutung. Anders als die Fiktion, die nicht widerlegbar ist, kann die Vermutung durch einen geeigneten Sachvortrag des Verkäufers erschüttert – widerlegt – werden. Vgl. hierzu Anwaltkommentar/Büdenbender, § 476 Rdnr. 2; Henssler/v. Westphalen, § 476 Rdnr. 5 **Beachte: Der Unterschied von Fiktion und Vermutung ist eine beliebte Prüfungsfrage.**

[53] **Wichtig:** Dies wird zum Beispiel bei verderblichen Nahrungsmitteln sowie bei Gegenständen mit hohem Verschleißcharakter (z.B.: Kleidungsstücke, Autoreifen) der Fall sein, vgl. Palandt/Putzo, § 476 Rdnr. 10; Henssler/v. Westphalen, § 476 Rdnrn. 6 und 7

[54] **Wichtig:** Hierzu zählen beispielsweise Tierkrankheiten, weil wegen der Ungewissheit über den Zeitraum zwischen Infektion und Ausbruch der Krankheit deren Anlage schon beim Kauf des Tieres nicht typisch ist. Ferner fallen darunter Fehler, die auf den ersten Blick erkennbar sind (z. B.: abgerissene Knöpfe oder deutliche Kratzer auf der Oberfläche). Denn bei solchen Beschädigungen spricht einiges dafür, dass der Käufer sie bei Gefahrübergang sofort beanstandet hätte und deswegen von evidenten Bedienungsfehler auszugehen ist. Vgl. Anwaltkommentar/Büdenbender, § 476 Rdnr. 15; vgl. ein weiteres Beispiel bei Wörlen, Schuldrecht BT, Rdnr. 101

[55] Palandt/Putzo, § 476 Rdnr. 7

[56] Ein wichtiger Fall ist der Kauf eines gebrauchten Kfz.

[57] Anwaltkommentar/Büdenbender, § 476 Rdnr. 15

leistungsrecht der §§ 437, 434 nicht erfolgreich geltend machen. Mithin besteht nach §§ 437, 434 Abs. 1 Satz 1, 280 Abs. 1 kein Anspruch auf Ersatz der Reinigungskosten.

A. K könnte gegen V einen Anspruch auf Ersatz der Reinigungskosten aufgrund der von V auf dem Kaufformular vermerkten „Garantie" nach § 443 haben.

Indem V erklärt hat, er verbürge sich dafür, dass die Kanne dicht sei und zusätzlich „Ein Jahr Garantie" auf der Vertragsurkunde vermerkt hat, könnte er eine Garantie im Sinne des § 443 übernommen haben.

§ 443 Abs. 1 bestimmt, dass dem Käufer im Garantiefall unbeschadet der gesetzlichen Ansprüche die Rechte aus der Garantie gegenüber dem Verkäufer[58] zustehen, wenn der Verkäufer eine Garantie für die Beschaffenheit der Sache oder dafür übernimmt, dass die Sache für eine bestimmte Dauer eine bestimmte Beschaffenheit behält (Haltbarkeitsgarantie). Damit wird der Garantie erstmals ein gesetzlicher Rahmen gegeben. Demzufolge begründet die Garantie nach § 443 Abs. 1 einen eigenständigen Anspruch, der neben die kaufrechtliche Mängelhaftung („unbeschadet der gesetzlichen Ansprüche") tritt[59].

I. Beschaffenheits- oder Haltbarkeitsgarantie? (§ 443 Abs. 1)

Dem Wortlaut nach unterscheidet § 443 Abs. 1 eine Garantie für die Beschaffenheit der Sache (Beschaffenheitsgarantie) und eine Garantie dafür, dass die Sache für eine bestimmte Dauer eine bestimmte Beschaffenheit behält (Haltbarkeitsgarantie). Entgegen dieser differenzierenden sprachlichen Fassung des § 443 Abs. 1 wird unter Bezugnahme auf die Gesetzesbegründung die Ansicht vertreten, dass die Beschaffenheitsgarantie im Sinne der früheren Zusicherung des § 463 BGB a. F. von der Regelung des § 443 nicht erfasst werde. Dazu bedürfe es eines Einstehenwollens für alle Folgen wegen des Fehlens einer bestimmten Eigenschaft[60]. Eine solche Haftung für eine zugesicherte Eigenschaft meine § 443 nicht. Vielmehr erfasse diese Regelung lediglich die Haltbarkeitsgarantie[61].

---

[58] Hier kommt die sog. Verkäufergarantie in Frage. Darüber hinaus betrifft § 443 auch die Garantie Dritter, also etwa die Garantie des Herstellers oder des Vorlieferanten.

[59] **Wichtig:** Deshalb empfiehlt es sich, die Garantie eigenständig zu prüfen und nicht lediglich im Rahmen der gesetzlichen Mängelansprüche inzidenter zur Annahme des Sachmangels heranzuziehen. Nach zutreffender Kommentierung treten Ansprüche aus Garantiezusagen und gesetzliche Gewährleistungsansprüche nebeneinander. Insofern gilt das Gleiche wie für die frühere Rechtslage. Vgl. Anwaltkommentar/Büdenbender, § 443 Rdnr. 6; Brox/Walker, Besonderes Schuldrecht, S. 69; zustimmend Olzen/Wank, Die Schuldrechtsreform, Rdnr. 413: „§ 443 Abs. 1 bestimmt, dass Beschaffenheits- oder Haltbarkeitsgarantien neben die gesetzlichen Gewährleistungsansprüche treten". Zur Abgrenzung der Garantie von den Mängelansprüchen sowie zur dogmatischen Ableitung des Garantieanspruchs, vgl. Anwaltkommentar/Büdenbender, § 443 Rdnrn. 1 und 2 sowie BT-Drucks. 14/6040, S. 237

[60] So etwa Leske, JA 2003, 24 (29)

[61] **Wichtig:** Die Zusicherung ist aber auch nach dieser Ansicht keineswegs abgeschafft, sondern nur an anderer Stelle im Kontext mit dem Vertretenmüssen in § 276 Abs. 1 Satz 2 geregelt. Damit bleibt die Zusicherung auch im reformierten Schuldrecht jedenfalls im Rahmen des Vertretenmüssens bei den gesetzlichen Mängelansprüchen (§ 280 Abs. 1 Satz 2 i. V. m. § 276 Abs. 1 Satz 2) bedeutsam. Vgl. Leske, JA 2003, 24 (29); Anwaltkommentar/Dauner-Lieb, § 276 Rdnr. 18; Westermann, JZ 2001, 530 (534) zitiert in diesem Zusammenhang ein bekanntes Wort von Windscheid: „Zur Thüre hinaus-

V hat sich hier dafür verbürgt, dass die Kanne dicht ist und hat darüber hinaus „ein Jahr Garantie“ zugesagt. Darin liegt jedenfalls eine Haltbarkeitsgarantie, der zufolge die Kanne nicht nur bei Gefahrübergang, sondern für ein Jahr „dicht halten soll“. Die skizzierte Streitfrage, ob eine Beschaffenheitsgarantie eine Garantie im Sinne des § 443 Abs. 1 ist[62], kann an dieser Stelle noch dahinstehen, denn jedenfalls liegt hier eine Haltbarkeitsgarantie vor. Ob und inwieweit diese Garantie Haftungsrechte wie im Falle der Zusicherung einer Beschaffenheit begründet, ist erst auf der Rechtsfolgenseite zu klären.

V hat somit gegenüber K eine Haltbarkeitsgarantie dafür übernommen, dass die Bauernmilchkanne ein Jahr sachmangelfrei, also wasserdicht bleibt.

II. Nichtbeachtung der formellen Vorgaben des § 477

Dass diese Haltbarkeitsgarantie nicht den formellen Vorgaben des § 477 entspricht, schadet nicht. In § 477 Abs. 3 ist klargestellt, dass Verstöße gegen die Vorgaben der Abs. 1 und 2 die Wirksamkeit der Garantieverpflichtung unberührt lassen[63]. Dies ist sachgerecht, da die Verletzung formeller Vorgaben seitens des Garantiegebers nicht zur Folge haben kann, dass dessen Garantieverpflichtung zu Lasten des Verbrauchers erlischt[64].

III. Garantiefall (§ 443 Abs. 2)

Zu prüfen ist, ob K Rechte aus der übernommenen Haltbarkeitsgarantie geltend machen kann. Dies setzt voraus, dass der sog. Garantiefall eingetreten ist. In diesem Zusammenhang entstand in der Praxis häufig Streit darüber, ob ein Fall für die Garantie vorliegt oder unsachgemäßes Verhalten des Käufers bzw. eines Dritten den Garantiefall ausschließen. Nach allgemeinen Grundsätzen liegt die Darlegungs- und Beweislast für den Garantiefall beim Käufer. Allerdings hat die Rechtsprechung in der Vergangenheit diesbezüglich bereits Beweiserleichterungen zugunsten des Käufers entwickelt, die jetzt in § 443 Abs. 2 gesetzlich fixiert sind. Nach § 443 Abs. 2 wird bei einer Haltbarkeitsgarantie vermutet, dass ein während ihrer Geltungsdauer auftretender Sachmangel die Rechte aus der Garantie begründet. Demgemäß soll nicht der Käufer beweisen müssen, dass der später aufgetretene Mangel eine Auswirkung des anfänglichen Zustandes der Sache ist[65].

Vorliegend wird also zugunsten des Käufers vermutet, dass der Sachmangel, der sich sieben Monate nach Gefahrübergang und damit während der einjährigen Garantiedauer gezeigt hat, die Rechte aus der von V zugesagten Haltbarkeitsgarantie begründet. Diese Vermutung

---

geworfen, kommt sie (die Zusicherung) zum Fenster wieder hinein“; vgl. dazu auch den Fall bei Dauner-Lieb/Kitz, Fälle zum Neuen Schuldrecht, Fall 76, S. 157/158

[62] Dies bejahen Zimmer/Eckhold, Jura 2002 145 (148); in diesem Sinne auch Olzen/Wank, Die Schuldrechtsreform, Rdnr. 413, wo von „den beiden Regelungen“ die Rede ist; ebenso wohl auch Henssler/v. Westphalen, Praxis der Schuldrechtsreform, § 443 Anm. 26

[63] Damit soll dem Risiko entgegen gewirkt werden, welches bei einer Anwendung des § 139 gegeben wäre, vgl. Anwaltkommentar/Büdenbender, § 477 Rdnr. 9

[64] **Wichtig:** Garantien, die gesetzliche Gewährleistungsrechte ergänzen, werden häufig als Marketinginstrument im Wettbewerb eingesetzt. Erfüllen sie in diesem Zusammenhang nicht die gesetzlichen Anforderungen des § 477, so können sie irreführende Wettbewerbsmaßnahmen im Sinne des § 3 UWG darstellen. Vgl. dazu ausführlich Anwaltkommentar/Büdenbender, § 477 Rdnr. 11; Brox/Walker, Besonderes Schuldrecht, S. 71

[65] BT-Drucks.14/6040 S. 239; so auch Zimmer/Eckhold, Jura 2002, 145 (148)

müsste V widerlegen. Dazu müsste er konkrete Geschehnisse für eine unsachgemäße Behandlung der Kanne durch K oder ein sonstiges von außen auf die Sache einwirkendes Ereignis anführen (z.B.: Sturz der Kanne vom Balkon). Allein der allgemein gehaltene Einwand des V, er könne sich den Riss nur mit einem unachtsamen – indes von ihm nicht konkret benannten - Verhalten des K erklären, reicht zur Widerlegung der Vermutung des § 443 Abs. 2 nicht aus[66]. K kann sich demnach auf den (vermuteten) Garantiefall berufen.

Demzufolge sind zugunsten des K die Rechte aus der übernommenen Haltbarkeitsgarantie begründet.

IV. Rechte aus der Garantie

Fraglich ist, ob zu diesen Rechten auch der Ersatz von Mangelfolgeschäden (hier: Reinigungskosten) zählt. Das Gesetz gibt zu dieser Frage (verständlicherweise) keine Auskunft, da es anderenfalls die Vertragsfreiheit zwischen Verkäufer und Käufer einschränken würde. Denn die Ansprüche des Käufers gegen den Verkäufer aus der Garantie sind vertraglicher Natur. Inhalt und Reichweite von Garantiezusagen werden aufgrund privatautonomer Entscheidung begründet[67].

1. Schadensersatz „ohne weiteres"?

Allerdings ist in der Gesetzesbegründung erläutert, dass Garantiebedingungen, die nichts über die Rechte des Käufers im Garantiefall sagen, ohne weiteres so zu verstehen seien, dass der Käufer alle im Gesetz bei Sachmängeln vorgesehenen Rechte habe. Das gelte jedenfalls bei einer Garantie des Verkäufers. Legte man hier diese Ausführungen zugrunde, so könnte K hier „ohne weiteres" den geltend gemachten Mangelfolgeschaden ersetzt verlangen[68].

2. Schadensersatz nur bei zugesicherter Eigenschaft

Indes scheint eine derart weitgehende Folge aus einer „unsubstantiierten" Garantiezusage selbst im Falle einer vom Verkäufer erklärten Garantie nicht unbedenklich zu sein. Denn bisher haben Garantien meist nur zusätzliche Ansprüche unter erleichterten Bedingungen gewährt, um die gesetzlichen Gewährleistungsansprüche zu ergänzen[69]. Demgemäß finden sich bereits Kommentarstimmen, wonach auch eine Verkäufergarantie einen Schadensersatzanspruch nur gewähre, wenn zugleich eine Zusicherung im Sinne des § 463 BGB a. F. vorliegt[70]. Es überrascht dabei nicht, dass diese Sicht sich ebenfalls auf die Gesetzesbegründung stützt. Die Begründung erscheint nämlich insoweit widersprüchlich, als in ihr auch zu lesen ist, dass dem Käufer ein Schadensersatzanspruch nur zustehe, wenn in der

---

[66] **Wichtig:** Vgl. dazu auch eingehend BT-Drucks. 14/6040 S. 239, wo wie folgt ausgeführt ist: „Wenn der Verkäufer oder der Dritte sich gegen die Inanspruchnahme mit der Begründung wehren will, die **Sache sei vom Käufer unsachgemäß behandelt oder von einem Dritten beschädigt worden**, soll ihn die Beweislast treffen. Jede andere Regelung müsste die Garantie weitgehend entwerten. Der Beweis technisch einwandfreier Herstellung kann den Verkäufer oder den Dritten allerdings nicht entlasten. Nur eine falsche Behandlung oder ein sonstiges von außen auf die Sache einwirkendes Ereignis kommt für den Entlastungsbeweis in Betracht." **Die umfangreichen Ausführungen der Gesetzesbegründung zu § 443 sind insgesamt aufschlussreich und vermitteln einen guten Überblick über die bisherige Rechtsprechung zu Garantiezusagen (unbedingt lesenswert!).**

[67] Brox/Walker, Besonderes Schuldrecht, S. 70

[68] BT-Drucks. 14/6040, S. 239

[69] Brox/Walker, Besonderes Schuldrecht, S. 71/72

[70] Anwaltkommentar/Dauner-Lieb, § 276 Rdnr. 19

Garantie zugleich die Zusicherung einer Eigenschaft gesehen wird[71]. Dazu müsste die von der Garantie erfasste Eigenschaft im Sinne des § 463 BGB a. F. zugesichert worden sein. Folgt man dieser Ansicht, so gewinnt der frühere Begriff der Zusicherung bei Haltbarkeitsgarantien im Sinne des § 443 Bedeutung[72].

3. Ergebnis

Anders als im Ausgangsfall („Die Kanne ist dicht. Bisher haben wir mit solchen Kannen noch keine Schwierigkeiten gehabt.") enthält der abgewandelte Sachverhalt nicht nur eine bloße Beschaffenheitsvereinbarung. Vielmehr hat V sich ausdrücklich dafür verbürgt, dass die Kanne dicht sei. Indem er in diesem Zusammenhang die „volle Verantwortung" übernommen hat, hat er sich dafür stark gemacht, für alle Folgen, die sich aus einer Undichtigkeit der Kanne ergeben, einstehen zu wollen. Damit bezieht die Haltbarkeitsgarantie sich nicht allein auf eine bloß vereinbarte Beschaffenheit, sondern auf eine zugesicherte Eigenschaft. Unter diesen engen Voraussetzungen umfasst die Haltbarkeitsgarantie nach beiden der im Vorhergehenden dargestellten Ansätze insoweit den Ersatz der Mangelfolgeschäden, als diese von der Reichweite der Zusicherung erfasst werden. Eine weitergehende Erörterung des Verhältnisses von Haltbarkeits- und Beschaffenheitsgarantie kann hier also dahinstehen[73].

Aufgrund der Haltbarkeitsgarantie, die sich vorliegend auf eine <u>zugesicherte</u> Eigenschaft bezieht, kann K nach § 443 Ersatz des Mangelfolgeschadens (50 EUR Reinigungskosten) verlangen.

[71] BT-Drucks. 14/6040, S. 238 (l. Spalte)

[72] So wohl auch Westermann, JZ 2001, 530 (534)

[73] Zwar können hier die unterschiedlichen Sichtweisen, die zur Rechtsfolge einer Garantie vertreten werden, bei der Lösung des vorliegenden Falles dahinstehen. Dennoch vermittelt Ihnen der Lösungsvorschlag ausreichenden Argumentationsstoff, um in einer Klausur bei einer anderen Sachverhaltskonstellation die Streitfrage entscheiden zu können.

Fragen und Antworten zur Festigung und Abrundung des Wissens (Fall 8)

Frage 1:
Inwieweit wird die Erwartungshaltung des Käufers in Bezug auf öffentliche Werbeäußerungen des Verkäufers und Herstellers durch den neuen Sachmangelbegriff geschützt?

Frage 2:
Was besagt die sog. IKEA-Klausel?

Frage 3:
Welche Rechte hat der Käufer beim Vorliegen eines Mangels? Skizzieren Sie hierzu überblicksartig das kaufrechtliche Haftungssystem des neuen Schuldrechts.

Frage 4:
Was versteht man unter dem kaufrechtlichen Anspruch auf Nacherfüllung?

Frage 5:
Was ist ein Verbrauchsgüterkauf und welche Konstellationen fallen nicht darunter?

Antworten auf die Fragen zu Fall 8

zu Frage 1:

Öffentliche Äußerungen über Eigenschaften, insbesondere in der Werbung des Verkäufers, Herstellers oder seines Gehilfen werden gemäß § 434 Abs. 1 Satz 3 neuerdings in den Sachmangelbegriff einbezogen. Diese Erweiterung des alten Fehlerbegriffs wurde aufgrund der EG-Verbrauchsgüterkauf-Richtlinie[74] erforderlich. Damit findet eine Zurechnung von Drittverhalten statt, aus der sich die besondere Bedeutung des § 434 Abs. 1 Satz 3 ergibt, denn wenn der Verkäufer selbst Äußerungen zu der Kaufsache abgibt, werden diese in aller Regel bereits Gegenstand einer unter § 434 Abs. 1 Satz 1 fallenden Vereinbarung sein[75]. In der Sache setzt § 434 Abs. 1 Satz 3 voraus, dass die Äußerungen bestimmte Eigenschaften betreffen[76]. Als Musterbeispiel ist hier die Aussage eines Autoherstellers über den Kraftstoffverbrauch zu nennen[77]. Reißerische Werbeaussagen im Sinne undifferenzierter Anpreisungen (z.B.: „das weißeste Weiß, das es jemals gab") werden auch in Zukunft nicht zu einer Haftung führen[78]. Der Verkäufer muss sich die von der Produktwerbung erzeugten Erwartungen auch dann nicht zurechnen lassen, wenn

der Verkäufer die Äußerungen weder kannte noch kennen musste oder

die Äußerung im Zeitpunkt des Vertragsschlusses in gleichwertiger Weise berichtigt war oder

die Äußerung die Kaufentscheidung nicht beeinflussen konnte[79].

Dabei stellt sich im Hinblick auf die fahrlässige Unkenntnis des Verkäufers die Frage, inwieweit ihn eine Erkundigungspflicht trifft. Man wird den Verkäufer für verpflichtet halten dürfen, einschlägige und leicht zugängliche Werbeaussagen in Fernsehen, Rundfunk sowie in Tages- und Fachpresse zu verfolgen[80]. Eine solch begrenzte Beobachtungs- und Marktinformationspflicht[81] des Verkäufers erscheint angemessen, denn die Kaufentscheidung des Kunden wird häufig maßgeblich von der Herstellerwerbung beeinflusst, wohingegen die Auswahl des konkreten Verkäufers oftmals nur noch von Umständen abhängen wird, die außerhalb des Kaufgegenstandes liegen, wie Entfernung oder das Vorhandensein einer eigenen Werkstatt des Verkäufers.

---

[74] Richtlinie des Europäischen Parlaments und des Rates zu bestimmten Aspekten des Verbrauchsgüterkaufs und der Garantien für Verbrauchsgüter v. 25.05.1999 - RL 1999/44/EG (ABlEG Nr. 171 v. 07.07.1999), abgedruckt auch in NJW 1999, 2421ff.

[75] Lorenz/Rhiem, Lehrbuch zum neuen Schuldrecht, S. 259, Luther/Steimle, Die Schuldrechtsreform, S. 68; Brox/Walker, Besonderes Schuldrecht, S. 32

[76] Vgl. das Beispiel in Anwaltkommentar/Büdenbender, § 434 Rdnr. 12

[77] Elb, Schuldrechtsmodernisierung, S. 78

[78] Elb, Schuldrechtsmodernisierung, S. 78

[79] Vgl. die Haftungsausschlüsse in § 434 Abs. 1 Satz 3 2. HS („ ... es sei denn, dass ...")

[80] Anwaltkommentar/Büdenbender, § 434 Rdnr. 14

[81] Dauner-Lieb/Büdenbender, Das Neue Schuldrecht, S. 236

zu Frage 2:
Nach § 434 Abs. 2 Satz 2 liegt ein Sachmangel bei einer zur Montage bestimmten Kaufsache auch im Falle einer mangelhaften Montageanleitung vor. Diese sog. IKEA-Klausel ist sachgerecht, weil der Anleitung bei Kaufsachen zur Selbstmontage eine wichtige Bedeutung zukommt. Allerdings hat die Montageanleitung keinen Eigenwert. Vielmehr dient sie ausschließlich dem fehlerfreien Zusammenbau der Kaufsache. Folgerichtig stellt die fehlerhafte Montageanleitung keinen Sachmangel dar, wenn die Sache vom Käufer trotzdem fehlerfrei montiert worden ist[82]. Dies bedeutet aber auch, dass in dem letztgenannten Fall für eine dadurch bedingte längere Montagezeit kein Ersatz geleistet wird[83].

zu Frage 3:
Das Vorliegen von Sach- und Rechtsmängeln (§§ 434, 435) führt zu einem Haftungssystem, zu dem § 437 einen Überblick gibt. Anders als das alte Gewährleistungsrecht ist die Haftung für Mängel jetzt weitgehend in das allgemeine Leistungsstörungsrecht integriert, da das reformierte Schuldrecht die Lieferung einer mangelhaften Sache als eine Pflichtverletzung begreift. Das Haftungssystem sieht wie folgt aus:

- Vorrangiges Recht auf Nacherfüllung (§§ 437 Nr. 1, 439)
- Rücktritt als Gestaltungsrecht[84] (§§ 437 Nr. 2, 326 Abs. 5, 323)
- Minderung als Gestaltungsrecht[85] (§§ 437 Nr. 2, 441)
- Schadensersatz (§§ 437 Nr. 3, 280, 281, 283, 311 a)
- Ersatz vergeblicher Aufwendungen nach § 284 (wahlweise statt Schadensersatz)

zu Frage 4:
Hat der Verkäufer die Sache bereits übergeben, kann der Käufer nach §§ 437 Nr. 1, 439 Nacherfüllung verlangen. Da der Verkäufer nach § 433 Abs. 1 Satz 2 verpflichtet ist, die Sache frei von Sach- und Rechtsmängeln zu verschaffen, kann der Käufer gemäß § 439 Abs. 1 nach seiner Wahl Beseitigung des Mangels oder die Lieferung einer mangelfreien Sache verlangen. Damit wird dem Käufer „auf erster Stufe" ein Anspruch auf Nacherfüllung gewährt. Dieser verschuldensunabhängig konzipierte Anspruch ist gegenüber den anderen in § 437 aufgezählten Rechten vorrangig. Denn aus den §§ 281, 323 ist zu entnehmen, dass der Käufer, bevor er von dem Vertrag zurücktreten (§§ 437 Nr. 2, 323) oder Schadensersatz statt der Leistung (§§ 437 Nr. 3, 280 Abs. 3, 281) fordern kann, grundsätzlich eine Frist zur Nacherfüllung zu setzen hat und diese erfolglos abgelaufen sein muss[86].

---

[82] Dauner-Lieb/Büdenbender, Das Neue Schuldrecht, S. 237
[83] Elb, Schuldrechtsmodernisierung, S. 79
[84] Statt des früheren Rechts auf Wandlung (vgl. §§ 462, 465 BGB a. F.)
[85] Statt des früheren Rechts zur Minderung (vgl. §§ 462, 465 BGB a. F.); vgl. hierzu auch Hau, JuS 2003, 130 (131)
[86] Dauner-Lieb/Büdenbender, Das Neue Schuldrecht, S. 233

zu Frage 5:

Ein Verbrauchsgüterkauf liegt nach der Legaldefinition des § 474 Abs. 1 dann vor, wenn ein Verbraucher (§ 13) eine bewegliche Sache von einem Unternehmer (§ 14) kauft. Demzufolge fallen Kaufverträge mit umgekehrter Rollenverteilung, bei denen also der Verbraucher der Verkäufer und der Unternehmer der Käufer ist, sowie Kaufverträge zwischen Unternehmern oder zwischen Verbrauchern nicht unter die Sonderregelungen des §§ 474 ff. Sachlich betroffen sind nur Kaufverträge über bewegliche Sachen. Aus § 474 Abs. 1 Satz 2 ergibt sich, dass auch der Kauf gebrauchter Sachen grundsätzlich erfasst ist. Nicht einbezogen sind demgegenüber Kaufverträge über Immobilien, Rechte[87] und sonstige Gegenstände.

[87] Vgl. zum Rechtskauf § 453

Fall 9: „Verspätete Heimkehr eines Anglers“

Sachverhalt:

Richard (R) hat vor kurzem seinen Sportbootsführerschein für Binnengewässer erworben und entscheidet sich für einen Kurzurlaub am Steinhuder Meer. Als R am Montagmorgen in Steinhude eintrifft, mietet er einen großen Jollenkreuzer bei dem Bootsverleiher S für einen Tag. Dabei vereinbaren R und S, dass dem R wegen Schäden an Sachen, die während der Miete entstehen, ein Zurückbehaltungsrecht an der Mietsache nicht zusteht. Der Mietzins für den einen Tag in Höhe von 100 EUR ist wegen des schlechten Wetters sehr günstig. R zahlt bar und los geht`s.

Am Nachmittag begibt sich R unweit von Mardorf an Land, um als passionierter Angler Hechtköder zu kaufen. Beim anschließenden Angeln verliert R jegliches Zeitgefühl, obwohl er das Boot bis Montag zum Geschäftsschluss um 19.30 Uhr zurückbringen sollte.

Auch am Dienstag frönt R ausgiebig seiner Leidenschaft fürs Angeln. Erst abends trifft er bei S kurz vor Geschäftsschluss ein. S teilt dem R verärgert mit, dass er zusammen mit dem Neureich (N) vergebens seit 8.00 Uhr auf die Rückgabe des großen Jollenkreuzers gewartet habe. N habe unbedingt diesen Jollenkreuzer, von dem S nur einen in seiner Verleihflotte hat, für fünf Tage (Dienstag bis einschließlich Samstag) zu einem Tagessatz von 200 EUR mieten wollen. Dieser Preis entspreche dem Mietzins, der angesichts des inzwischen besseren Wetters üblicherweise erzielbar ist.

S fordert von R entgangenen Gewinn von 1.000 EUR (fünf Tage zu 200 EUR), da N schließlich zur Konkurrenz gegangen ist. Mindestens aber könne er Zahlung des Mietzinses für einen weiteren Tag beanspruchen.

R erwidert, dass er es ob solcher Habgier vorziehe, überhaupt nichts für den überzogenen Tag zu bezahlen. Später erhebt R, nachdem er sich bei einem befreundeten Anwalt erkundigt hat, folgende Einwände: Erstens weist er wahrheitsgemäß darauf hin, dass S den Jollenkreuzer von Donnerstag bis einschließlich Samstag für 150 EUR/Tag an den X hätte vermieten können. Zweitens hätten seine mitgeführte Angelausrüstung und seine Kamera – was ebenfalls zutrifft - einen Wasserschaden erlitten. Aufgrund eines feinen, schon bei Anmieten vorhandenen Risses war Wasser in die Kajüte eingedrungen. Die Reparaturkosten für die Angelausrüstung und Kamera belaufen sich auf 600 EUR. Er, R, wolle zwar von dem S kein Geld haben, rechne aber gegen Forderungen, die S gegen ihn erhebe, auf.

S entgegnet, dass er an den X nicht vermietet habe, weil er ihn schon seit langem nicht leiden könne. Von dem Riss in der Kajütenbordwand habe er keine Kenntnis gehabt. Der Riss sei praktisch nicht zu erkennen gewesen. Er sei insoweit also entschuldigt und bestehe „ohne Wenn und Aber“ auf die Zahlung von 1.000 EUR.

Prüfen Sie, ob und inwieweit die von S gegen R geltend gemachten Forderungen bestehen.

<u>Bearbeitungshinweis:</u> Ansprüche aus Eigentümer-Besitzer-Verhältnis sind nicht zu prüfen.

Prüfungsschemata zu Fall 9: „Verspätete Heimkehr eines Anglers“

A. Anspruch auf Miete für den „überzogenen“ Dienstag nach § 535 Abs. 2

B. Anspruch auf Entschädigung nach § 546 a Abs. 1 (200 EUR)

C. Anspruch auf Wertersatz für erlangte Nutzungen nach §§ 812 Abs. 1 Satz 1, 2. Alt., 818 Abs. 1 und 2 (200 EUR)

I. Anwendbarkeit des Bereicherungsrechts

II. Voraussetzungen der Eingriffskondiktion (§ 812 Abs. 1 Satz 1, 2 . Alt.)

III. Rechtsfolge: Wertersatz für gezogene Nutzungen nach § 818 Abs. 2

D. Anspruch auf Verzögerungsschaden nach §§ 280 Abs. 1 und 2, 286 (1.000 EUR entgangener Weitervermietungsgewinn)

I. Voraussetzungen der Grundnorm des § 280 Abs. 1

1. **Wirksames Schuldverhältnis (hier: Mietvertrag)**
2. **Pflichtverletzung (Verletzung der Rückgabepflicht des § 546 Abs. 1)**
3. **Vertretenmüssen (wird nach § 280 Abs. 1 Satz 2 vermutet)**
4. **Kausaler Schaden (infolge zu vertretender Pflichtverletzung)**
5. **Ersatzfähigkeit des Schadens**

II. Zusätzliche Voraussetzungen (§ 280 Abs. 2) des § 286

1. **Fälligkeit der Leistung (§ 542 Abs. 2)**
2. **Mahnung (Entbehrlichkeit nach § 286 Abs. 2 Nr. 1)**
3. **Nichtleistung**
4. **Nichtvertretenmüssen (§ 286 Abs. 4)**

III. Rechtsfolge der §§ 280 Abs. 2, 286

1. **Schadensersatz wegen Verzögerung der Leistung**
2. **Art und Umfang des Schadensersatzes nach §§ 249 ff.**

IV. Aufrechnung (§§ 387 ff.)

1. **Aufrechnungserklärung (§ 388)**
2. **Voraussetzungen einer wirksamen Aufrechnung (§ 389)**
   - **a. Gegenseitige Forderungen**
     - **aa. Passivforderungen des S gegen R**
     - **bb. Aktivforderungen des R gegen S (insbesondere nach § 536 a Abs. 1, 1. Alt.)**
   - **b. Gleichartigkeit der Forderungen**
   - **c. Fälligkeit der Aktiv – und Erfüllbarkeit der Passivforderungen (§ 387 2. HS.)**
3. **Wirkung der Aufrechnung (§ 389)**

V. Gesamtergebnis

Lösung zu Fall 9: „Verspätete Heimkehr eines Anglers“

(Entschädigungsanspruch des Vermieters bei verspäteter Rückgabe der Mietsache nach § 546 a Abs. 1; Verhältnis des Entschädigungsanspruchs zum Nutzungsersatz aus Eingriffskondiktion (§ 812 Abs. 1 Satz 1, 2. Alt.); Ersatz des Verzögerungsschadens nach §§ 280 Abs. 1 und 2, 286; Voraussetzungen des Schuldnerverzugs; Entbehrlichkeit der Mahnung nach § 286 Abs. 2 Nr. 1; Schadensminderungspflicht (§ 254 Abs. 2); Aufrechnung §§ 387 ff.; mietvertragliches Gewährleistungsrecht (Garantiehaftung für anfänglichen Mangel der Mietsache (§ 536 a Abs. 1, 1. Alt.))

A. S könnte gegen R nach § 535 Abs. 2 einen Anspruch auf Zahlung von 100 EUR Miete für den „überzogenen“ Dienstag haben.

Ein Anspruch des S auf die vereinbarte Miete besteht nur für die Mietzeit (§ 535 Abs. 2). Vorliegend war das Mietverhältnis für einen Tag und damit für bestimmte Zeit im Sinne des § 542 Abs. 2 eingegangen worden. Mit Ablauf dieser Zeit, hier am Montag zum Geschäftsschluss um 19.30 Uhr, endete das Mietverhältnis. Für Dienstag steht dem S also nach § 535 Abs. 2 keine Miete mehr zu.

B. S könnte gegen R aber nach § 546 a Abs. 1 einen Anspruch auf Zahlung einer Entschädigung bei verspäteter Rückgabe haben.

Nach § 546 a Abs. 1 kann der Vermieter für die Dauer der Vorenthaltung als Entschädigung die vereinbarte Miete oder die Miete verlangen, die für vergleichbare Sachen ortsüblich ist, wenn der Mieter die Mietsache nach Beendigung des Mietverhältnisses nicht zurückgibt. Hier hat R den Jollenkreuzer erst einen Tag nach Ablauf der Mietzeit zurückgegeben. Dabei kommt es nicht darauf an, aus welchen Gründen die rechtzeitige Rückgabe unterblieb; insbesondere bedarf es keines Verschuldens. Dementsprechend folgt aus § 546 a Abs. 1 ein Entschädigungs- und kein Schadensersatzanspruch, ohne dass ein (konkreter) Schaden nachgewiesen sein muss[1]. Die Entschädigung ist der Höhe nach wahlweise auf den vereinbarten Mietzins oder die ortsübliche Miete für vergleichbare Sachen beschränkt. Sie kann betragsmäßig also erheblich hinter dem Ersatz des Schadens zurückbleiben. S wird hier die vergleichbare ortsübliche Miete als Entschädigung wählen. Sie beläuft sich wegen des besseren Wetters mit 200 EUR/Tag auf das Doppelte der vereinbarten Miete.

---

[1] Waas, ZMR 2000, 69 (72)

C. S könnte gegen R nach § 812 Abs. 1 Satz 1, 2. Alt i. V. m. § 818 Abs. 1 und 2 einen Anspruch auf Wertersatz für gezogene Nutzungen haben[2].

I. Anwendbarkeit des Bereicherungsrechts

Bereits die Anwendbarkeit des Kondiktionsrechts erscheint fraglich. Denn es könnte sein, dass der speziell in § 546 a Abs. 1 normierte mietrechtliche Entschädigungsanspruch als lex specialis einer konkurrierenden Anwendung der §§ 812 ff. entgegensteht.

Bis zum Inkrafttreten des Gesetzes zur Neugliederung, Vereinfachung und Reform des Mietrechts (Mietrechtsreformgesetz) vom 19. Juni 2001[3] war der Entschädigungsanspruch in § 557 BGB a. F. geregelt. Der BGH hat zu dieser Vorschrift schon früh klargestellt, dass Ansprüche aus dem Bereicherungsrecht, die auf den Ersatz erlangter Nutzungen gerichtet sind, grundsätzlich im Wege der Anspruchsgrundlagenkonkurrenz neben den mietrechtlichen Entschädigungsanspruch treten[4]. Diese damalige Sichtweise beruhte vor allem darauf, dass nach § 557 BGB a. F. nur bei einem Mietverhältnis über Räume anstelle des vereinbarten Mietzinses der für vergleichbare Räume ortsübliche Mietzins beansprucht werden konnte. Demgemäß konnte der Vermieter in allen anderen Fällen als Entschädigung nur die vereinbarte Miete fordern. Damit erhielt er, wenn er wie hier eine ungünstige Miete vereinbart hatte, nicht einmal den Wert der Nutzungen, die der Mieter infolge des unberechtigt fortgesetzten Gebrauchs zog. Diese Situation wurde vom BGH deswegen als ungerecht angesehen, weil es dem Vermieter nach Ablaufen der Mietzeit bei nicht verzögerter Rückgabe freigestanden hätte, die Sache erneut und diesmal teurer zu vermieten.

Fraglich ist, ob die Gründe dieser damaligen Judikatur im Hinblick auf den neu gefassten Entschädigungsanspruch des § 546 a Abs. 1 weiterhin tragfähig sind. Denn § 546 a Abs. 1 beschränkt die Entschädigung, auch wenn keine Raummiete vorliegt, jetzt nicht mehr auf den mitunter ungünstig vereinbarten Mietzins. Vielmehr kann der Vermieter stets die ortsübliche Vergleichsmiete wählen. Es fragt sich also, inwieweit noch ein Bedürfnis besteht, dem Vermieter neben dem mietrechtlichen Entschädigungsanspruch des § 546 a Abs. 1 einen bereicherungsrechtlichen Anspruch auf Nutzungsersatz zu geben. Der Nutzungswert bestimmt sich nämlich nach dem Gebrauchswert, der in der Zeit der Vorenthaltung zu erzielen gewesen wäre[5] und wird in aller Regel betragsmäßig identisch sein mit der Miete, die zu dieser Zeit ortsüblich für eine vergleichbare Sache zu entrichten gewesen wäre. Dieser beträgt vorliegend 200 EUR.

Dennoch hat der BGH in jüngerer Zeit die Auffassung bekräftigt, dass ein (allgemeiner) Anspruch aus ungerechtfertigter Bereicherung durch die (besondere) Entschädigungsregelung des § 546 a nicht ausgeschlossen ist[6]. Diese Ansicht sollte man auch nach Inkrafttreten des Mietrechtsreformgesetzes aufrechterhalten. Es könnte nämlich der tatsächlich gezogene Nutzwert im Einzelfall - etwa im Falle einer gewinnbringenden Untervermietung - durchaus

---

[2] Der Anspruch aus dem gesetzlichen Schuldverhältnis der ungerechtfertigten Bereicherung ist grundsätzlich erst nach den Ansprüchen aus Vertrag (schuldrechtlicher Sonderverbindung) zu prüfen. Gleichwohl kann der Kondiktionsanspruch hier ausnahmsweise deswegen vor den vertraglichen Schadensersatzanspruch der §§ 280 Abs. 1 und 2, 286 gestellt werden, weil letzterer eine weitergehende Rechtsfolge betrifft.

[3] BGBl. I S. 1142

[4] BGH, NJW 1966, 248 (248-250)

[5] Zur Frage des Nutzungswertes, vgl. auch LG Saarbrücken, NJW 1965, 1967 (1967)

[6] BGH, NJW-RR 2000, 382 (383); ebenso Waas, ZMR 2000, 69 (72)

weiter reichen als die Entschädigung nach § 546 a. Dieses Argument hat auch nach der erwähnten Änderung durch das Mietrechtsreformgesetz weiterhin Bedeutung[7], so dass hier grundsätzlich ein bereicherungsrechtlicher Anspruch auf Wertersatz für gezogene Nutzungen konkurrierend zu dem Anspruch aus § 546 a hinzutreten kann.

II. Voraussetzungen der Eingriffskondiktion (§ 812 Abs. 1 Satz 1, 2. Alt.)

Hier könnte § 812 Abs. 1 Satz 1, 2. Alt. (Eingriffskodiktion) erfüllt sein. Dazu müsste R etwas ohne rechtlichen Grund in sonstiger Weise auf Kosten eines anderen erlangt haben. Vorliegend hat R Nutzungen im Wert von 200 EUR erlangt. Dies geschah „in sonstiger Weise[8]" und ohne rechtlichen Grund, denn R setzte den Gebrauch des Jollenkreuzers am Dienstag eigenmächtig fort, obwohl das Mietverhältnis bereits beendet war. Dieser Eingriff geschah schließlich auf Kosten des S[9], so dass die Voraussetzungen der Eingriffskondiktion vorliegen.

III. Rechtsfolge: Wertersatz für gezogene Nutzungen nach § 818 Abs. 2

Folglich hat R nach § 818 Abs. 1 und 2 den Wert der nicht herausgabefähigen Nutzungen zu ersetzen[10].

Damit kann S aufgrund der §§ 812 Abs. 1 Satz 1, 2. Alt., 818 Abs. 1 und 2 Wertersatz für die gezogenen Nutzungen von R fordern. Dieser beläuft sich hier, wie schon dargelegt, auf 200 EUR.

D. R könnte gegen S nach §§ 280 Abs. 1 und 2, 286 einen Anspruch auf Ersatz des entgangenen Weitervermietungsgewinns (1.000 EUR) haben.

Die Frage, ob neben dem speziellen mietvertraglichen Entschädigungsanspruch des § 546 a Abs. 1 ein Anspruch auf Ersatz weitergehenden Schadens bestehen kann, hat der Gesetzgeber in § 546 a Abs. 2 ausdrücklich bejaht.

I. Voraussetzungen der Grundnorm des § 280 Abs. 1

Nach der Neukonzeption des Schuldrechts erfordert der Anspruch auf Schadensersatz zunächst, dass die Grundnorm des § 280 Abs. 1 Satz 1 erfüllt ist. R müsste also eine Pflicht aus einem Schuldverhältnis verletzt haben. Die Schadensersatzhaftung tritt nach § 280 Abs. 1 Satz 2 nicht ein, wenn der Schuldner die Pflichtverletzung nicht zu vertreten hat.

1 . Wirksames Schuldverhältnis (hier: Mietvertrag)

S und R haben vorliegend einen Mietvertrag geschlossen[11].

---

[7] Vgl. Palandt/Weidenkaff, § 546 a Rdnr. 19

[8] Vgl. zu diesem Merkmal im Einzelnen Palandt/Sprau, § 812 Rdnrn. 10 ff.

[9] Vgl. Palandt /Sprau, § 812 Rdnr. 36

[10] Vgl. Palandt/Sprau, § 818 Rdnr. 24

2. Pflichtverletzung (Verletzung der Rückgabepflicht des § 546 Abs. 1)
Die Pflichtverletzung des § 280 Abs. 1 könnte in der Nichterfüllung der Rückgabepflicht des § 546 Abs. 1 liegen[12].

Eine Pflichtverletzung im Sinne des § 280 Abs. 1 liegt nach der Vorstellung des Reformgesetzgebers schon immer dann vor, wenn der Schuldner hinter seinen Pflichten aus dem Schuldverhältnis zurückbleibt[13]. Dies ist bei Leistungspflichten der Fall, wenn der Schuldner die fällige und einredefreie Leistung nicht (oder nicht mangelfrei[14]) erbringt[15].

Gemäß § 546 Abs. 1 ist der Mieter verpflichtet, die Mietsache nach Beendigung des Mietverhältnisses zurückzugeben. Nach § 542 Abs. 2 endet ein Mietverhältnis, das auf bestimmte Zeit eingegangen ist, grundsätzlich mit dem Ablauf dieser Zeit. Hier hat R die am Montag um 19.30 Uhr fällige Rückgabepflicht nicht (rechtzeitig) erfüllt und damit eine Pflichtverletzung begangen. Insbesondere war diese Rückgabepflicht auch nicht nach § 273 Abs. 1 einredebehaftet, da S und R ein Zurückbehaltungsrecht an der Mietsache wegen etwaiger Schäden an eingebrachten Sachen individualvertraglich ausgeschlossen haben.

Somit ist § 280 Abs. 1 Satz 1 hier erfüllt.

3. Vertretenmüssen (wird nach § 280 Abs. 1 Satz 2 vermutet)
Die Schadensersatzpflicht des § 280 Abs. 1 Satz 1 tritt nach § 280 Abs. 1 Satz 2 nicht ein, wenn der Schuldner die Pflichtverletzung nicht zu vertreten hat. Demzufolge entfällt die Schadensersatzhaftung für vermutetes Verschulden, wenn R sich exkulpieren kann. Dies könnte R etwa dann gelingen, wenn er in ein plötzliches, vom Wetterdienst nicht vorhergesagtes Unwetter geraten wäre oder mit dem Boot unverschuldet einen Unfall erlitten hätte. Für solche entlastende Ereignisse gibt der Sachverhalt indes nichts her. Das Gegenteil ist vielmehr der Fall. A hat angesichts seiner Anglerleidenschaft die verstreichende Zeit außer Acht gelassen. Damit hat er zugleich die im Verkehr erforderliche Sorgfalt nicht beachtet und somit nach § 276 Abs. 2 zumindest fahrlässig, wenn nicht gar vorsätzlich gehandelt. Dieses Verschulden hat er nach § 276 Abs. 1 Satz 1 zu vertreten.

4. Kausaler Schaden (infolge zu vertretender Pflichtverletzung)
Infolge der verspäteten Rückgabe konnte S den Jollenkreuzer nicht an den N vermieten. Daraus resultiert der dem S entgangene Gewinn von 1.000 EUR.

[11] Dieser Mietvertrag ist nicht formbedürftig. Es wäre also abwegig, hier etwas zu der offenkundig nicht eingreifenden Formvorschrift des § 550 zu sagen. **Erörtern Sie nur die von dem Sachverhalt aufgeworfenen Fragestellungen!**

[12] Zu einer verzögerten Rückgabe einer hinterlegten Sache als Verletzung des § 695 vgl. das Beispiel von Wirth, JuS 2002, 764 ff. (Schwierigkeitsgrad einer Anfängerklausur)

[13] Vgl. hierzu Krause, Jura 2002, 217 (218)

[14] Diese Erfüllungspflicht ist für das Kaufrecht in § 433 Abs. 1 Satz 2, für das Werkvertragsrechts in § 633 Abs. 1 ausdrücklich normiert.

[15] Vgl. dazu de lege ferenda kritisch Schapp, JZ 2001, 583 (587), der die im Gesetz zum Ausdruck gebrachte Konzeption, wonach mit der bloßen Nichterfüllung schon eine Pflichtverletzung gemeint ist, als grundlegende Fehlvorstellung ansieht. Das Verhalten der Nichtleistung trotz Fälligkeit begründe lediglich die Klage auf Erfüllung. Vgl. ferner oben Fall 2, S. 26 (Fn. 36)

5. Ersatzfähigkeit des Schadens
Fraglich ist, ob dieser entgangene Gewinn ersatzfähig im Sinne von § 280 Abs. 1 ist.

Dem R wird hier nach § 280 Abs. 1 lediglich die Nichtleistung trotz Fälligkeit und Einredefreiheit vorgeworfen. Insofern erscheint es zweifelhaft, bereits aufgrund dieser Verletzung der Leistungspflicht den Ersatz des entgangenen Weitervermietungsgewinns zu legitimieren. Denn die Grundnorm des § 280 Abs. 1 sieht den Ersatz sog. einfacher Schäden vor und nicht den Ersatz solcher Schäden, die an die Stelle der Leistung treten (vgl. §§ 280 Abs. 3, 281-283) oder die Verzögerungsschäden (vgl. §§ 280 Abs. 2, 286) sind.

Die Annahme eines Schadensersatzes statt der Leistung scheidet aus. Denn trotz der Rückgabe des Bootes am Dienstagabend ist der Weitervermietungsgewinn endgültig entgangen. Sein Ersatz tritt somit nicht an die Stelle, sondern <u>neben</u> die Erfüllung der Rückgabe(-leistung)[16]. Der aufgrund der verspäteten Rückgabe entgangene Weitervermietungsgewinn stellt also einen Verzögerungsschaden[17] dar.

Der Reformgesetzgeber hat entschieden, dass ein Anspruch auf Schadensersatz wegen Verzögerung nach § 280 Abs. 2 nur unter den „zusätzlichen Voraussetzungen" des Schuldnerverzugs (§ 286) verlangt werden kann. Dem liegt die schon erwähnte Überlegung zugrunde, dass nach der bisherigen Rechtstradition die bloße Verspätung der Leistung noch keine schwerwiegenden Folgen nach sich ziehen soll[18]. Hierzu bedarf es vielmehr der warnenden Verzugsvoraussetzungen.

<u>II. Zusätzliche Voraussetzungen (§ 280 Abs. 2) des § 286</u>

Nach § 286 kommt der Schuldner in Verzug, wenn er auf eine Mahnung des Gläubigers nicht leistet, die nach dem Eintritt der Fälligkeit erfolgt.

1. Fälligkeit der Leistung (§ 542 Abs. 2)
Hier war die Rückgabepflicht des Mieters aus § 546 Abs. 1, wie bereits erwähnt, am Montagabend um 19.30 Uhr fällig geworden.

2. Mahnung (Entbehrlichkeit nach § 286 Abs. 2 Nr. 1)
§ 286 Abs. 1 S. 1 übernimmt den im bisherigen Recht enthaltenen Grundsatz, dass der Gläubiger den Schuldner mahnen muss, um ihn in Verzug zu setzen. Indessen hat S den R nicht gemahnt. Allerdings könnte die Mahnung nach § 286 Abs. 2 Nr. 1 entbehrlich sein.

---

[16] Vgl. hierzu Anwaltkommentar/Dauner-Lieb, § 280 Rdnr. 50; **wichtig:** Eine andere Frage ist es, wie im Falle eines Kaufs bei zugleich gegebener Leistungsverzögerung und Schlechtleistung ein entgangener <u>Veräußerungs</u>gewinn einzuordnen ist. Insoweit wird danach unterschieden, ob nach Leistung bzw. Nacherfüllung innerhalb einer angemessenen Frist noch die Chance besteht, das gewinnbringende Geschäft zu tätigen und den Gewinn zu realisieren. In diesem Falle wird man einen Verzögerungsschaden verneinen müssen und der Schaden würde als Schadensersatz statt der Leistung nur nach vorhergehender Fristsetzung gemäß § 281 ersetzt werden. Steht dagegen fest, dass das gewinnbringende Geschäft sich wegen der Verspätung bereits innerhalb der angemessene Frist des § 281 endgültig zerschlagen hat, so stellt der entgangene Gewinn einen Verzögerungsschaden dar. So Anwaltkommentar/Dauner-Lieb, § 280 Rdnr. 52

[17] Anwaltkommentar/Dauner-Lieb, § 280 Rdnr. 48

[18] BT-Drucks. 14/6040, S. 145; Anwaltkommentar/Schulte-Nölke, § 286 Rdnr. 16 sowie Anwaltkommentar/Dauner-Lieb, § 280 Rdnr. 46

Danach werden das Mahnungserfordernis und dessen Warnfunktion dadurch ersetzt, dass für die Leistung eine Zeit nach dem Kalender bestimmt ist (dies interpellat pro homine![19]). Eine kalendermäßige Bestimmung in diesem Sinne liegt hier vor.

3. Nichtleistung

Der Schuldner kommt in Verzug, wenn er nach der kalendermäßig bestimmten Leistungszeit nicht leistet. Fraglich könnte allenfalls sein, ob es hier für den Verzugsbeginn auf die bestimmte Uhrzeit (19.30 Uhr) oder auf den Ablauf des Kalendertages (Ablauf des Montags am Dienstag um 0.00 Uhr) ankommt. Die Beantwortung dieser Frage kann aber dahinstehen, da der geltend gemachte Schaden erst Dienstagvormittag ab 8.00 Uhr entstanden ist. Zu diesem Zeitpunkt befand sich R nach beiden Sichtweisen im Schuldnerverzug.

4. Nichtvertretenmüssen (§ 286 Abs. 4)

Nach § 286 Abs. 4 kommt der Schuldner nicht in Verzug, solange die Leistung infolge eines Umstandes unterbleibt, den er nicht zu vertreten hat. Demzufolge ist ebenso wie nach dem bisherigen § 285 BGB a. F. das Vertretenmüssen zwar nicht eine haftungsbegründende Voraussetzung des Verzugs, sondern das Nichtvertretenmüssen als Grund für eine Befreiung von den Verzugsfolgen anzusehen. Bereits anlässlich der Prüfung des § 280 Abs. 1 Satz 2 wurde festgestellt, dass R das Boot aus zu vertretender (§ 276 Abs. 1 Satz 1) Nachlässigkeit nicht zurückgegeben hat[20]. Demzufolge wird R ein Nichtvertretenmüssen nicht belegen können. Er ist hier also mit der Rückgabe des Bootes spätestens am Dienstag um 0.00 Uhr in Schuldnerverzug geraten.

III. Rechtsfolge der §§ 280 Abs. 2, 286

1. Schadensersatz wegen Verzögerung der Leistung

Als Folge des Schuldnerverzugs kann der Gläubiger nach § 280 Abs. 2 Schadensersatz wegen Verzögerung der Leistung verlangen.

Hier ist infolge der an N unterbliebenen Weitervermietung ein Verzögerungsschaden in Höhe von 1.000 EUR entstanden. Allerdings hätte S laut Sachverhalt - wenn auch preisgünstiger - für drei Tage an X vermieten können. Infolgedessen könnte sich der Umfang des entstandenen Schadens reduziert haben.

2. Art und Umfang des Schadensersatzes nach §§ 249 ff.

Hätte S den Jollenkreuzer für drei Tage zu 150 EUR an den X vermietet, so hätte er den entgangenen Gewinn um 450 EUR vermindert. Diese anderweitige Vermietungsmöglichkeit hat S nicht genutzt. Damit hat er gegen die ihn nach § 254 Abs. 2 Satz 1 treffende Schadensminderungspflicht verstoßen. Insbesondere reicht in diesem Kontext allein der Hinweis des S, er habe den X schon seit langem nicht leiden können, ersichtlich nicht aus, um einen Verstoß gegen die Schadensminderungspflicht zu verneinen. Demzufolge ist der ursprüngliche Verzögerungsschaden von 1.000 EUR um 450 EUR auf 550 EUR zu reduzieren.

---

[19] Lat.: Der bestimmte Kalendertag erinnert anstelle des Gläubigers.

[20] § 286 Abs. 4 hat im Hinblick auf den Ersatz des Verzögerungsschadens keine eigenständige Bedeutung mehr, vgl. auch u. Fall 4 S. 52/53

IV. Aufrechnung (§§ 387 ff.)

Der in Höhe von 550 EUR verbleibende Schadensersatzanspruch könnte im Wege der Aufrechnung nach § 389 erloschen sein.

1. Aufrechnungserklärung (§ 388)

Die Aufrechung erfolgt als ein die Rechtslage unmittelbar gestaltender Akt nach § 388 durch Erklärung gegenüber dem anderen Teil. R hat wegen der Wasserschäden an seiner Kamera sowie an seiner Angelausrüstung eigene Schadensersatzforderungen angeführt, mit denen er gegen die von S erhobenen Ansprüche ausdrücklich aufgerechnet hat.

2. Voraussetzungen einer wirksamen Aufrechnung (§ 389)

Die erklärte Aufrechnung ist gemäß § 387 wirksam, wenn zwei Personen einander Leistungen schulden, die ihrem Gegenstand nach gleichartig sind.

a. Gegenseitige Forderungen

aa. Passivforderungen des S gegen R

Wie festgestellt, verbleibt ein Schadensersatzanspruch des S gegen R gemäß §§ 280 Abs. 1 und 2, 286 von 550 EUR[21].

Im Wege materiell-rechtlicher Anspruchskonkurrenz kann S gegen R im Hinblick auf den Dienstag nach § 546 a Abs. 1 ortsübliche Miete bzw. nach § 812 Abs. 1 Satz 1, 2. Alt. Ersatz des Nutzungswertes in Höhe von 200 EUR fordern. In dieser Höhe kann er also seine Forderung konkurrierend auf weitere Anspruchsnormen stützen[22].

An der Höhe der „offenen" Passivforderungen ändert diese materielle Anspruchsgrundlagenkonkurrenz nichts.

bb. Aktivforderungen des R gegen S (insbesondere nach § 536 a Abs. 1, 1. Alt.)

R müssten seinerseits gegen den S Forderungen zustehen (Aktivforderungen), mit denen er gegen die Passivforderungen des V wirksam aufgerechnet hat.

R könnte gegen V aus § 536 a Abs. 1, 1. Alt. einen Schadensersatzanspruch wegen der für die Schäden an der Angelausrüstung und der Kamera entstandenen Reparaturkosten in Höhe von 600 EUR haben.

---

[21] **Aufbautechnisch** empfiehlt es sich, zunächst sämtliche Anspruchsgrundlagen des S gegen R durchzuprüfen und **als Zwischenergebnis herauszustellen, dass insgesamt ein Betrag in Höhe von 550 EUR „offen bleibt"**. Danach ist zu prüfen, ob und inwieweit dieser restliche Forderungsbetrag infolge Aufrechnung erloschen ist.

[22] Sollte freilich die Entschädigung aus § 546 a Abs. 1 bzw. der Nutzungsersatz aus § 812 Abs. 1 Satz 1, 2. Alt. in Höhe von 200 EUR bezahlt werden, ist eine solche Zahlung selbstverständlich von der verbleibenden Schadensforderung abzuziehen.

Nach § 536 a Abs. 1, 1. Alt. kann der Mieter Schadensersatz verlangen, wenn an der Mietsache bereits bei Vertragsschluss ein Mangel im Sinne des § 536 vorhanden war. Der Riss in der Bordwand der Kajüte stellt eine negative Abweichung der Ist- von der Soll-beschaffenheit dar, die zudem die Tauglichkeit der Mietsache zum vertragsgemäßen Gebrauch beeinträchtigt (vgl. § 536 Abs. 1 Satz 1). Dieser Mangel lag schon vor Anmietung und somit bereits bei Vertragsschluss vor. Demzufolge haftet S für den Ersatz der daraus resultierenden Schäden, wozu auch sämtliche Mangelfolgeschäden zählen[23]. Der Erkennbarkeit des Mangels, einer besonderen Eigenschaftszusicherung oder eines Verschuldens bedarf es für diese Schadensersatzhaftung wegen anfänglicher Mängel der Mietsache gemäß § 536 a Abs. 1, 1. Alt nicht. Vielmehr trifft den Vermieter für bei Vertragsschluss vorliegende Mängel eine verschuldensunabhängige Garantiehaftung[24]. Hintergrund dieser Garantiehaftung ist, dass sich insbesondere der geschäftsmäßige Vermieter gegen das Haftungsrisiko meist günstiger versichern kann als der Mieter bzw. anfallende Versicherungsprämien über einen entsprechenden Mietaufschlag weitergeben kann. R steht somit gegen S infolge der Eigentumsschädigungen (Angelausrüstung und Kamera) ein Anspruch auf Ersatz der entstandenen Reparaturkosten von 600 EUR zu.

R könnte gegen S hier ferner wegen des Mangels an der Mietsache einen Anspruch auf eine anteilige Rückzahlung der Miete für den Montag aus § 812 Abs. 1 Satz 1, 1. Alt. (Leistungskondiktion) haben. S hat die an ihn geleistete Miete insoweit ohne Rechtsgrund erlangt, als aufgrund der Mietminderung gemäß § 536 Abs. 1 eine Befreiung von der Miete kraft Gesetzes eingetreten ist[25]. Die Höhe dieses Anspruchs ist Tatfrage[26].

Ein Schadensersatzanspruch aus unerlaubter Handlung nach § 823 Abs. 1 scheitert vorliegend am fehlenden Verschulden des S. Da es sich um einen feinen Riss in der Bordwand handelt, der wohl praktisch nicht zu erkennen war, wird R dem S nicht einmal leichte Fahrlässigkeit vorhalten können.

Im Ergebnis steht dem verbleibenden Forderungsbetrag des S in Höhe von 550 EUR hier jedenfalls der Schadensersatzanspruch des R aus der Garantiehaftung des § 536 a Abs. 1, 1. Alt. von 600 EUR gegenüber.

b. Gleichartigkeit der Forderungen

Beide Forderungen sind inhaltlich auf die Zahlung von Geld gerichtet und damit gleichartig.

---

[23] Hau, Jus 2003, 130 (131); Palandt/Weidenkaff, § 536 Rdnr. 14 m. w. N.

[24] Vgl. Palandt/Weidenkaff, § 536 a Rdnr. 9 m. w. N. **Wichtig:** Hinter dieser **Garantiehaftung** steht der Gedanke, dass der Mieter sich darauf verlassen können soll, ohne Sorge um seine Integrität die Sache in Gebrauch zu nehmen. Hinzu treten rechtsökonomische Erwägungen, wie der Präventionsgedanke und der Hinweis auf die Versicherbarkeit des Risikos durch den Vermieter. Vgl. Hau, JuS 2003, 130 (131); **kritisch dazu** Reese, JA 2003, 162 (167), die die Garantiehaftung als viel **zu weitgehend** ansieht und **de lege ferenda** deren Abschaffung fordert. Die vollzogene Hinwendung des BGB zum Verschuldensprinzip stelle die mietrechtliche Garantiehaftung für anfängliche Sachmängel als nicht systemkonform in Frage.

[25] Vgl. hierzu Anwaltkommentar/Klein-Blenkers, § 536 Rdnr. 2; Hau, JuS 2002, 130 (131)

[26] D. h. es läßt sich auf der Grundlage der im Sachverhalt enthaltenen Informationen keine exakte Höhe dieses Bereicherungsanspruchs bestimmen. Das ist vorliegend letztlich auch nicht notwendig, da der Schadensersatzanspruch in Höhe von 600 EUR aus § 536 a Abs. 1, 1. Alt. ausreicht, um den Betrag offener Passivforderungen von insgesamt 550 EUR zum Erlöschen zu bringen.

c. Fälligkeit der Aktiv- und Erfüllbarkeit der Passivforderungen (§ 387 2. HS.)
Die Aufrechnung wirkt nach § 387 2. HS. sobald der Aufrechnende die ihm gebührende Forderung fordern (Fälligkeit) und die ihm obliegende Leistung bewirken (Erfüllbarkeit) kann. Hier sind die Aktivforderungen des R gegen S sofort fällig (vgl. § 271 Abs. 1) und die Passivforderungen des S gegen R sind sofort erfüllbar (vgl. § 271 Abs. 1 a .E.).

Die Voraussetzungen des § 387 für eine wirksame Aufrechnung liegen somit vor.

3. Wirkung der Aufrechnung (§ 389)
Die Aufrechnung bewirkt gemäß § 389, dass die Forderungen, soweit sie sich decken, als in dem Zeitpunkt erloschen gelten, in welchem sie zur Aufrechnung geeignet einander gegenübergetreten sind. Demzufolge ist die restliche Ersatzforderung des S gegen R in voller Höhe erloschen.

V. Gesamtergebnis

S hat gegen R keine Zahlungsansprüche mehr, da der ursprünglich entstandene Forderungsbetrag von 1.000 EUR aufgrund des Mitverschuldens nach § 254 Abs. 2 um 450 EUR verringert wurde und der verbleibende Betrag von 550 EUR, wie gezeigt, infolge der Aufrechnung erloschen ist[27]. S kann nach alledem keinerlei Zahlungen von R beanspruchen.

---

[27] **Wichtig:** Es wäre ein **schwerer Fehler,** den Anspruch des R gegen S nach § 536 a Abs. 1, 1. Alt. eigenständig zu prüfen. R hat laut Sachverhalt ausdrücklich erklärt, von S kein Geld haben zu wollen, sondern sich **nur durch Aufrechnung** gegen die von S erhobenen Ansprüche zur Wehr zu setzen. **Eine eigenständige Prüfung der Aktivforderungen widerspräche dem Begehren des R und würde den Sachverhalt verbiegen (Todsünde der Sachverhaltsquetsche!).** Auch die abschließende „gut gemeinte" beiläufige Feststellung, dass R noch 50 EUR von S „herausbekomme", ist aus den genannten Gründen unbedingt zu unterlassen. Durch eine solche Unachtsamkeit am Ende einer Klausur können Sie, je nach Korrektor, durchaus eine Notenstufe oder sogar mehr verspielen.

Fragen und Antworten zur Festigung und Abrundung des Wissens (Fall 9)

Frage 1:

Worin liegt beim Schadensersatz wegen Verzögerung der Leistung die Pflichtverletzung und was setzt der Ersatz dieses Schadens zusätzlich voraus?

Frage 2:

Wonach beurteilt sich, ob „Verspätungsschäden" (z.B.: Mehrkosten eines Deckungskaufs bei einem anderen Händler, Anmietung einer Ersatzmaschine für die Dauer der Verspätung) im Einzelfall Verzögerungsschäden im Sinne von §§ 280 Abs. 2, 286 darstellen oder ob sie als Schadensersatz statt der Leistung unter §§ 280 Abs. 3, 281 fallen?

Frage 3:

Was versteht man unter dem sog. Basiszinssatz?

Frage 4:

In welcher Höhe können Verzugszinsen verlangt werden?

Frage 5:

Welche Rechtsfolgen sind an den Schuldnerverzug geknüpft?

Antworten auf die Fragen zu Fall 9

zu Frage 1:

Die Verzögerung der Leistung, also die Nichtleistung trotz Fälligkeit, stellt eine Pflichtverletzung des Schuldners aus dem Schuldverhältnis dar. Anspruchsgrundlage für den Ersatz des Schadens wegen Verzögerung der Leistung ist demnach § 280 Abs. 1. Der Ersatz dieses Schadens kann indes nach § 280 Abs. 2 nur unter der zusätzlichen Voraussetzung des § 286 (Verzug des Schuldners) erfolgen.

zu Frage 2:

Die Frage betrifft das Verhältnis von Verzögerungsschaden und Schadensersatz statt der Leistung. Der Anspruch auf Ersatz des Verzögerungsschadens nach §§ 280 Abs. 1 und 2, 286 setzt Verzug des Schuldners voraus. Schadensersatz statt der Leistung nach §§ 280 Abs. 1und 3, 281 erfordert grundsätzlich den fruchtlosen Ablauf einer Nachfrist. Auch in den Fällen des § 281 liegt stets Verzug vor, weil spätestens die Fristsetzung, die grundsätzlich nach Fälligkeit erfolgen muss, eine Mahnung beinhaltet[28]. Damit entspricht die hier in Rede stehende Unterscheidung zwischen diesen beiden Schadensarten dem früheren Unterschied zwischen dem Verzögerungsschaden nach § 286 Abs. 1 BGB a. F. und dem Schadensersatz wegen Nichterfüllung nach § 326 Abs. 1 Satz 2 BGB a. F. bzw. § 286 Abs. 2 BGB a. F.[29].

Allein der Umstand, dass sich ein bestimmter Schaden auf die Leistungsverspätung kausal zurückführen läßt, begründet nicht einen Verzögerungsschaden, der unter § 280 Abs. 2 fällt. Legte man eine solche Begriffsbestimmung zugrunde, so müssten zum Beispiel auch die Mehrkosten eines an die Stelle der Leistung tretenden Deckungskaufs, die ebenfalls adäquat kausal durch die Verspätung verursacht werden, als Verzögerungsschaden qualifiziert werden. Eine solche Begriffsbildung wird, soweit ersichtlich, zu Recht nicht vertreten. Denn der Deckungskauf ersetzt die Leistung und macht somit deren Nachholung sinnlos[30]. Es handelt sich bei den Kosten eines Deckungskaufs also um Schadensersatz statt der Leistung, obwohl man im natürlichen Wortsinn auch von einem Verspätungsschaden sprechen kann.

Andererseits sind die Kosten einer Ersatzbeschaffung für die Dauer des Verzugs (etwa Anmietung eines Ersatzbootes) als „reiner" Verzögerungsschaden im Sinne des § 280 Abs. 2 zu qualifizieren. Sie lassen die sinnvolle spätere Erfüllung der Leistung - also etwa die Lieferung oder Rückgabe der Sache - unberührt. Demzufolge lassen sich Verzögerungsschäden, die von § 280 Abs. 2 erfasst sind, als solche Schäden beschreiben, die zwar in Folge der Leistungsverzögerung eintreten, aber die Erfüllungsmöglichkeit des Gläubigers unberührt lassen, also <u>neben</u> den fortbestehenden Erfüllungsanspruch treten[31].

Allerdings wird man diejenigen Verzögerungsschäden in den Schadensersatz statt der Leistung der §§ 281 bis 283 einbeziehen müssen, die erst nach Beendigung des Verzuges

---

[28] Lorenz/Rhiem, Lehrbuch zum neuen Schuldrecht, S. 142/143

[29] Lorenz/Rhiem, Lehrbuch zum neuen Schuldrecht, S. 143; Anwaltkommentar/Dauner-Lieb, § 280 Rdnr. 47

[30] Anwaltkommentar/Dauner-Lieb, § 280 Rdnr. 50

[31] Insoweit könnte man sie begrifflich auch als einen Fall von „Schadensersatz neben der Leistung" etikettieren.

entstanden sind, also ab dem Zeitpunkt, in dem der Leistungsanspruch gemäß § 281 Abs. 4 ausgeschlossen oder infolge Rücktritts nach §§ 346, 323 untergegangen ist[32].

zu Frage 3:

Der „Basiszinssatz" betrug nach § 247 Abs. 1 Satz 1 bei In-Kraft-Treten des Schuldrechtsmodernisierungsgesetzes[33] 3,62 %. Er verändert sich zum 1. Januar und 1. Juli eines jeden Jahres um die Prozentpunkte, um welche der Zinssatz der Hauptrefinanzierungsgeschäfte der Europäischen Zentralbank gestiegen oder gefallen ist (vgl. § 247 Abs. 1 Satz 2). Der Basiszinssatz ist also nicht festgeschrieben. Da viele Rechtsvorschriften auf den Basiszinssatz Bezug nehmen, besteht ein hoher Bedarf nach Publizität. Demgemäß bestimmt § 247 Abs. 2, dass die Deutsche Bundesbank den geltenden Basiszinssatz unverzüglich nach jeder möglichen Anpassung im Bundesanzeiger bekannt gibt.

zu Frage 4[34]:

Nach § 288 Abs. 1 Satz 1 ist eine Geldschuld während des Verzuges zu verzinsen. Nach Abs. 1 Satz 2 beträgt der Verzugszinssatz nach wie vor fünf Prozentpunkte über dem Basiszinssatz. Bei der Berechnung des Verzugszinses ist also eine etwaige Veränderung des in § 247 geregelten Basiszinssatzes zu beachten. Für sog. Entgeltforderungen sieht § 288 Abs. 2 bei Rechtsgeschäften, an denen ein Verbraucher (vgl. § 13) nicht beteiligt ist, den deutlich höheren Verzugszinssatz von acht Prozentpunkten über dem Basiszinssatz vor. Entgeltforderungen sind Zahlungsansprüche, die als Gegenleistung (Entgelt) für die vom Gläubiger angebotenen (und in der Regel erbrachten) Leistungen geschuldet werden. Beispielhaft sind als solche Kaufpreis-, Dienst- oder Werklohnansprüche, Miete, Pacht, Kreditzinsen (nicht aber Rückzahlung des Kredits) sowie Provisionen aus Kommissions- oder Speditionsgeschäften zu nennen[35]. Zweck des hohen Verzugszinssatzes des Abs. 2 ist es, die Zahlungsmoral im Geschäftsverkehr zu verbessern, die typischerweise beim Gläubiger entstehenden finanziellen Schäden abzudecken und die beim Schuldner anfallenden Vorteile abzuschöpfen. Der Anspruch auf Verzugszinsen nach § 288 Abs. 1 und 2 besteht unabhängig vom Nachweis eines kausalen Schadens[36]. § 288 Abs. 3 stellt klar, dass der Gläubiger wie bisher aus einem anderen Rechtsgrund (vertragliche Vereinbarung) höhere Zinsen verlangen kann. § 288 Abs. 4 schließlich lässt in Übereinstimmung mit dem bisher geltenden Recht die Geltendmachung eines höheren Schadens (z.B.: Aufwendungen von tatsächlich in Anspruch genommenen Kreditzinsen) zu.

---

[32] Lorenz/Rhiem, Lehrbuch zum neuen Schuldrecht, S. 144

[33] Gesetz zur Modernisierung des Schuldrechts vom 26.11.2001, BGBl. I S. 3138

[34] Eingehend zur Entstehung der Regelung der Verzugszinsen Ernst/Gsell, ZIP 2001, 1389 (1391/1392)

[35] Vgl. zu weiteren Beispielen, Anwaltkommentar/Schulte-Nölke, § 286 Rdnrn. 45 und 46

[36] Anwaltkommentar/Schulte-Nölke, § 288 Rdnrn. 2 bis 4

zu Frage 5[37]:

Neben dem Ersatz des Schadens wegen Verzögerung der Leistung (§§ 280 Abs. 1 und 2, 286) tritt als eigenständiger Anspruch[38] der Anspruch auf Verzugszinsen aus § 288. Als dritte wichtige Verzugsfolge ist die erweiterte Haftung des Schuldners nach § 287 zu nennen. Danach hat der Schuldner nach § 287 Satz 1 während des Verzugs nicht nur grobe oder individuelle[39], sondern jede, also auch leichte Fahrlässigkeit zu vertreten[40]. Demzufolge haftet der Schuldner bereits, wenn er die im Verkehr erforderliche Sorgfalt in geringem Maße außer Acht lässt[41]. Nach § 287 Satz 2 haftet der Schuldner „wegen der Leistung" sogar für Zufall, es sei denn, dass der Schaden auch bei rechtzeitiger Leistung eingetreten wäre[42].

---

[37] Vgl. zu den Verzugsfolgen etwa den Überblick bei Löhnig, JA 2002, 206 (206/207)

[38] Anwaltkommentar/Schulte-Nölke, § 288 Rdnr. 3

[39] Darunter versteht man die culpa in concreto bzw. die diligentia quam in suis, also diejenige Sorgfalt, die der Schuldner in eigenen Angelegenheiten anzuwenden pflegt, s. Erman/Battes, § 276 Rdnr. 26 a

[40] Erman/Battes, § 287 Rdnr. 1

[41] Anwaltkommentar/Schulte-Nölke, § 287 Rdnr. 2; abweichend offenbar Wörlen, Schuldrecht AT, S. 76 (Rdnr. 142), der zwischen leicht und „leichtest" fahrlässig unterscheidet.

[42] Vgl. dazu ausführlich Fall 4, S. 53

Fall 10: „Mangelhafte Sicherheitsanlagen“

Sachverhalt:

B ist Inhaber eines Juweliergeschäfts, das sich im Erdgeschoss seines Wohnhauses befindet. Nach mehreren Einbrüchen in der Nachbarschaft beauftragte B den U, der eine Firma für Sicherheitstechnik betreibt, eine im Mauerwerk des Gebäudes verankerte Stahlgittervorrichtung zu erstellen, die nachts heruntergelassen wird und so dem Schutz der in den Schaufenstern ausgelegten Waren dient. Diese Vorrichtung erstellte und installierte U ebenso wie eine zusätzlich von B gewünschte elektronische Alarmanlage, deren Sender und Empfänger in gegenüberliegende Wände eingebaut wurden. Mit Hilfe der Alarmanlage sollte ein unbemerkter Zugang von den Wohnräumen zu den Geschäftsräumen und den dort befindlichen wertvollen Schmucksachen verhindert werden.

Etwas mehr als zwei Jahre nach Inbetriebnahme beider Sicherheitsanlagen bemerkte B, dass das Stahlgitter in der gelockerten Führungsschiene einklemmte und deshalb nicht vollständig heruntergelassen werden konnte. Dies beruhte nicht auf Verschleiß, sondern auf eine nicht fachgerechte Installation. B forderte daraufhin den U auf, innerhalb von zwei Wochen Abhilfe zu schaffen. Da U sich nicht meldete, ließ B nach Ablauf der Frist die Stahlgittervorrichtung zum Preis von 199 EUR von einer anderen Firma justieren.

Wenige Wochen danach verschafften sich Unbekannte Zugang zu den Wohnräumen des B. Ohne entdeckt zu werden, gelangten sie ins Innere der Geschäftsräume und entwendeten Schmuck im Wert von 5.000 EUR. Wie sich später herausstellte, wurde kein Alarm ausgelöst, weil es den Eindringlingen gelungen war, den Empfänger der Alarmanlage zu verschieben.

B verlangt von U die für die Reparatur der Führungsschiene aufgewendeten 199 EUR ersetzt. Ferner fordert er Ersatz für den bei dem Einbruch entwendeten Schmuck. Eine Schadensversicherung hatte B nicht abgeschlossen.

U meint, dass er die 199 EUR Reparaturkosten schon deshalb nicht schulde, weil er damals unerwartet einige Wochen im Krankenhaus gelegen habe. Ferner habe das Aufforderungsschreiben des B keine Ablehnungsandrohung enthalten. Was den Einbruchsschaden angehe, so müsse B ihm erst einmal ein Verschulden nachweisen. Im Übrigen beruft U sich darauf, dass „die zweijährige Verjährung“ bereits verstrichen sei.

Sind die beiden von B gegen U geltend gemachten Ansprüche begründet?

Prüfungsschemata zu Fall 10: „Mangelhafte Sicherheitsanlagen“

A. Anspruch auf Ersatz der Aufwendungen nach §§ 634 Nr. 2, 637

I. Wirksamer Vertrag, der nach Werkvertragsrecht zu behandeln ist (§§ 631 ff., 651 Satz 1)

1. **Sachenrechtliche Betrachtungsweise**
2. **Ansicht von der faktischen Unbeweglichkeit**

II. Gewährleistungsgrund (§ 633)

III. Voraussetzungen des Selbstvornahmerechts (§ 637)

1. **Erfolgloser Ablauf einer angemessenen Frist zur Nacherfüllung**
2. **Unternehmer darf Nacherfüllung nicht zu Recht verweigern (§ 637 Abs. 1 a. E.)**

VI. Rechtsfolge: Ersatz der erforderlichen Aufwendungen

V. Durchsetzbarkeit des Anspruchs (Einrede der Verjährung nach § 214 Abs. 1)

1. **Zweijährige Verjährung nach § 634 a Abs. 1 Nr. 1?**
2. **Fünfjährige Verjährung nach § 634 a Abs. 1 Nr. 2 („bei einem Bauwerk“)**

B. Ersatz des Einbruchsschadens nach §§ 634 Nr. 4, 280 Abs. 1

I. Vertrag, der unter das Werkvertragsrecht fällt (§§ 633 ff. , 651 Satz 1)

II. Gewährleistungsgrund (§ 633)

III. Voraussetzungen des § 280 Abs. 1

1. **Wirksames Schuldverhältnis**
2. **Pflichtverletzung (§ 280 Abs. 1 Satz 1)**
3. **Vertretenmüssen (wird nach § 280 Abs. 1 Satz 2 vermutet)**
4. **Kausaler Schaden**

IV. Rechtsfolge des § 280 Abs. 1: Ersatz „einfacher" Schäden

V. Durchsetzbarkeit des Anspruchs (Einrede der Verjährung?)

Lösung zu Fall 10: „Mangelhafte Sicherheitsanlagen"

(Abgrenzung des werkvertraglichen Anwendungsbereichs von dem des Kaufrechts (§ 651); Sachmangel im Werkvertragsrecht (§ 633); Recht zur Selbstvornahme und Anspruch auf Aufwendungsersatz (§§ 634 Nr. 2, 637); Ersatz des Mangelfolgeschadens nach §§ 634 Nr. 4, 280 Abs. 1; Verjährung von Mängelansprüchen (§§ 634 a, 214 Abs. 1))

A. B könnte gegen U gemäß §§ 634 Nr. 2, 637 einen Anspruch auf Ersatz der aufgewendeten Reparaturkosten in Höhe von 199 EUR haben.

B kann nach den werkvertraglichen Vorschriften der §§ 634 Nr. 2, 637 einen Mangel des Werkes selbst beseitigen und Ersatz der erforderlichen Aufwendungen verlangen.

§ 634 erfordert zunächst einen Vertrag, der nach Werkvertragsrecht zu behandeln ist sowie die Mangelhaftigkeit des Werkes.

I. Vertrag, der nach Werkvertragsrecht zu behandeln ist (§§ 631 ff., 651 Satz 1)

U hat sich mit B vertraglich über die Herstellung und den Einbau einer Stahlgittervorrichtung geeinigt und könnte sich demzufolge zur Erstellung eines Werkes im Sinne des § 631 verpflichtet haben.

Dennoch ist fraglich, ob hier Werkvertragsrecht anwendbar ist. Nach § 651 Satz 1 finden nämlich auf einen Vertrag, der die Lieferung herzustellender oder zu erzeugender beweglicher Sachen zum Gegenstand hat, die Vorschriften über den Kauf Anwendung.

Einerseits ist der Vertrag auf die Herstellung und Lieferung beweglicher Sachen (Stahlgitter, Führungsschiene etc.) gerichtet, so dass er nach den kaufrechtlichen Vorschriften zu behandeln sein könnte. Andererseits sind die Sachen von U aber bestimmungsgemäß in das Gebäude des B eingebaut worden. Die beweglichen Sachen sind damit im Verlaufe der Erstellung der Anlage unbeweglich geworden.

Es ist also fraglich, ob vorliegend nach § 651 Satz 1 Kaufrecht anzuwenden ist.

1. Sachenrechtliche Betrachtungsweise[1]

Nach überwiegender Auffassung ist § 651 Satz 1 nicht erfüllt, wenn neu hergestellte bewegliche Sachen nach dem Inhalt des Vertrages so in ein Gebäude eingefügt werden, dass sie (sachenrechtlich) zu wesentlichen Bestandteilen des Gebäudes werden. Dazu ist nach § 94 Abs. 2 erforderlich, dass sie zur Herstellung des Gebäudes eingefügt wurden. Der Herstellung in diesem Sinne dienen nicht nur die gewöhnlichen Baustoffe für Wände, Treppen, Dach und Fenster, sondern auch Anlagen, die dem Gebäude nach der Verkehrsanschauung seinen besonderen Charakter geben[2].

---

[1] Eine solche sachenrechtliche Betrachtung befürwortet vor allem Niehuss im Anwaltkommentar, § 651 Rdnr. 10

[2] Erman/A. Schmidt, § 94 Rdnr. 9

Ein Juweliergeschäft ist charakteristischerweise mit Sicherheitstechnik ausgestattet. Demnach dient die Stahlgitteranlage hier der Herstellung eines Juweliergeschäfts mit zeitgemäßem Sicherheitsstandard. Sie ist aufgrund der Verankerung im Mauerwerk darüber hinaus technisch mit dem Gebäude verbunden und somit eingefügt im Sinne des § 94 Abs. 2[3]. Demzufolge ist die Stahlgitteranlage wesentlicher Bestandteil des Gebäudes und als solcher gemäß § 94 Abs. 1 wesentlicher Bestandteil des Grundstücks. Insbesondere handelt es sich nicht um einen Scheinbestandteil nach § 95, da ein dauerhafter Einbau vorgenommen wurde. Somit betrifft die Herstellung und Lieferung der Sicherheitsanlage keine bewegliche Sache im Sinne des § 651 Satz 1, so dass nach dieser sachenrechtlichen Betrachtungsweise nicht Kauf-, sondern Werkvertragsrecht anzuwenden ist.

2. Ansicht von der faktischen Unbeweglichkeit[4]

Nach anderer Auffassung soll der in § 651 Satz 1 verwendete Begriff der „beweglichen Sache“ im Sinne der Verbrauchsgüterkaufrichtlinie als eine Beweglichkeit im tatsächlichen Sinne zu verstehen sein. Anderenfalls würden Bauverträge, die zu vorübergehenden Zwecken errichtete Werke, also Scheinbestandteile im Sinne des § 95 betreffen, künftig „mit ungeahnten Konsequenzen“ dem Kaufrecht unterliegen[5]. Ferner könne die Abgrenzung der wesentlichen Bestandteile im Sinne der §§ 93, 94 von den Scheinbestandteilen nach § 95 im Einzelfall mit erheblichen Unsicherheiten belastet sein. Deswegen greife § 651 Satz 1 schon nicht, wenn die zu liefernde Sache ihre Beweglichkeit <u>faktisch</u> verloren hat. Diese Ansicht würde hier erst Recht zur Anwendung des Werkvertragsrechts gelangen, da das Stahlgitter sowie die Führungsschiene nach dem Einbau auch tatsächlich nicht mehr beweglich sind.

Nach beiden Sichtweisen ist Werkvertragsrecht anzuwenden. Der Streitentscheidung bedarf es daher nicht.

II. Gewährleistungsgrund (§ 633)

Ferner müsste nach der Verweisungsnorm des § 634 das Werk mangelhaft sein. Zur Mangelhaftigkeit eines Werkes bestimmt § 633 Abs. 1, dass der Unternehmer das Werk frei von Sach- und Rechtsmängeln zu verschaffen hat. Vorliegend kommt ersichtlich nur ein Sachmangel in Betracht. Nach § 633 Abs. 2 Satz 1 ist das Werk frei von Sachmängeln, wenn es die (konkret[6]) vereinbarten Eigenschaften hat (subjektiver Fehlerbegriff). Haben die Parteien wie hier eine bestimmte Beschaffenheit nicht vereinbart, ist das erstellte Werk nach § 633 Abs. 2 Satz 2 nur dann mangelfrei, wenn es sich für die nach dem Vertrag (besonders) vorausgesetzte (Nr. 1), sonst für die gewöhnliche Verwendung eignet und eine Beschaffenheit aufweist, die bei Werken der gleichen Art üblich ist und die der Besteller nach der Art des Werks erwarten kann (Nr. 2 - objektiver Fehlerbegriff). Da die Parteien hier auch keine besondere Verwendung im Sinne des § 633 Abs. 2 Satz 2 Nr. 1 vorausgesetzt haben, kommt

---

[3] Zum Begriff des „Einfügens“ im Sinne des § 94 Abs. 2, vgl. etwa BGHZ 36, 46 (50)

[4] In diesem Sinne Ott, MDR 2002, 361 (363); wieder anders offenbar Palandt/Sprau, § 651 Rdnr. 2, der es als maßgeblich ansieht, ob die mit dem Warenumsatz verbundene Eigentumsübertragung im Vordergrund steht. Diese Sichtweise scheint der alten Rechtslage zu sehr verhaftet zu sein. Vgl. auch Schudnagies, NJW 2002, 396 (398)

[5] Sienz, BauR Sonderheft 1a/2002, 161 (190/191)

[6] Konkludent vorausgesetzte Eigenschaften bzw. eine konkludent vorausgesetzte „übliche Verwendungseignung“ fallen nicht schon unter die Bestimmung des § 633 Abs. 2 Satz 1 bzw. Abs. 2 Satz 2 Nr. 1, da anderenfalls die Regelung in § 633 Abs. 2 Nr. 2 leer liefe. Entsprechendes gilt, nebenbei bemerkt, auch für die parallel konstruierte Regelung des Kaufrechts in § 434 Abs. 1.

nur ein Sachmangel nach § 633 Abs. 2 Nr. 2 in Frage. Die Stahlgitter können nicht mehr vollständig heruntergelassen werden und sind deshalb von Einbrechern leicht anzuheben. Demzufolge weisen sie nicht die übliche Beschaffenheit auf, die von einer Sicherungsanlage gleicher Art (redlicherweise) erwartet werden kann[7]. Dabei handelt es sich laut Sachverhalt nicht um nach der Abnahme aufgetretene Verschleißerscheinungen. Vielmehr war die Anlage seinerzeit nicht fachmännisch installiert worden. Die Stahlgittervorrichtung entsprach also schon bei Abnahme[8] nicht den Anforderungen des objektiven Fehlerbegriffs und ist mit einem Sachmangel behaftet.

III. Voraussetzungen des Selbstvornahmerechts (§ 637)

Nach § 637 Abs. 1, auf den § 634 Nr. 2 verweist, kann der Besteller wegen eines Mangels nach erfolglosem Ablauf einer von ihm zur Nacherfüllung bestimmten angemessenen Frist den Mangel selbst beseitigen und Ersatz der Aufwendungen verlangen, wenn nicht der Unternehmer die Nacherfüllung zu Recht verweigert.

1. Erfolgloser Ablauf einer angemessenen Frist zur Nacherfüllung[9]

B hatte den U aufgefordert, innerhalb von zwei Wochen Abhilfe zu schaffen. Diese Fristsetzung war angesichts der offenbar nicht besonders umfangreichen Standardreparatur für 199 EUR angemessen. U meldete sich nicht. Die Frist lief erfolglos ab.

2. Unternehmer darf Nacherfüllung nicht zu Recht verweigern (§ 637 Abs. 1 a. E.).

U hat die Nacherfüllung nicht verweigert. Im Übrigen hätte er sie auch nicht verweigern dürfen, da die Mangelbeseitigung nicht unmöglich (§ 275 Abs. 1) und insbesondere nicht mit unverhältnismäßigen Kosten verbunden war (§ 635 Abs. 3).

Damit sind die Voraussetzungen des § 637 Abs. 1 erfüllt.

Abweichend von der bisherigen Rechtslage ist es nicht mehr erforderlich, dass der Werkunternehmer mit der Beseitigung des Mangels in Verzug geraten ist, ihn also insofern ein entsprechendes Verschulden (vgl. § 286 Abs. 4) trifft[10]. Vielmehr ist die Selbstvornahme im geltenden Recht verschuldensunabhängig ausgestaltet. Der Einwand des U, damals einige Wochen unvorhergesehen im Krankenhaus gelegen zu haben, geht demzufolge schon grundsätzlich ins Leere. Denn darauf, ob der Unternehmer die ausgebliebene Nacherfüllung zu vertreten hat, kommt es nach § 637, wie erwähnt, nicht (mehr) an[11]. Fernerhin ist eine Ablehnungsandrohung nicht erforderlich. Auch der insoweit vorgetragene Einwand des S ist also nicht beachtlich.

---

[7] Der Zusatz in § 633 Abs. 2 Satz 2 Nr. 2, dass das Werk eine Beschaffenheit aufweist, die „bei Werken gleicher Art üblich ist und die der Besteller nach der Art des Werks erwarten kann“, stellt keine zusätzlichen Voraussetzungen auf, sondern erläutert nur das, was unter der Eignung für den gewöhnlichen Verwendungszweck zu verstehen ist. Die gewöhnliche Verwendung ist nämlich gerade diejenige, die nach der Art des Werks üblich ist und daher vom Besteller (redlicherweise) erwartet werden darf. Vgl. Anwaltkommentar/Raab, § 633 Rdnr. 17

[8] Palandt/Sprau, § 633 Rdnr. 1

[9] Das Recht der Selbstvornahme ist im Grunde eine Nacherfüllung durch den Besteller selbst, vgl. Anwaltkommentar/Raab, § 637 Rdnr. 3

[10] Schudnagies, NJW 2002, 396 (397); Sienz, BauR Sonderheft 1a/2002, 161 (189)

[11] Anwaltkommentar/Raab, § 637 Rdnr. 5

IV. Rechtsfolge: Ersatz der erforderlichen Aufwendungen

Da die Voraussetzungen für eine Selbstvornahme erfüllt sind, kann der Besteller den Mangel selbst beseitigen und Ersatz der erforderlichen Aufwendungen verlangen[12]. In diesem Zusammenhang bedeutet „selbst beseitigen" auch, den Mangel durch einen anderen Unternehmer seines Vertrauens beseitigen zu lassen[13] und die dadurch entstandenen Kosten geltend zu machen. Zur Beseitigung des Mangels hat B Aufwendungen in Höhe von 199 EUR getätigt. Erforderlich sind dabei solche Aufwendungen, die der Besteller nach sorgfältiger Prüfung der Umstände des konkreten Falles für angemessen halten durfte[14]. Von der Erforderlichkeit in diesem Sinne ist hier mangels gegenteiliger Anhaltspunkte auszugehen.

V. Durchsetzbarkeit des Anspruchs (Einrede der Verjährung nach § 214 Abs. 1)

Der entstandene Aufwendungsersatzanspruch könnte allerdings gemäß § 634 a Abs. 1 Nr. 1 verjährt sein. Dies hätte nach § 214 Abs. 1 zur Folge, dass der Schuldner U berechtigt wäre, die Leistung dauerhaft zu verweigern (Einrede der Verjährung).

1. Zweijährige Verjährung nach § 634 a Abs. 1 Nr. 1?

Zwar hat U vorliegend die Verjährungseinrede erhoben, indem er einwendet hat, die zweijährige Verjährungsfrist des § 634 a Abs. 1 Nr. 1 sei verstrichen. Danach verjähren die in § 634 Nr. 1, 2 und 4 bezeichneten Mängelansprüche, also auch der Aufwendungsersatzanspruch des § 634 Nr. 2, in zwei Jahren ab Abnahme (vgl. § 634 a Abs. 2) bei einem Werk, dessen Erfolg in der Herstellung, Wartung oder Veränderung einer Sache oder der Erbringung von Planungs- oder Überwachungsleistungen hierfür besteht. Diese Zweijahresfrist ist vorliegend abgelaufen. Denn der Mangel an der Stahlgitteranlage war laut Sachverhalt erst etwas mehr als zwei Jahre nach der Inbetriebnahme[15] aufgetreten und von B geltend gemacht.

Indessen erscheint fraglich, ob hier die zweijährige Verjährungsfrist überhaupt einschlägig ist.

2. Fünfjährige Verjährung nach § 634 a Abs. 1 Nr. 2 („bei einem Bauwerk")

Nach § 634 a Abs. 1 Nr. 2 gilt für Mängelansprüche „bei einem Bauwerk" und von Planungs- und Überwachungsleistungen hierfür eine fünfjährige Verjährungsfrist. In diesem Zusammenhang ist nach herrschender Auffassung auf der Grundlage der bisherigen Rechtsprechung zu § 638 BGB a. F. weiterhin anzunehmen, dass die fünfjährige Verjährungsfrist nicht nur Verträge über eine Neuerrichtung von Gebäuden sowie Um- und Anbauten erfasst. Sie gilt vielmehr darüber hinaus für solche Verträge, die für die Erneuerung, den Bestand oder für die zweckentsprechende Nutzung eines Gebäudes von wesentlicher Bedeutung sind[16]. Hier dient

---

[12] Zum Inhalt dieses Anspruchs im Einzelnen Palandt/Sprau, § 637 Rdnr. 7

[13] Vgl. Sienz, BauR Sonderheft 1a/2002, 161 (189); allerdings gehören zu den Aufwendungen auch eigene Arbeitsleistungen des Bestellers (auch solche seiner Familienangehörigen), wobei der Wert nach § 287 ZPO zu schätzen ist, vgl. Palandt/Sprau, § 367 Rdnr. 7 sowie Anwaltkommentar/Raab, § 651 Rdnr. 9

[14] Palandt/Sprau, § 633 Rndr. 8 a

[15] Hier ist mangels gegenteiliger Anhaltspunkte davon auszugehen, dass mit der Inbetriebnahme der Anlagen auch eine **Abnahme im Sinne des § 640 Abs. 1** verbunden gewesen ist, dass also eine körperliche Entgegennahme und eine Billigung des Werks als eine dem Vertrag entsprechende Erfüllung erfolgt sind.

[16] So Anwaltkommentar/Raab, § 634 a Rdnr. 6; Haas/Medicus, Das neue Schuldrecht, S. 306; zustimmend Schudnagies, NJW 2002, 396 (399); so ausdrücklich zu § 638 BGB a. F. OLG Frankfurt,

die Ausstattung mit Sicherheitsanlagen wesentlich der Nutzung des Gebäudes als Juweliergeschäft, so dass die Arbeiten „bei einem Bauwerk" im Sinne des § 634 a Abs. 1 Nr. 2 erfolgt sind. Nicht die zweijährige, sondern die fünfjährige Verjährungsfrist ist also hier einschlägig[17]. Der Anspruch auf Aufwendungsersatz ist somit noch nicht verjährt. U hat die Einrede der Verjährung zu Unrecht erhoben[18].

B kann von U nach den §§ 634 Nr. 2, 633 Abs. 2 Nr. 2, 637 Abs. 1 Ersatz seiner erforderlichen Aufwendungen in Höhe von 199 EUR fordern[19].

B. Ferner könnte B gegen U gemäß §§ 634 Nr. 4, 280 Abs. 1 einen Anspruch auf Ersatz des Einbruchsschadens in Höhe von 5.000 EUR haben[20].

Nach § 634 Nr. 4 kann B Schadensersatz verlangen, wenn ein mangelhaftes Werk erstellt wurde und die Voraussetzungen der Vorschrift des § 280 vorliegen.

I. Vertrag, der unter das Werkvertragsrecht fällt (§§ 631 ff., 651 Satz 1)

Zwischen B und U ist ein wirksamer Vertrag über die Herstellung der elektronischen Alarmanlage zustande gekommen. Auf diesen Vertrag ist das Werkvertragsrecht anzuwenden. Die Alarmanlage (Sender und Empfänger) ist zur Herstellung dauerhaft in das Gebäude eingefügt und wesentlicher Bestandteil des Gebäudes (vgl. § 94 Abs. 2) und damit auch des Grundstücks (vgl. § 94 Abs. 1) geworden. Demzufolge hat der Vertrag nicht die Lieferung einer herzustellenden beweglichen Sache zum Gegenstand, so dass die Voraussetzungen für die Anwendung von Kaufrecht nach § 651 Satz 1 nicht erfüllt sind[21]. Insofern ist auf die Ausführungen zu verweisen, die bereits im Hinblick auf die Stahlgitteranlage gemacht wurden.

NJW 1988, 2546 (2546), welches die wesentliche Bedeutung einer Alarmanlage bei einem Wohnhaus indessen verneint hat. Grundsätzlich kritisch gegen die dem alten Recht entnommene Terminologie „an einem Bauwerk" äußert sich Sprau, da die zu diesem Merkmal ergangene Rechtsprechung verwirrend sei und nicht in das neue Recht hineingetragen werden sollte, vgl. Palandt/Sprau, § 634 a Rdnr. 17

[17] Vgl. hierzu OLG Hamm, NJW 1976, 1269, demzufolge es sich bei dem Einbau einer Alarmanlage in einem Kaufhaus um Leistungen an einem Bauwerk im Sinne des § 638 BGB a. F. handelt.

[18] **Wichtig:** Schon die bloße Erwähnung, dass der somit entstandene und einredefreie Anspruch ferner nicht untergegangen ist, ist m. E. überflüssig, weil der Sachverhalt dazu keinerlei Anlass gibt. Hier gilt der Grundsatz: **Weniger ist in der Juristerei (meistens) mehr.**

[19] **Wichtig:** B hat wegen der mangelhaften Stahlgitteranlage keinen Schadensersatz begehrt, sondern Ersatz der aufgewendeten Kosten nach §§ 634 Nr. 2, 633, 637 gefordert. Freilich hätte B die Reparaturkosten auch als Schadensersatz statt der (ordnungsgemäßen) Leistung nach §§ 634 Nr. 4, 633, 280 Abs. 1 und 3, § 281 Abs. 1 liquidieren können. Allerdings setzt **der Aufwendungsersatzanspruch anders als der Anspruch auf Schadensersatz kein Verschulden voraus.** Beachte noch: Sobald der Gläubiger Schadensersatz verlangt, ist gemäß § 281 Abs. 4 der Anspruch auf die Leistung ausgeschlossen. Damit entfällt auch der Nacherfüllungsanspruch. Infolgedessen werden das Selbstvornahmerecht und der Aufwendungsersatzanspruch des § 637 dann ebenfalls gegenstandslos.

[20] Da B gegen den Einbruchsschaden nicht versichert war, kommt eine cessio legis auf den Versicherer nach § 67 Versicherungsvertragsgesetz (VVG) nicht in Betracht.

[21] Hier ist **ausnahmsweise Urteilsstil angezeigt**, da die Problematik des § 651 Satz 1 bereits ausführlich im Hinblick auf die Stahlgitteranlage erörtert wurde.

II. Gewährleistungsgrund (§ 633)

Vorliegend könnte die Alarmanlage insofern einen Sachmangel im Sinne des § 633 aufweisen, als sie durch Verschieben des Empfängers „außer Gefecht" gesetzt werden konnte. Alarmanlagen sollen typischerweise Eindringlinge daran hindern, sich unter Umgehung mechanischer Sicherungsanlagen – wie hier dem Stahlgitter – Zutritt zu verschaffen, um auf diese Weise vom Inneren des Gebäudes aus in die Geschäftsräume zu gelangen. Die Alarmanlage weist also nach dem in § 633 Abs. 2 Nr. 2 zum Ausdruck gekommenen objektiven Fehlerbegriff einen Sachmangel auf, ohne dass es einer Beschaffenheitsvereinbarung (§ 633 Abs. 2 Satz 1) oder eines vorausgesetzten besonderen Verwendungszwecks (§ 633 Abs. 2 Satz 2 Nr. 1[22]) bedarf.

Damit sind die Voraussetzungen der Verweisungsvorschrift des § 634 Nr. 4 erfüllt.

III. Voraussetzungen des § 280 Abs. 1[23]

Ferner müsste U nach § 280 Abs. 1 Satz 1 eine Pflicht aus dem Schuldverhältnis verletzt haben.

1. Wirksames Schuldverhältnis

Ein werkvertragliches Schuldverhältnis liegt vor (s. o.).

2. Pflichtverletzung (§ 280 Abs. 1 Satz 1)

Nach § 633 Abs. 1 hat der Unternehmer dem Besteller das Werk frei von Sach- und Rechtsmängeln zu verschaffen. Demzufolge liegt bereits in der Herstellung eines mangelhaften Werkes eine Verletzung der Leistungspflicht[24]. Die nachfolgende „Ablieferung" dieses mangelhaften Werkes beinhaltet die Verletzung der nachvertraglichen Schutzpflicht nach § 241 Abs. 2. Auf diese letztgenannte Pflichtverletzung kommt es hier an, da der geltend gemachte Einbruchsschaden den Leistungsaustausch unberührt lässt.

3. Vertretenmüssen (wird nach § 280 Abs. 1 Satz 2 vermutet)

Der Schadensersatzanspruch entsteht indessen nicht, wenn der Schuldner die Pflichtverletzung – also hier die „Ablieferung" der mangelhaften Alarmanlage[25] – nicht zu vertreten hat[26], wobei das Vertretenmüssen entsprechend der negativen Formulierung gesetzlich vermutet wird[27]. Es wird also vermutet, dass U den Mangel der Alarmanlage zumindest

---

[22] Dem Sachverhalt sind eine Beschaffenheitsvereinbarung und ein konkret vorausgesetzter besonderer Verwendungszweck nicht (zweifelsfrei) zu entnehmen.

[23] Hier zeigt sich, dass die Neukonzeption die Mängelansprüche im Werkvertragsrecht an das allgemeine Leistungsstörungsrecht anbindet.

[24] Anwaltkommentar/Raab, § 636 Rdnr. 30

[25] Anwaltkommentar/Raab, § 636 Rdnr. 27

[26] Aus der negativen Formulierung des § 280 Absatz 2 ergibt sich, dass der Schuldner darlegen und im Bestreitensfalle beweisen muss, dass er die Pflichtverletzung nicht zu vertreten hat.

[27] **Merke:** Anders als die Fiktion ist die gesetzliche Vermutung widerlegbar. Für den Schuldner besteht also die Möglichkeit, sich zu exkulpieren.

fahrlässig[28] nicht erkannt hat. Vor Ablieferung des Werkes hätte er sich durch eine entsprechende Untersuchung gewissenhaft davon überzeugen müssen, dass Sender und Empfänger fest installiert sind und nicht verschoben werden können. Nicht B muss dem U ein Verschulden nachweisen, sondern U muss vielmehr die gesetzliche Verschuldensvermutung widerlegen. U hat aber insofern keine entlastenden Umstände vorgetragen. Es bleibt also bei dem vermuteten Verschulden.

4. Kausaler Schaden

Aufgrund der Ablieferung der mangelhaften Alarmanlage kam es zu dem Einbruchsschaden von 5.000 EUR.

IV. Rechtsfolge des § 280 Abs. 1: Ersatz „einfacher" Schäden

Da mithin die Voraussetzungen der §§ 634 Nr. 3, 280 Abs. 1 erfüllt sind, kann der Besteller den Ersatz „einfacher" Schäden verlangen.

Der Einbruchsschaden in Höhe von 5.000 EUR ist infolge des Mangels an den sonstigen Rechtsgütern des Bestellers (hier am Eigentum des B) entstanden. Dieser Schaden besteht auch nach Reparatur der Alarmanlage fort[29]. Es handelt sich also um einen „einfachen" Schaden, dessen Ersatz neben die Leistung (Nacherfüllung) tritt[30]. Anders als beim Schadensersatz statt der Leistung[31] ist nicht zusätzlich das erfolglose Verstreichen einer angemessenen Frist zur Nacherfüllung notwendig[32]. Eine solche würde auch keinen Sinn machen.

V. Durchsetzbarkeit des Anspruchs (Einrede der Verjährung?)

Zu prüfen bleibt, ob der entstandene Schadensersatzanspruch verjährt ist. Wie bereits im Hinblick auf die Stahlgitteranlage ausgeführt, greift hier ebenfalls § 634 a Abs. 1 Nr. 2 ein, wonach für Mängel „bei einem Bauwerk" eine Verjährungsfrist von fünf Jahren seit Abnahme gilt. U ist demnach nicht berechtigt, die Leistung des Schadensersatzes zu verweigern. Er hat die Einrede der Verjährung folglich auch insoweit zu Unrecht erhoben.

B kann von U nach den §§ 634 Nr. 4, 633 Abs. 2 Nr. 2, 280 Abs. 1 Ersatz des Einbruchsschadens in Höhe von 5.000 EUR verlangen.

---

[28] Fahrlässig handelt nach § 276 Abs. 2 derjenige, der die im Verkehr erforderliche Sorgfalt außer Acht läßt.

[29] Vgl. Anwaltkommentar/ Raab, § 636 Rdnr. 32; Lorenz/Rhiem, Lehrbuch zum neuen Schuldrecht, S. 367/368; Palandt/Sprau, § 634 Rdnr. 8

[30] Hinsichtlich der Anspruchsgrundlage bedarf es nicht mehr der früheren Abgrenzung nach Schadensarten von Ansprüche aus p. V. V., die nur sog. entfernteren Mangelfolgeschäden erfasste, von solchen nach der eigenständigen werkvertraglichen Anspruchsgrundlage des § 635 BGB a. F. (Mangelschäden und nähere Mangelfolgeschäden). Dies ist zu begrüßen, weil es der Gerichtspraxis nicht gelungen war, insofern nachvollziehbare Kriterien zu entwickeln und damit prognostizierbare Entscheidungen zu gewährleisten. Vgl. hierzu Anwaltkommentar/Raab, § 636 Rdnr. 23-25

[31] Er tritt an die Stelle des Erfüllungsanspruchs und erfasst die sog. Mangelschäden. Darunter versteht man die am Werk selbst eintretenden Schäden, die wie etwa Reparaturkosten, mangelbedingter Minderwert etc. im Falle gelungener (Nach-)Erfüllung nicht eingetreten wären. Vgl. Palandt/Sprau, § 634 Rdnr. 7

[32] Anwaltkommentar/Raab, § 636 Rdnr. 33 und 39

Fragen und Antworten zur Festigung und Abrundung des Wissens (Fall 10)

Frage 1:
§ 651 Satz 1 ordnet für einen Vertrag über die Lieferung herzustellender beweglicher Sachen die Geltung des Kaufrechts an. Dadurch wird der Anwendungsbereich des Werkvertrags stark eingeschränkt. Welche Verträge fallen weiterhin unter das Werkvertragsrecht?

Frage 2:
Warum wurde beim werkvertraglichen Sachmangelbegriff anders als im Kaufrecht die Haftung für Werbeaussagen Dritter über Eigenschaften des Werkes ausgeklammert und in § 633 auf eine dem § 434 Abs. 1 Satz 3 entsprechende Bestimmung verzichtet?

Frage 3:
Welche Rechte hat der Besteller bei Vorliegen eines Mangels[33]?

Frage 4:
Aus welchem Grunde steht im Werkvertragsrecht gemäß § 635 Abs. 1 das Wahlrecht zwischen Mangelbeseitigung und Herstellung eines neuen Werkes dem Unternehmer und nicht dem Besteller zu?

Frage 5:
Erscheint es Ihnen gerechtfertigt, das Recht zur Selbstvornahme und den Anspruch auf Aufwendungsersatz (§§ 634 Nr. 2, 637) zu gewähren, ohne dass dazu der Unternehmer mit der Nacherfüllung in Verzug geraten sein muss?

---
[33] Ein gelungener graphischer Überblick findet sich bei Elb, Schuldrechtsmodernisierung, S. 101; ferner gibt Elb, Schuldrechtsmodernisierung, S. 108 gute Formulierungstipps für die Praxis.

Antworten auf die Fragen zu Fall 10

zu Frage 1:

Drei Fallgestaltungen sind weiterhin nach dem Werkvertragsrecht zu behandeln. Erstens sind Verträge, die nicht-körperliche (geistige) Werke wie Gutachten, Planungsleistungen oder künstlerische Aufführungen zum Gegenstand haben, nach Werkvertragsrecht zu beurteilen. Zweitens fallen darunter Verträge, die auf die Herstellung unbeweglicher Sachen gerichtet sind (Hauptfall: Errichtung eines Gebäudes als wesentlicher Bestandteil eines Grundstücks im Sinne des § 94 Abs. 1). Drittens werden nach der Gesetzesbegründung „reine Reparaturarbeiten" erfasst, womit Verträge gemeint sind, bei denen nicht die zur Reparatur verwendeten Sachen (Ersatzteile), sondern die Herstellungsleistungen des Unternehmers im Vordergrund stehen und so dem Vertrag das besondere werkvertragliche Gepräge geben[34]. Das gilt selbst dann, wenn im Zuge der Werkleistung bewegliche Sachen den Eigentümer wechseln, was sich in aller Regel kraft Gesetzes durch Verbindung nach den §§ 946, 947 vollzieht[35].

zu Frage 2:

Erstens ist der Unternehmer im Werkvertragsrecht typischerweise mit dem Hersteller identisch. Insoweit ist anders als beim Kaufvertrag eine Zurechnung von Werbeäußerungen eines personenverschiedenen Herstellers in aller Regel schon nicht möglich. Denn eigene Äußerungen des Unternehmers werden durchweg bereits über § 633 Abs. 2 Satz 1 als vertragliche Vereinbarungen erfasst. Darüber hinaus beruht die kaufrechtliche Haftung für Werbeaussagen darauf, dass Gegenstand von Werbeaussagen meist Massenprodukte sind[36]. Aber selbst wenn sich der Unternehmer zu Herstellung von Massenprodukten verpflichtet und diese mit Werbeaussagen „vertreiben" würde, so wäre auf diese Verträge wegen § 651 Satz 1 ohnehin meist Kaufrecht anzuwenden. Nicht ausgeschlossen ist freilich, dass Werbeaussagen eines Lieferanten des Unternehmers etwa zur Beschaffenheit von Baumaterialien (z.B. bestimmter Wärmedämmungswert von Fassadenverkleidungen) Eingang in die werkvertraglichen Vereinbarungen finden können. Dafür müssen aber Unternehmer und Besteller die Werbung gekannt haben und diese muss in irgendeiner Weise – sei es auch konkludent – Eingang in den Werkvertrag gefunden haben. Eine analoge Anwendung des § 434 Abs. 1 Satz 3 auf Werkverträge kommt wegen der bewussten Entscheidung des Gesetzgebers nicht in Frage[37].

---

[34] Vgl. BT-Drucks 14/6040, S. 268; Anwaltkommentar/Niehuus, § 651 Rdnr. 9 bis 11; Reinkenhof, Jura 2002, 433 (434); Rauda/Zenthöfer, 55 Fälle, S. 111

[35] Schwab/Witt, Einführung, S. 156

[36] Lorenz/Rhiem, Lehrbuch zum neuen Schuldrecht, S. 360

[37] Haas/Medicus, Das neue Schuldrecht, S. 298

zu Frage 3:

Das werkvertragliche Haftungssystem ergibt sich wie folgt überblicksartig aus § 634:

- Vorrangiger Anspruch auf Nacherfüllung (§§ 634 Nr. 1, 635)
- Recht zur Selbstvornahme und auf Aufwendungsersatz (§§ 634 Nr. 2, 637)
- Rücktritt vom Vertrag als Gestaltungsrecht (§§ 634 Nr. 3, 323, 326 Abs. 5)
- Minderung der Vergütung als Gestaltungsrecht[38] (§§ 634 Nr. 3, 638)
- Schadensersatz (§§ 634 Nr. 4, 280, 281, 283, 311a)
- Ersatz vergeblicher Aufwendungen statt des Schadensersatzes (§§ 634 Nr. 4, 284)

zu Frage 4:

Dies erklärt sich daraus, dass die Interessenlage beim Werkvertrag eine andere ist, als beim Kauf. Im Werkvertragsrecht steht vor der (Ab-)Lieferung die Herstellung des Werks. Der Unternehmer ist oftmals selbst Hersteller und beschafft nicht lediglich eine von einem anderen hergestellte Sache. Er ist demzufolge enger mit dem Produktionsprozess befasst als die meisten Verkäufer. Daher verfügt er – anders als der Verkäufer - in aller Regel über eine größere Sachkunde in Bezug auf das hergestellte Werk. Deswegen kann er besser als der Besteller beurteilen, ob es sinnvoller ist, den Mangel durch Reparatur zu beseitigen oder ein neues Werk herzustellen[39].

zu Frage 5:

Indem man auf die Voraussetzung des Verzugs verzichtet hat[40], ist vor allem das Nichtvertretenmüssen (vgl. § 286 Abs. 4) des Schuldners (Unternehmers) für das Recht auf Selbstvornahme und den Aufwendungsersatz nicht mehr erforderlich. Diese verschuldensunabhängige Konzeption[41] erscheint gerechtfertigt. Warum von dem Unternehmer nicht innerhalb der Frist nacherfüllt wurde, ist für den Besteller nicht wichtig und entzieht sich in aller Regel auch seiner Kenntnis. Andererseits wird der Unternehmer durch die Neukonzeption nicht zu stark belastet, da er nach § 637 nur die Aufwendungen zu tragen hat, die er bei eigener Durchführung der Nacherfüllung gemäß § 635 Abs. 2 sowieso zu tragen hätte. Ein starkes Divergieren der Aufwendungen bei Eigen- und Fremdvornahme wird durch das Merkmal der Erforderlichkeit der Aufwendungen verhindert. Insgesamt wird begrüßt[42], dass das Selbstvornahmerecht im Rahmen der Zweistufigkeit die verschuldens-unabhängigen Elemente der Mängelansprüche stärkt. Damit werde auch die systematische Einheit mit Rücktritt und Minderung gestärkt, die ebenfalls vom bloßen Ablauf einer Nacherfüllungsfrist abhängen.

---

[38] Vgl. hierzu Haas/Medicus, Das neue Schuldrecht, S. 301

[39] BT-Drucks. 14/6040, S. 265; Elb, Schuldrechtsmodernisierung, S. 105; Wörlen, Schuldrecht BT, S. 132; Fingerhut/Kroh, Das neue Schuldrecht in der Unternehmenspraxis, S. 51

[40] Vgl. dazu Haas/Medicus, Das neue Schuldrecht, S. 300

[41] Lorenz/Rhiem, Lehrbuch zum neuen Schuldrecht, S. 363

[42] Roth, JZ 2001, 543 (548)

Sachregister

F

G

H

I

J

K

L

M

T

U

V

W

Z

www.ingramcontent.com/pod-product-compliance
Lightning Source LLC
LaVergne TN
LVHW060622300926
849162LV00008B/1691

* 9 7 8 3 4 8 6 2 7 4 5 0 9 *